설득하는 스타트업 IR 전략
투자자는 무엇에 꽂히는가

투자자는 무엇에 꽂히는가

설득하는 스타트업 IR 전략

(주)비드리머 지음

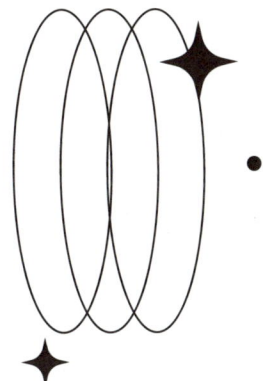
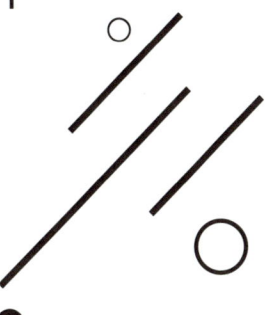

함께 한 사람들

최현정
이경선
이영은
김샛별
한수정
김혜연
김태리
임연희
원희라
최성아
주진영
도지은
박세인
안희철
명현아
김태희

들어가는 말

창업이 생소하다는 사람이 많다.

자영업 기반의 창업은 접근이 쉽지만, 기업형으로의 창업은 시작하는 것도 기업을 키워나가기 위한 다양한 인사이트를 얻는 것도 어렵다. 그래서 창업자들은 정부지원사업이나 엑셀러레이터들의 보육을 통해서 창업 멘토들을 만나고 배움을 얻는다.

이 책은 창업 관련 다양한 분야에서 활약 중인 창업 멘토들이 함께 모여 집필했다. 실제적인 창업 멘토를 만나기 어려운 창업자들은, 이 책을 통해 멘토의 코칭을 받는 것처럼 도움을 얻기 바라는 마음에서 출발했다.

창업의 첫 시작 단계인 창업아이템을 선정하는 것에서부터 투자 유치 자료를 만드는 방법, 투자 프로세스와 설득의 기술, 투자자와의 만남에 필요한 비즈니스 매너까지 각 단계별 창업에 필요한 모든 정보를 담았다. 예비, 초기 기업부터 유니콘 기업으로 성장해 가는 창업자들까지 궁금해할 요소들을 모두 담으려고 노력했다.

이 책을 통해 대한민국의 모든 창업 기업이 더 많이 성장할 수 있기를 간절히 바란다.

㈜비드리머 대표 최현정

투자자는 무엇에 꽂히는가

C.O.N.T.E.N.T.S

01. 나의 사업 아이템 선정하기
나의 인생 경험 정리하기...13
아이템의 가능성 확인하기: 그 일로 돈을 벌 수 있는가?...15

02. 사업 성장의 디딤돌 정부지원사업 활용 전략
지원 사업, 얼마나 준비되면 도전할까?...25
나에게 맞는 지원 사업, 어디에서 찾을까?...31
선정되는 아이템, 따로 있을까?...37
정부지원 사업을 위한 계획서 작성 전략 39

03. 데모데이_ 새싹 기업부터 유니콘 기업까지
데모데이는 한 편의 Show다...48
데모데이는 끝이다...52
데모데이는 끝이자 시작이다...65

04. 스타트업 컨셉 브랜딩
효과적인 IR 피칭을 위한 스토리 브랜딩의 시작...71
스토리 브랜딩을 위한 핵심 요소...75
한 끗 차이 섬세함을 만들어 주는 IR 피칭 스토리 브랜딩...81

05. IR 발표 화법_ 짧은 문장에 감정을 더하라

눈에 보이듯이 생생하게 표현하기...90
발표하는 순간, 우리는 무대 위 배우가 된다...94
이도 저도 어렵다면 공식처럼 외워보기...98

06. 투자자를 끌어당기는 스토리 IR
      IR 발표를 흡입력있게 하는 방법

투자 받게 만드는 스토리 IR이란...108
IR에서 스토리가 필요한 순간...113
무엇을 말하고 어떻게 전할 것인가...120

07. 인사이트 있는 문제점 표현
      IR 피칭의 토대를 다져주는 '문제점' 구성하기

문제점이 문제다...129
문제점을 효과적으로 드러내는 방법들...134
'문제점'이 이제는 '해결책'이 되길 바라며...143

08. 임팩트 있는 솔루션 파트 만들기_ 우리의 솔루션 기술 소개

솔루션 파트 완벽 이해하기...149
솔루션을 임팩트 있게 설명하는 방법...157
솔루션을 대하는 마음가짐...164

09. 투자자들이 원하는 시장성의 단계
　　　　창업부터 투자유치까지 강조해야 할 시장성 만들기

시장 먼저 정하고 시작하자...170
시장은 커야 하는가...174

10. 우리보다 나은 경쟁사 VS 경쟁사가 없는 우리

한발 더 앞서는 기업의 차이는? 변화 흐름에 맞서기...187
도태와 성공의 갈림길, 고객의 문제점을 파악하라...189
쉽게 접근하자, 경쟁사 분석 방법...195

11. 사람의 마음을 움직이는 성과지표

먼저 움직여야 할 것은 바로 '관점'...203
투자자의 마음을 움직이는 성과지표...208
'보기 좋은 떡이 먹기도 좋다' 직관적인 성과지표...213
"측정할 수 없으면 관리할 수 없다"...217

12. 투자자가 듣고 싶어하는 비즈니스 모델/마케팅 전략

시장과 비즈니스 모델의 궁합이 맞아야 한다...222
스크린 골프 vs. 스크린 야구?...228

13. 팀 소개_ 슈퍼맨 보다 어벤저스를 원한다

팀 소개 장표 구성 시 유의할 점...240
이상적인 팀 소개...244

14. 비전으로 투자자의 마음을 사로잡아라
_IR 피칭 중장기 전략과 완벽한 클로징 전략

기업의 미래를 위한 로드맵, 중장기 전략에서 시작된다...250
IR 피칭에서 중장기 전략, 이렇게 구성하라...254
투자자의 가슴에 새겨지는 임팩트 있는 클로징...265
비전을 제시하면 완벽한 클로징을 완성하라...270

15. 법률 상식과 사례_ 스타트업이 많이 실수하는 법률 상식과 사례

스타트업 설립 및 동업 시의 주의사항...276
투자 유치 시 주의해야 할 점...283
스타트업 계약 체결 & 스톡옵션 계약 체결 시 유의점...291

16. 무너지지 않는 리더의 마인드셋

무너지지 않는 마인드 셋 세우는 순서...302
자신의 마음 리드하기...309
성공한 사업가들의 말과 생각의 습관...316

17. 흥하는 사업을 위한 캐주얼 네트워킹 매너

스타트업 네트워킹의 시작, combine한 CEO!...327
적절한 퍼:즈로 홈런 치는 4번 타자!...332
결국 답은 사람이다, 나의 명함=바로 나!...338

당신이 말하는 것이 성공으로 이어질 수 있도록!

최현정

- ㈜비드리머 대표(창업/기업교육, 디자인 제작 및 행사운영 기업)
- 인천대학교 스타트업 교과목 겸임교수
- 청년창업사관학교, 창업진흥원, 초창패, 예창패, 창도패 외 지원사업 운영사/AC기관 전문멘토
- 창업진흥원, 중장년기술창업센터, 한국나노기술원, 사회적기업진흥원, 창조경제혁신센터, 콘텐츠진흥원, 등 IR 피칭 멘토
- 투자라운드별 스타트업 IR덱 기획 및 제작 300회이상 진행
- 스타트업 IR 피칭 교육 민간자격교육운영(2019~)
- 떨지 않고 할 말 다 하는 법(2019), 스토리로 채우고 스피치로 승부하라(2020), 성공하는 경쟁입찰 프레젠테이션((2023) 저자

01

나의 사업 아이템
선정하기

한 해 ㈜비드리머가 진행하는 한 해 창업 교육 1,500여 건, 직접 만나는 창업가는 대략 2,000여 명. 그들 중에는 이미 IPO를 경험한 창업가도 있고, 초기 창업가도 있으며 학생 창업가도 있다. 심지어 중학생 창업가까지 만나는 경우도 있다. 이들 모두는 수많은 이유로 창업을 결심했다고 말한다.

"직장을 다니면서도 창업을 하고 싶었어요."

"이 일을 오래하다 보니 자연스럽게 관련 업종으로 창업을 하게 되었어요."

"직장 생활 중에 인사이트를 얻어서 꼭 개발하고 싶었어요."

많이 듣는 창업 히스토리들이다.

그러나 간혹 창업을 하고 싶지만 성공하는 창업 아이템이 무엇인지 몰라 갈피를 잡지 못하는 예비 창업가들을 만나기도 한다. 그럴 때는 하얀 도화지에 현재의 시장 트렌드부터 잠재성, 예비 대표가 가진 역량과 경험들을 공유하며 함께 창업 아이템을 찾는 일부터 진행한다.

"아이템은 당연히 시장 검증에 따라 피보팅이 되어야 하기에 무엇보다 대표의 눈빛을 보고 투자한다"는 유명한 투자자들의 말이 있긴 하다. 그러나 뿌리를 결정한다는 의미로 본다면 창업 단계에서 가장 중요한 요소는 '성공하는 창업 아이템'을 선정하는 일임에 틀림이 없다.

1. 나의 인생 경험 정리하기

　창업이 주는 설레임에 비해서 창업을 어떻게 시작하는지에 대해서는 막연하다는 사람이 많다. 창업 아이템을 결정할 때, 가장 먼저 나의 인생을 어떻게 살아왔는지 정리하는 시간이 필요하다. 그래서 내가 자주 하는 행동은 예비 창업가들의 인생을 인터뷰하는 것이다. 나는 어떤 일을 했을 때 특히 행복했으며, 어떤 일에 가치를 느끼고, 다른 사람들보다 잘하는 일은 무엇인지 등 여러 가지를 물어보며 가장 적합한 아이템이 무엇인지 함께 고민한다.

내가 가장 즐거워하는 것은 무엇인가?
　성공하는 아이템을 정하기 전에 고려해야 할 중요한 요소가 있다. 아이템에 매몰되기보다는 내가 즐거워하는 일인가를 돌이켜보는 것이다.

　흔히들 성공하는 직업을 구하기 위해서는 내가 잘하면서도 즐거워하는 일을 찾으라고 말한다. 내가 좋아하는 일을 하면 힘들다고 느끼기보다는 자기계발을 위한 시간으로 여겨진다. 직장인들도 급여만 생각하고 직장에 다니면 일의 한계가 보이거나 스트레스를 받는다. 하지만 내가 즐겁게 할 수 있는 일로 성장한다고 여기게 되면 일을 대하는 자세가 달라진다.

　많은 창업가들이 버틸 수 있는 이유도 여기에 있다. 책임감만으로 버티는 건 한계가 있고, 정말 그 일을 즐기고 가치를 찾는 사람들은 버틸 수 있다.

그렇다면 즐거운 일이란 무엇일까? 즐거운 일을 업으로 하기 위해서 전제되어야 할 조건이 있다. 바로 '잘하는 것'이다.

그 일을 잘 할 수 있는가?

'잘한다'는 것은 천성적으로 타고난 잘함과 노력을 통해 잘하게 되는 것으로 나뉜다. 어떻게든 경쟁 상대 대비 잘할 수 있기만 하면 된다. 일례로 나는 학창 시절 발음이 좋지 않고 성량도 작으면서 사투리까지 쓰는 학생이었다. 그러나 중학교 3학년 무렵 아나운서를 꿈꾸며 무던히 노력한 끝에 아나운서가 되었고, 그 이후 대기업 프레젠터까지 하며 현재는 기업/창업 교육 기업을 운영하고 있다. 직접 아나운서 출신 강사님들과 창업 강사를 원하는 분들을 보육해서 현재 150명 가까이 창업 교육 강사로 진출시키기도 했다. 타고난 잘함은 없었지만 노력을 통해 잘하는 것을 끌어올린 것이다.

이에 그치지 않고 다른 경쟁 상대보다 특별한 나의 무언가를 찾아야 한다. 나는 그걸 찾는 데 꽤 오래 걸렸다. 그리고 찾은 것은 바로 '에너지'이다. 좋아하는 일을 하니 "노는 데도 보수를 주네!"라고 농담삼아 말할 만큼 즐기면서 일을 할 수 있었고, 자연스레 나의 업무 현장에서 진심어린 밝음을 띄고 일하게 되었다.

기업을 운영하는 것은 때때로 나에게 스트레스를 준다. 그러나 강사로서 현장 교육에 임할 때 그 스트레스는 모두 사라진다. 나의 일이

다른 사람들을 돕는 일이라니! 그 점에서부터 나는 내 일을 더 사랑하게 된 것이다. 일을 일로만 대하는 것이 아니라 가치를 전파하는 것이라는 마인드가 성립되었다. 그러한 진솔함은 긍정적 에너지로 발산되어 어딜 가나 "강사님의 태도에 감명받았어요"라는 말을 듣게 되었다.

회사의 대표로 첫 번째 창업교육 용역 계약을 따는 입찰 발표 현장에서였다. 우선협상대상자가 되지는 못했지만 나의 발표 모습을 보고 평가위원으로 온 두 개 기관에서 수의 계약 요청을 주기도 하였다. 그렇게 빠르게 고객사를 넓혀나간 덕분에 프리랜서 강사에서 1인 대표로, 1인 대표에서 조직을 잘 갖춘 창업교육 회사로 빠르게 성장할 수 있었다.

창업을 하고 키워나가는데 책임감이 따르는 만큼 마냥 행복할 수는 없지만 가치를 느끼는 일이 내 일상에 함께 한다면 그 자체가 버팀목이 될 수 있다.

2. 아이템의 가능성 확인하기: 그 일로 돈을 벌 수 있는가?

내가 잘할 수 있고, 즐길 수 있으며, 특별한 가치를 만들 수 있는 아이템을 찾았다면 이제 그것을 성장시킬 차례이다. '아이템의 가능성 확인하기'라는 주제로 시작했지만 사실 앞의 내용과 연계해 [부제: 그 일로 돈을 벌 수 있는가?]가 더 적당한 주제가 될 것 같다. 내가 찾은 아이템의 가능성을 확인하기 위한 단계로 이 아이템이 고객의 불편함을 해결하는 최우선의 방법인지, 어떻게 돈을 벌 것인지에 대한 전략을 짜야 한다.

진짜 불편한 것을 해결 할 수 있는지에 대한 시장 검증

아이템이 좋을지라도 고객이 원하지 않는 아이템은 시장에서 성공할 수 없다. 위대한 발명가 에디슨에게도 실패한 발명품이 있었는데 그 당시 '다시는 고객이 원하지 않는 아이템은 발명하지 않겠다'고 의지를 다졌다고 한다. 절대 나의 불편함이 고객의 불편함이 되어서는 안 된다. 이렇게 시장과 고객 검증이 되지 않아 소리 소문 없이 사라지는 기업들이 굉장히 많다.

그렇다면 어떻게 나의 아이템을 검증할 수 있을까? 간단하게 5Whys 기법을 소개해 본다. 5Whys 기법은 '왜?'라는 질문을 다섯 번 반복해서 던짐으로써 표면적인 이유가 아니라 문제의 근본 원인을 알아내는 기법이다.

문제: 카페 테라스에 벌레가 너무 많다.
해결책: 벌레 퇴치 장치를 대형으로 설치하자(수백만원 예상).

위의 문제에 대해 보통은 벌레 퇴치 장치를 설치하는 것으로 해결책을 찾는 것이 대부분이다. 깊게 고민하지 않고 실행에 옮기게 되는데 벌레 퇴치 장치가 있지만 카페에는 계속 벌레들이 모인다. 그렇다면 이 해결책은 근본적인 문제를 해결한 성공 방법이라고 볼 수 없다. 아주 간단한 예시였지만 실제로 스타트업들에 닥치는 여러가지 문제를 위와같이 풀다가 실패한 사례들이 아주 많다. 5Why로 접근해 보자.

문제) 카페 테라스에 벌레가 너무 많다.

First Why: 왜 테라스에 벌레가 많을까?
➡ 밤마다 조명이 밝게 켜져 있다.

Second Why: 왜 조명이 벌레를 부를까?
➡ 밝은 백색 조명을 사용한다.

Third Why: 왜 밝은 백색 조명을 쓸까?
➡ 그냥 인테리어할 때 설치해서 계속 쓰고 있다.

Fourth Why: 왜 다른 색 조명으로 바꾸지 않았을까?
➡ 몰랐거나 귀찮아서 바꾸지 않았다.

Fifth Why: 따뜻한 톤의 노락색 조명으로 바꾸면?
➡ 벌레가 덜 모인다.

⇨ 진짜 해결책

대형 퇴치 장치 대신, 조명 색 바꾸고 테라스 불빛만 살짝 낮춰도 벌레가 줄어듦!

간단한 예시를 통해 5Whys 기법으로 근본적인 해결책을 찾아보았다. 이러한 5Whys 기법은 나의 잘못된 행동을 돌이켜보거나 목표를 달성하지 못했을 때에도 근본적인 원인을 찾기에 효과적이다. 또한 주관적인 감정에 치우치지 않고 객관성을 유지하며 여러 가지 관점에서 문제를 바라볼 수 있다는 장점도 있다.

내가 찾은 아이템이 정말 고객의 문제를 해결할 수 있는 근본적인 것인지 미리 파악할 수만 있다면 더욱 효율적으로 창업을 해나갈 수 있을 것이다.

비즈니스 모델 전략

예비 창업가들이 가장 어려워하는 것이 비즈니스 모델을 구상하는 것이다. 나의 아이템에 대한 무한한 믿음으로 서비스 소개는 잘하지만 해당 서비스로 돈을 어떻게 벌 것인지에 대한 전략은 없는 경우가 많다. "우리 제품이나 서비스가 좋으니까 당연히 사람들이 알아서 사게 될거야"라는 막연한 긍정적 회로가 시작되는 것이다.

그래서 그들의 투자 유치 자료를 보면 공통적으로 문제 제기, 서비스 소개까지는 빌드업이 잘 되어있지만 그 이후 사업화 전략의 부분은 거의 없는 경우가 많다. 비율로 보자면 80%를 문제 인식과 서비스 소개에 몰아넣고, 20%에 시장성이나 향후 방향성을 넣을 뿐 '어떻게 돈을 벌 것인지', '어떻게 고객을 모을 것인지', '누구에게 가장 먼저 판매할 것인지' 등에 대한 고민은 하지 않는다.

비즈니스 모델에 대해서는 뒤 파트에서 더욱 자세하게 다뤄질 예정이지만 '나의 아이템으로 성공하는 비즈니스 모델 구상하는 방법'을 간단하게 정리해 보자면 아래 이미지와 같다.

[성공하는 비즈니스 모델의 흐름]

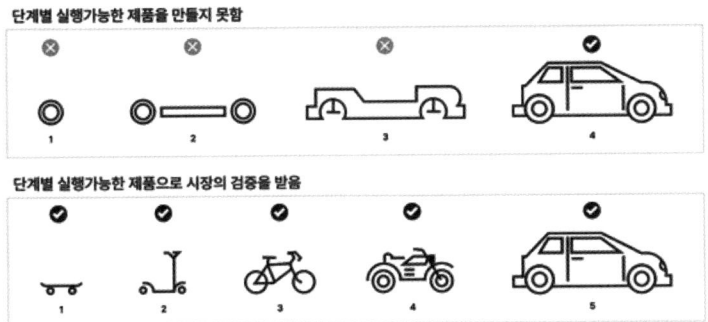

흔히 아이템, 즉 제품이나 서비스의 최종 버전만 생각하며 서비스 소개를 작성한다. 하지만 결국 서비스는 단계별 고도화가 이루어져야 하고 해당 단계별로 실행가능한 형태여야 한다.

상단의 비즈니스 모델 흐름을 보면 완성된 자동차를 만들기 위해 첫 번째 바퀴를 만들고, 두 번째 바퀴를 만들어 이어주고, 차체를 만들고, 그 이후에야 자동차가 완성되어 고객 검증 및 판매가 이루어지게 된다. 가장 마지막 단계에 이르러서야 매출이 발생하게 되는 것이다. 이 경우 열심히 달려왔지만 단계별 검증을 놓쳐 고객이 원하는 제품과 먼 완성품을 만들게 되거나 진행 과정에서 매출이 없기 때문에 지속가능성에 큰 어려움을 겪게 된다.

하단의 경우는 흐름이 다르다. 스케이트보드로 시작해서 시장의 검증을 통해 킥보드를 만들고, 또다시 검증을 통해 자전거, 오토바이, 자동차 순으로 각 단계별 실행 가능한 제품으로 비즈니스 모델을 견고하게 만든다. 또한 단계별로 실행 가능한 제품이 완성되기 때문에 해당 제품들로 여러 가지 피보팅을 진행하며 비즈니스 모델 확장도 가능하다.

따라서 궁극적인 제품이나 서비스만 생각하는 것이 아니라 어떻게 고도화시켜나갈 것인지, 고도화시켜나가면서 어떻게 검증을 받고, 타겟을 설정하고, 확장 가능한 비즈니스 모델로 지속 가능하게 할 것인지에 대한 고민이 우선되어야 한다.

또한 비즈니스 모델을 위한 MVP를 보여주는 것도 중요하다. 웹서비스 같은 경우에는 고객의 입장에서 어떻게 사용하면 되는지 고객 시나리오를 보여주거나 영상을 통해 제품을 설명하거나, 스토리보드로 제품의 기능을 단박에 이해시키는 것이 좋다. 물리적 제품의 경우 3D 랜더링이나 그래픽 이미지 등으로 단순히 말로만 설명하는 것보다 이미지나 영상을 활용하는 것을 추천한다.

될 것 같으면 끝까지 밀고 나가기

무엇보다 중요한 것은 마인드이다. 끝까지 밀고 나가는 에너지를 잃지 않는 것이 필요하다. 처음부터 성공한 창업가는 없다. 겉으로는 실패 없이 달려온 것처럼 보여도 모두가 실패를 무수히 경험했다.

소니의 첫 창업 아이템은 전기밥솥이었다. 밥솥으로 시작해 여러 단계를 거치며 전자제품을 고도화시켜나갔다. 티파니앤코는 귀금속이 아니라 문구를 파는 상점으로 시작해서 은식기나 팬시용품을 팔다가 현재 귀금속으로까지 사업을 확장했다. 레고는 나무 조각의 자투리 조각으로 시작했고, 스타벅스는 시애틀의 작은 마을에서 원두를 팔며 성장했다. 모두 수많은 굴곡을 넘었고, 창업 당시와는 전혀 다른 아이템으로 성공에 이르기도 했다.

내가 만나왔던 수많은 창업가들도 성공보다는 실패 경험이 중요하다고 공통적으로 이야기한다. 개인적으로 상장기업의 대표님들과 미팅을 하기도 하고, 투자자들과 함께 성공한 창업가들도 만나오고 있다. 청년창업사관학교의 동문으로, 1기부터 현재 기수까지 모인 자리에서 MC를 보는 일도 많았는데 그때마다 누구나 부러워하는 상장한 선배 기업들은 너 나 할 것 없이 실패담을 공유한다. 눈물 없이 들을 수 없는 그들의 이야기를 들으며 실패 경험이 그들을 여기까지 끌고 온 원천임을 알게 되었다.

성공은 쉽게 오는 것이 아니다. 힘든 순간들에 지치지 않고 템포를 고르며 하며 나아가다 보면 멋진 삶이 당신을 기다리고 있을 것이다. 그것이 내가 꿈을 꾸는 사람들을 응원하고 사랑하는 이유이다.

기업의 경영/위기 관리 파트너

이경선

- 스타트업 투자/ 경영 관리 기업 월랩/ E2B 대표
- 다수 스타트업 CFO, 운영이사
- 서울청년창업사관학교 코치/ 특강 강사
- 국방 스타트업 챌린지 예/본선 멘토 및 평가위원
- 창업진흥원 예비창업패키지, 초기창업패키지 평가위원, 멘토
- 한국콘텐츠진흥원 창업발전소 콘텐츠스타트업 리그 PM
- 국민체육진흥공단 스포츠산업 엑셀러레이팅 사업 PM
- 기타 다수 기관 사업 운영 PM, 평가위원, 전문위원, 강사 참여

02

사업 성장의 디딤돌
정부지원사업 활용 전략

정부의 창업지원 사업은 이제 많은 창업자들이 사업을 시작하는 데 있어 필수적으로 준비해야 하는 과정으로 자리잡았다. 이러한 지원 사업은 사업 초기 자본 확보에 큰 도움을 줄 수 있는 중요한 기회로, 소액의 지원부터 시작해 수억 원에 이르는 대규모 자금까지 다양한 형태로 제공된다. 정부뿐만 아니라 여러 공공 기관과 민간단체에서도 다양한 목적을 가진 지원 사업을 운영하고 있어, 창업자들이 자신의 사업에 맞는 자금을 확보할 수 있는 가능성은 그 어느 때보다 넓어졌다.

그러나 이러한 기회를 최대한 활용하기 위해 창업자들은 자신이 얼마나 준비가 되어 있는지, 그리고 어떤 시점에서 도전하는 것이 최적인지를 명확히 파악해야 한다.

지원 사업은 단순히 자금을 받는 것 이상의 의미를 가지며, 사업의 방향성, 전략, 그리고 구체적인 실행 계획까지도 함께 준비되어야 하는 과정이다. 이는 지원 사업에 접근하는 초기 단계에서부터 매우 중요한 요소로 작용하며, 성공적인 사업 성장을 위해서는 반드시 고려되어야 할 사항이다.

또한, 자신에게 가장 적합한 지원 사업이 무엇인지, 그리고 이를 어떻게 찾아낼 수 있는지에 대해 명확히 알고, 내 사업의 형태나 목적에 적합한 지원 사업을 확인하여 사전에 필요한 준비를 잘 갖추는 과정도 중요하다. 이를 위해서는 다양한 지원 사업의 특성을 이해하고, 그에 맞춘 전략을 세우는 것이 필요하다. 단순히 지원금을 받을 수 있는 기회를 찾는 것이 아니라, 자신의 사업을 어떻게 발전시킬 수 있는지를 고려한 선택이 이루어져야 한다.

이뿐만 아니라, 선정되는 아이템의 특징과 그 성공 요인에 대한 이해도 중요하다. 특정 아이템이 선정되기 위해서는 어떤 기준이 적용되는지, 그리고 그 기준에 맞추어 아이템을 어떻게 구성해야 하는지를 파악하는 것이 필요하다. 이를 통해 단순히 지원금을 받는 것에 그치지 않고, 지원 사업을 통해 자신의 사업 아이템을 더욱 발전시키고 구체화할 수 있는 기회를 만들 수 있다.

이 파트에서는 창업자들이 이러한 과정을 통해 정부지원 사업을 어떻게 효과적으로 활용할 수 있을지를 자세히 다루고자 한다. 창업자들이 정부지원 사업에 접근하는 데 필요한 준비 과정부터, 자신에게 맞는 지원 사업을 선택하고, 성공적으로 사업 아이템을 구성하는 방법까지 체계적으로 안내할 것이다. 이를 통해 초기 창업자들이 자신의 사업을 더욱 견고하게 성장시킬 수 있는 전략을 마련하는 데 도움이 되기를 바란다.

1. 지원 사업, 얼마나 준비되면 도전할까?

정부지원 사업, 독이 되기도 한다?

창업에 도전하기로 마음을 먹고 정부지원 사업에 대한 정보들을 검색하다 보면 ,언론 보도자료나 선배 창업자들의 글 속에서 지원 사업에 대한 비판적 글들을 접하게 된다. 언뜻 보면 정부지원 사업은 창업자들에게 큰 도움이 될 것 같지만, 그 이면에는 예상치 못한 어려움과 리스크가 존재한다.

예를 들어, 지원 사업에 선정된 후, 행정 업무를 처리하느라 본래의 사업에 집중할 시간이 부족해지는 경우가 있다. 이런 상황에서 창업자는 사업의 핵심 가치를 놓치기 쉽다. 또한, 지원 사업에서 제공하는 자금과 자원이 일시적이라는 점을 간과하고, 이후 자립을 위한 준비를 소홀히 했다가 후속 지원 사업에서 탈락하거나 지원이 종료된 후 사업을 지속하지 못해 포기하는 경우도 많다. 이러한 사례들은 정부지원 사업의 혜택을 제대로 활용하지 못한 결과, 오히려 창업자가 더 큰 어려움에 직면하게 되는 경우이다.

이처럼 지원 사업에 선정된 후에도 그 끝이 좋지 않은 사례들은 흔히 볼 수 있다. 그러나 이를 단순히 정부지원 사업 자체의 문제로만 볼 수는 없다. 정부지원 사업은 창업자가 사업을 시작하고 발전시키는 데 필요한 중요한 자원과 기회를 제공한다. 하지만 이러한 기회가 독이 되지 않기 위해서는 창업자 스스로가 충분히 준비되고 계획된 상태에서 지원 사업에 도전해야 한다. 철저한 사업 계획 수립과 장기적인 관점에서의 자립 준비가 되어 있지 않다면, 지원 사업이 오히려 발목을 잡을 수 있다. 결국, 정부지원 사업이 독이 되느냐, 아니면 도약의 발판이 되느냐는 창업자의 준비성과 사업에 대한 명확한 비전이 좌우한다고 할 수 있다.

정부지원 사업 - 얼마나 준비되면, 언제 도전해야 하나

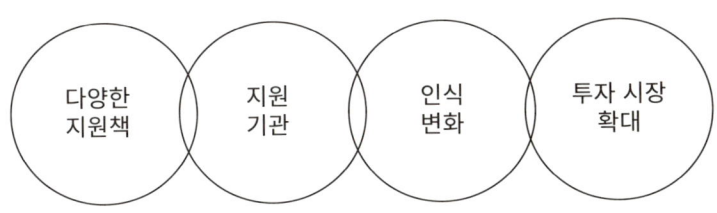

창업을 하기 위한 기반의 변화

창업을 지원하는 기관들이 점점 많아지고, 그만큼 다양한 지원 사업이 마련되고 있다. 창업의 문턱이 낮아지면서 이제는 누구나 한 번쯤 창업에 도전해볼 수 있는 환경이 조성되었다. 또한, 창업 기업이 자금을 조달할 수 있는 투자 시장도 확대되어 창업에 대한 전반적인 기회가 증가하고 있다. 이러한 변화는 많은 예비 창업자들이 창업 시장에 진입하게 만들고 있다. 하지만, 이러한 환경의 변화로 인해 준비되지 않은 상태에서 창업에 뛰어드는 경우도 빈번해졌다.

준비가 충분하지 않은 상태에서도 운 좋게 아이템의 매력도로 인해 지원 사업에 선정되기도 하는데, 이런 경우가 앞서 언급한 '지원 사업이 독이 되는' 사례로 이어지기도 한다. 그렇다면, 성공적인 창업을 위해서는 얼마나 준비된 상태에서 시작해야 할까?

성공적인 창업과 정부지원 사업의 효율적인 활용을 위해서는 여러 요소를 철저히 준비해야 한다. 창업에 필요한 기본적인 요소들을 충분히 갖추지 않은 상태에서 지원 사업에 도전하면, 오히려 역효과를 낼 수 있다. 아래는 창업을 준비하는 과정에서 중요한 고려사항들이다.

1) 하고자 하는 사업 아이템이 명확할 때

가장 기본적인 전제는 명확한 사업 아이템의 존재이다. 창업자가 하려는 사업이 무엇인지, 어떤 문제를 해결하고자 하는지, 그리고 그 과정에서 어떠한 가치를 창출할 것인지를 명확히 정의할 수 있어야 한다. 이는 단순히 아이디어에 그치는 것이 아니라, 그 아이디어가 구체적으로 어떻게 실현될 수 있는지, 실제로 시장에서 어떻게 작용할 것인지를 상세히 계획할 수 있어야 한다는 뜻이다. 명확한 사업 아이템은 지원 사업 신청 시에도 중요한 평가 기준이 된다.

2) 사업과 시장에 대한 깊은 이해

창업자는 자신이 도전하려는 사업과 해당 시장에 대해 소비자 수준 이상으로 깊이 이해하고 있어야 한다. 이는 단순히 시장의 트렌드나 경쟁 상황을 아는 것을 넘어, 시장 내에서 자신의 사업이 어떻게 자리 잡을 수 있을지에 대한 철저한 분석이 필요하다는 뜻이다.

시장의 크기, 소비자의 니즈, 경쟁자의 강점과 약점 등을 체계적으로 파악하고, 이를 바탕으로 자사의 사업 전략을 세워야 한다. 이런 준비가 부족하다면, 시장에 진입한 후 예상치 못한 문제에 직면하게 될 가능성이 높다.

3) 아이템의 특징, 논리, 수익구조, 차별점을 명확히 제시할 수 있을 때

사업 아이템의 독창성과 논리성은 성공적인 창업의 핵심 요소이다. 특히, 정부지원 사업에 신청할 때는 아이템의 차별성과 수익 구조를 명확히 제시할 수 있어야 한다. 이를 위해 사업의 핵심 논리를 잘 정리하고, 글로 표현할 수 있는 능력이 필요하다.

이는 단순히 아이디어의 독창성만을 강조하는 것이 아니라, 그 아이디어를 통해 수익을 창출할 수 있는 구조를 설명하고, 왜 이 사업이 시장에서 성공할 것인지를 논리적으로 증명해야 한다는 뜻이다.

4) 해당 사업 분야에 대해 조언을 해 줄 조언자의 존재

창업 과정에서의 조언자는 매우 중요한 역할을 한다. 조언자는 단순한 멘토 이상의 존재로, 사업 아이디어의 현실성, 시장 진입 전략, 자금 운영 등 다양한 측면에서 창업자에게 방향을 제시할 수 있다.

조언자는 창업자가 미처 생각하지 못한 부분을 지적하고, 어려운 상황에서 올바른 결정을 내릴 수 있도록 도와준다. 따라서, 창업자는 자신의 사업에 대해 조언을 받을 수 있는 신뢰할 만한 조언자를 확보한 상태에서 창업을 시작하는 것이 중요하다.

5) 자본금의 확보: 지원금 외 최소한의 자본금 확보

정부지원 사업을 통해 자금을 조달하는 것은 큰 도움이 될 수 있지만, 창업자는 그에 앞서 최소한의 자본금을 확보하고 있어야 한다. 지원금이 제공되기 전까지의 사업 운영이나 예상치 못한 지출을 감당하기 위해서는 기본적인 자본금이 필요하다.

일반적으로, 받고자 하는 지원금의 절반 이상의 자본금을 자체적으로 확보하는 것이 이상적이다. 이는 지원 사업에 의존하지 않고도 사업을 일정 기간 안정적으로 운영할 수 있는 기반을 마련하기 위함이다.

6) 사업을 통해 수익을 창출하는 방법에 대한 명확한 이해

마지막으로, 창업자는 자신의 사업을 통해 어떻게 돈을 벌 수 있는지 명확히 이해하고 있어야 한다. 이는 단순히 매출을 올리는 방법만을 의미하는 것이 아니라, 비용 구조, 가격 전략, 마진 계산 등 수익 창출의 전반적인 메커니즘을 파악하고 있어야 한다는 뜻이다.

이를 명확히 이해하지 못하면, 사업 초기에는 매출이 발생하더라도 장기적으로는 지속 가능한 성장을 이루기 어려울 수 있다. 따라서, 창업자는 사업 모델을 철저히 분석하고, 수익을 창출할 수 있는 구체적인 방법을 마련한 상태에서 창업에 도전해야 한다.

이와 같이, 창업자는 충분한 준비와 철저한 계획을 바탕으로 정부지원 사업에 도전해야 한다. 이를 통해 지원 사업이 창업의 독이 아닌, 성장의 발판이 될 수 있도록 해야 한다.

2. 나에게 맞는 지원 사업, 어디에서 찾을까?

정부 지원 사업의 분류

정부지원 사업은 공식적으로 다양한 분류가 있지만, 창업자 입장에서 자금을 지원받을 수 있는 정부지원 사업은 크게 세 가지로 나눌 수 있다. 창업지원 사업, 보증형 정책자금, 그리고 R&D 지원 사업이다.

창업자 입장에서 이 세 가지를 좀 더 실질적으로 구분해 보자. 첫 번째로 언급할 수 있는 것은 창업지원 사업이다. 이는 창업자가 보유한 아이템을 사업화하는 데 필요한 자금을 지원하는 프로그램으로, 창업 초기 단계에서의 사업화 자금 지원에 해당한다.

두 번째, 보증형 정책자금은 창업자가 필요한 자금을 정부 기관의 보증을 통해 저금리로, 높은 한도의 융자로 받을 수 있도록 지원하는 프로그램이다. 기술보증기금, 신용보증기금, 신용보증재단을 통한 보증사업이나 중소벤처기업진흥공단을 통한 대출 등이 이에 포함된다.

마지막으로, R&D 지원 사업은 창업 사업화 지원과는 달리 연구개발과 기술 혁신에 중점을 둔 지원 프로그램이다. 창업 사업화 지원이 창업 아이템의 시장 진입과 성장, 사업화 성과 창출에 중점을 둔다면, R&D 지원 사업은 기술 개발과 기존 기술에 비해 혁신적인 기술 창출에 중점을 두고 있다.

이 파트에서는 주로 창업지원 사업, 창업 사업화 지원에 초점을 맞추어 설명을 하고 있다.

나에게 맞는 지원 사업을 찾는 기준

정부지원 사업에 도전하기 전, 창업자는 자신의 상황과 조건에 맞는 지원 사업을 찾는 것이 무엇보다 중요하다. 이를 위해 몇 가지 핵심적인 요소를 사전에 점검해볼 필요가 있다. 이러한 요소들은 지원 사업 선정 과정에서 결정적인 역할을 하며, 잘못된 선택은 시간과 자원의 낭비로 이어질 수 있다.

1) 대표자의 연령: 만 39세 초과? 이하?

대표자의 연령은 지원 사업의 적합성을 판단하는 중요한 기준 중 하나이다. 예를 들어, 통상 다수의 청년 창업지원 사업에서는 대표자의 연령 기준을 만 39세 이하로 설정하고 있다. 물론 사업에 따라 만 34세, 만 29세의 기준을 적용하는 경우도 있다.

대표자의 연령 제한이 없는 지원 사업의 경우 평균 선정자의 연령이 청년 창업자 기준 연령보다는 훨씬 높고, 연령이 높은 만큼 대표자의 비즈니스 경험도 더 많은 편이다. 당연히 대표자의 경력이나 전문성을 보는 부분에서 차이가 발생할 수밖에 없기 때문에, 청년 연령대의 창업자는 청년 창업지원 사업을 택하는 편이 통상적으로는 더 유리하다.

2) 기존에 이미 받은 지원금이 있는가?

이미 정부나 지자체로부터 지원금을 받은 경험이 있다면, 추가적인 지원을 받기 위해서는 그와 관련된 제약 사항을 확인해야 한다. 일부 지원 사업은 중복 수혜를 제한하거나, 특정 지원금을 받은 기업에 대해 추가 지원을 제공하지 않는 경우가 있다. 따라서 기존에 받은 지원금 내역을 면밀히 검토하고, 추가 지원이 가능한지 확인해야 한다.

이 과정에서 기존에 받은 지원 사업과 새롭게 신청하는 지원 사업이 중복지원의 문제만 없다면, 기존 지원 사업의 성과를 제대로 입증해서 새로운 지원 사업에서도 긍정적인 평가를 받을 수도 있다. 각 사업 간의 중복 문제가 사업 공고문에 명확하게 나와 있지 않다면 이번에 새로 신청하는 지원 사업의 주관기관을 통해 명확하게 확인을 해보는 편이 좋다.

3) 창업 몇 년 차?

창업 기간 역시 지원 사업의 선정 기준에 중요한 역할을 한다. 예비 창업자, 초기 창업자, 도약기 창업자(예비창업자, 초기 창업자(3년 미만), 도약기 창업자(3년 이상 7년 미만)) 등 각 단계에 따라 적합한 지원 사업이 다르다.

예비창업자는 아이디어를 구체화하고 사업화를 지원받을 수 있는 프로그램에 참여할 수 있으며, 초기 창업자는 사업의 안정화를 위한 자금 지원과 컨설팅을 받을 수 있다. 도약기 창업자의 경우, 성장과 확장을 위한 추가 자금 조달과 해외 진출 기회 등을 지원하는 프로그램이 많다. 따라서, 자신의 창업 단계에 맞는 지원 사업을 선택하는 것이 중요하다.

4) 사업장의 위치: 본사, 기업부설연구소, 지사 등의 위치

사업장이 어디에 위치해 있는지도 지원 사업 선정에 중요한 요소가 된다. 특히, 지방에 위치한 사업장은 지역 특화 지원 사업을 통해 더 많은 혜택을 받을 수 있다.

예를 들어, 특정 지역의 경제를 활성화하기 위한 사업장 위치 지원금이나, 지방 중소기업을 위한 맞춤형 지원 사업 등이 있다. 본사뿐만 아니라 기업부설연구소나 지사의 위치도 지원 사업 선정에 영향을 미칠 수 있으므로, 이를 사전에 파악하고 알맞은 지원 사업을 찾는 것이 필요하다.

5) 진행 사업 분야: 딥테크, 콘텐츠 비즈니스, 소상공인, 관광, 헬스케어 등

진행하고 있는 사업의 분야도 지원 사업을 선택하는 중요한 기준이다. 딥테크(Deep Tech)나 콘텐츠 비즈니스, 헬스케어 등은 각기 다른 지원 사업의 대상이 될 수 있다.

예를 들어, 딥테크 분야는 기술 개발과 연구에 중점을 둔 지원 사업에 적합하며, 콘텐츠 비즈니스는 창작 및 배급 지원이 강조되는 프로그램이 많다. 소상공인 지원 사업은 자금뿐만 아니라 마케팅, 판로 개척 등의 실질적인 지원을 받을 수 있다. 따라서, 자신의 사업 분야와 일치하는 지원 사업을 찾는 것이 중요하다.

지원 사업 정보를 획득할 수 있는 채널

적합한 지원 사업을 찾기 위해서는 다양한 정보를 신속하고 정확하게 수집하는 것이 중요하다. 지원 사업 정보는 주로 정부와 관련 기관에서 제공하며, 이를 통해 창업자는 필요한 정보를 쉽게 얻을 수 있다.

1) K 스타트업 (www.k-startup.go.kr)

K 스타트업은 다양한 창업 지원 사업 정보를 제공하고 있다. 이곳에서는 창업 초기 단계부터 성장 단계에 이르기까지 다양한 지원 프로그램을 확인할 수 있다. 특히, 창업자들을 위한 지원 사업, 기술 창업을 위한 지원금, 글로벌 진출을 위한 프로그램 등 폭넓은 정보가 제공된다. 창업자가 필요한 정보를 한눈에 확인할 수 있도록 구성되어 있어 매우 유용한 채널이다.

2) 기업 마당 (www.bizinfo.go.kr)

기업 마당은 비즈니스 정보 포털로, 창업 지원뿐만 아니라 중소기업을 위한 다양한 정보들을 제공한다. 자금 지원, 인력 지원, 판로 지원 등 여러 분야에 걸쳐 종합적인 정보를 제공하며, 사업 유형이나 규모에 따라 맞춤형 정보를 검색할 수 있다.

3) 내 거주지, 사업자등록지 시/군/구 홈페이지

지역별로 제공되는 창업 지원 사업은 시/군/구 홈페이지를 통해 확인할 수 있다. 특히, 거주지나 사업자등록지의 시/군/구에서 운영하는 창업 지원 프로그램은 전국 단위의 프로그램보다 경쟁이 덜할 수 있으며, 지역 경제 활성화를 목적으로 한 맞춤형 지원을 받을 수 있다. 시/군/구 홈페이지에서 '창업지원', '청년창업', '창업', '정책자금' 등의 키워드로 검색하면 해당 지역에서 진행 중인 지원 사업 정보를 쉽게 찾을 수 있다. 이는 특히, 지역적 특성을 고려한 맞춤형 지원을 받을 수 있는 좋은 방법이다.

이와 같이 다양한 채널을 통해 지원 사업 정보를 수집하고, 자신의 상황과 조건에 맞는 지원 사업을 선택하는 과정은 창업의 성공을 위해 필수적이다. 각 지원 사업의 조건과 혜택을 면밀히 비교하고 분석하여 최적의 선택을 한다면, 이를 통해 창업의 초석을 더욱 견고히 다질 수 있을 것이다.

K 스타트업 (www.k-startup.go.kr)　　　　기업 마당 (www.bizinfo.go.kr)

3. 선정되는 아이템, 따로 있을까?

지원 대상 분야와 지원 제외 분야

2024년도 예비창업 패키지와 초기 창업 패키지 사업의 공고문을 보면 2개 사업 모두 딱 어떤 사업 아이템이어야 한다고 규정하지는 않고 있다.

예비창업 패키지 사업의 경우 '혁신적인 기술과 사업모델(BM)을 보유한 예비창업자'로 사업 목적 부분에 명시하고 선발분야에서도 '정보·통신, 전기·전자, 기계·소재(재료), 바이오·의료(생명·식품), 에너지·자원(환경·에너지), 화학(화공·섬유), 공예·디자인 등 전 기술 분야를 지원'한다고 명시하고 있다.

초기 창업 패키지 사업의 경우에도 사업 목적에서 '유망 창업 아이템을 보유한 초기 창업기업'이라고 명시하고 따로 특정 분야를 명시하지는 않고 있다.

다만, 지원 제외 대상 업종으로는 '중소기업창업지원법 시행령 제4조(창업에서 제외되는 업종)의 업종을 영위하고 있거나 또는 영위하고자 하는 자(기업)'로 일반유흥주점업, 무도유흥주점업, 기타 사행시설 관리 및 운영업, 그 밖에 이에 준하는 업종으로서 중소벤처기업부령으로 정하는 업종에 대해 지원 제외 대상 업종으로 지정하고 있다.

선정되는 아이템과 선호하지 않는 아이템

창업자들이 궁금해하는 것은 선정되는 아이템의 명확한 기준보다는, 해마다 선호되거나 비선호되는 아이템이 무엇인지에 대한 부분이다. 실제로 많은 창업자들 사이에서 "올해는 이런 아이템이 잘 선발된다", "올해는 이런 아이템은 대부분 탈락했다더라", "내 아이템은 올해 선호도가 떨어지는 카테고리에 속해서 떨어졌다" 등의 이야기가 자주 오간다.

이와 관련해 명확히 말할 수 있는 포인트는 두 가지이다. 첫째, 확실히 더 까다롭게 평가되는 아이템들이 있다는 점이다. 둘째, 특정 카테고리의 아이템이라서 탈락하거나 합격하는 경우는 거의 없다는 것이다.

매해 "올해는 이런 기술이 포함된 아이템만 거의 선발된다", "올해는 특정 분야의 아이템은 다 떨어졌다"는 이야기가 지원 사업에 신청했던 창업자들 사이에서 많이 나오지만, 이는 어디까지나 주변의 소수 사례를 근거로 한 추측일 뿐이다. 전국의 여러 기관에서 다양한 평가위원이 참여하는 만큼, 모두가 같은 시각을 가질 가능성은 거의 없다. 따라서 이러한 이야기는 실질적인 근거가 없는 경우가 많다.

물론 특정 기술이나 아이템이 시장에서 유행하기 시작하면, 그 기술이 사용된 아이템이나 해당 시장을 타겟으로 하는 아이템으로 지원하는 창업자들이 늘어난다. 지원자 수가 많아지면, 그 중에서도 논리적으로 타당한 아이템을 제출한 지원자가 많아져, 최종 선발된 이들 중에서 해당 아이템을 다룬 비율이 높아질 수 있다. 이로 인해 유행하는 아이템이어서 많이 선발된 것처럼 보일 수 있다.

반대로, 한동안 유행했던 아이템이지만 성공적인 사례가 거의 없는 아이템을 선택한 창업자는 기존과 확연히 다른 접근을 보여줘야 긍정적인 평가를 받을 수 있다. 기존 실패 사례들과 크게 다르지 않은 시장 접근 방법이나 전략을 제시한다면 선발되기가 어렵다. 이 경우, 마치 아이템 자체 때문에 탈락한 것처럼 보일 수 있다. 하지만 실질적으로는 차별화된 논리를 보여주지 못했기 때문에 탈락한 것이다.

결론적으로, 특정 아이템이라서 선정되거나 탈락하는 경우는 거의 없다. 예비창업 패키지나 초기 창업 패키지 같은 기술 창업형 사업들은 주로 벤처나 기술 창업형 아이템을 지원하기 때문에 소상공인형 창업 아이템이 선발되기 어려운 것은 사실이다. 그러나 이런 사례가 전혀 없는 것은 아니다. 아이템이 충분히 논리적이고 매력적이며, 체계적인 계획을 갖추고 있다면, 지원 제외 범주에 해당하지 않는 한 선발될 가능성이 충분히 있다.

4. 정부지원 사업을 위한 계획서 작성 전략

창업 사업화 사업계획서 작성 주요 포인트

창업 사업화 지원 사업에 신청할 때, 사업계획서의 작성은 매우 중요하다. 이는 평가자들이 사업 아이템의 가능성을 판단하고, 지원 여부를 결정하는 핵심 자료이기 때문이다.

1) 아이템 명과 개요에서 전반적인 내용을 유추할 수 있게 하라

사업계획서의 첫인상은 아이템 명과 개요에서 결정된다. 아이템 명은 단순히 제품이나 서비스의 이름이 아니라, 그 핵심 가치를 짧고 간결하게 표현할 수 있어야 한다.

개요 부분에서는 사업의 전반적인 내용을 한눈에 파악할 수 있도록 구조화된 정보를 제공해야 한다. 이를 통해 평가자는 아이템의 본질과 목표를 명확하게 이해할 수 있다. 또한, 개요는 사업의 비전과 목표를 요약하여 전달함으로써, 사업의 중요성을 강조할 수 있는 기회이기도 하다.

2) 시장에 대한 전문성과 경험을 강조하라

사업계획서에서는 해당 시장에 대한 깊은 이해와 경험을 반드시 강조해야 한다. 이는 사업의 성공 가능성을 높이는 중요한 요소로 작용한다. 시장에 대한 분석을 통해 시장의 크기, 성장 가능성, 경쟁 상황 등을 구체적으로 설명하고, 창업자가 해당 시장에서 어떤 전문성을 가지고 있는지를 명확히 제시해야 한다.

평가자들은 창업자가 시장을 얼마나 잘 이해하고 있는지, 그리고 그 이해를 바탕으로 사업을 어떻게 성공시킬 것인지에 대해 높은 관심을 갖고 있다. 따라서, 이 부분에서 신뢰성을 높이는 것이 중요하다.

3) 현재까지의 진행 상황과 앞으로의 계획을 명확히 제시하라

사업계획서에는 지금까지의 사업 진행 상황과 앞으로의 계획을 명확히 제시해야 한다. 이는 사업의 실질적인 진행 상황을 보여주며, 창업자가 앞으로 무엇을 해낼 수 있을지를 평가하게 한다. 현재까지 어떤 성과를 이루었고, 앞으로 어떤 목표를 달성할 계획인지 구체적으로 설명해야 한다. 이 부분에서는 달성 가능한 목표와 현실적인 계획을 제시하는 것이 중요하다. 이를 통해 평가자들은 창업자가 얼마나 실행력 있고 계획적인지를 판단하게 된다.

4) 쉽게, 빠르게 알아볼 수 있도록 심플하고 명확하게 작성하라

사업계획서는 평가자들이 쉽게 이해할 수 있도록 심플하고 명확하게 작성해야 한다. 지나치게 복잡한 용어를 사용하거나, 불필요한 정보를 나열하는 것은 피해야 한다. 각 항목은 핵심 메시지를 중심으로 간결하게 작성되어야 하며, 시각적으로도 명확하게 구성하는 것이 좋다. 표, 그래프, 이미지 등을 적절히 활용하여 시각적 이해도를 높이고, 중요한 정보는 강조하여 평가자들이 빠르게 핵심을 파악할 수 있도록 한다.

5) 특장점과 차별점을 명확히 부각시켜라

사업 아이템의 특장점과 차별점은 사업계획서에서 가장 중요한 부분 중 하나이다. 이는 경쟁 제품이나 서비스와의 차별성을 부각시켜, 시장에서의 경쟁 우위를 확보할 수 있는 요소로 작용한다.

이 부분은 쉽게 이해할 수 있도록 명확하게 표현해야 하며, 한눈에 들어올 수 있도록 구성하는 것이 좋다. 특장점과 차별점이 무엇인지, 왜 그것이 중요한지를 구체적으로 설명하고, 그로 인해 예상되는 시장 반응이나 효과를 제시하는 것이 중요하다.

6) 지금까지의 사업 진행 내용을 구체적으로 제시하라

사업계획서에는 지금까지의 사업 진행 내용을 구체적으로 제시해야 한다. 이는 창업자가 실제로 어떤 노력을 기울여왔는지를 보여주는 중요한 지표이다. 사업 아이템의 개발 과정, 초기 시장 반응, 파일럿 테스트 결과 등 구체적인 진행 상황을 서술하여, 평가자들이 창업자의 진정성과 추진력을 평가할 수 있도록 한다. 이 과정에서 발생한 주요 이슈와 이를 해결하기 위해 어떤 조치를 취했는지도 언급하여, 문제 해결 능력을 강조할 수 있다.

7) 시장과의 접촉 결과와 실질적인 시장 수요 조사를 포함하라

마지막으로, 시장과의 접촉 결과와 실질적인 시장 수요 조사를 포함하는 것이 중요하다. 이는 사업 아이템이 실제로 시장에서 얼마나 수요가 있는지를 보여줄 수 있는 강력한 증거가 된다.

고객 인터뷰, 설문조사, 시장 테스트 등의 결과를 바탕으로, 시장에서의 반응을 구체적으로 제시해야 한다. 이러한 데이터는 사업의 실현 가능성을 뒷받침해주며, 평가자들에게 창업 아이템이 시장에서 성공할 가능성이 높다는 신뢰를 줄 수 있다.

결론적으로, 창업 사업화 사업계획서는 단순한 아이디어를 넘어, 사업의 실현 가능성과 시장에서의 성공 가능성을 평가자들에게 설득력 있게 전달해야 한다. 위에서 언급한 주요 포인트들을 철저히 반영하여 작성된 사업계획서는 평가자들에게 신뢰를 줄 뿐만 아니라, 창업자 스스로도 자신의 사업을 명확히 이해하고 전략적으로 접근할 수 있는 기반을 마련해 줄 것이다.

정부지원 사업 활용에 대한 결론

정부지원 사업은 창업자에게 큰 기회와 자원을 제공하지만, 이를 효과적으로 활용하기 위해서는 신중하고 전략적인 접근이 필요하다. 다음은 정부지원 사업을 활용할 때 반드시 고려해야 할 세 가지 핵심 요소이다.

1) 충분히 준비되었을 때 도전하기

정부지원 사업에 도전하기 전, 자신이 충분히 준비되어 있는지 면밀히 점검해야 한다. 창업 아이템의 명확한 비전, 시장에 대한 깊은 이해, 그리고 사업의 구체적인 실행 계획이 준비된 상태에서 지원 사업에 도전하는 것이 중요하다. 준비가 부족한 상태에서 지원 사업에 선정되면 이는 오히려 사업에 부담이 될 수 있기 때문이다.

2) 나에게 필요한, 전략상 맞는 지원 사업만 전략적으로 취하기

모든 지원 사업이 모든 창업자에게 적합한 것은 아니다. 자신의 사업에 진정으로 필요한 자원을 제공하는 지원 사업만을 전략적으로 선택해야 한다. 이는 자원과 시간을 효율적으로 활용하는 데 중요한 요소이다. 자신에게 맞지 않는 지원 사업을 무리하게 선택하는 것은 오히려 사업에 혼란을 초래할 수 있다.

3) 지원 사업은 사업이 잘 되도록 하기 위한 도구라는 점을 잊지 않기

지원 사업은 창업자가 사업을 성공적으로 운영할 수 있도록 돕는 도구일 뿐, 사업 자체가 아니다. 지원 사업에 의존하기보다는 이를 활용하여 사업을 더욱 견고하게 구축하는 것이 목표가 되어야 한다. 지원금을 어떻게 활용할지, 지원 사업 종료 후에도 지속 가능한 성장을 이루기 위한 전략을 반드시 함께 고려해야 한다.

정부지원 사업은 창업자의 성공적인 출발을 위한 중요한 자원이 될 수 있지만, 이를 효과적으로 활용하기 위해서는 철저한 준비와 전략적인 접근이 필수적이다. 충분한 준비와 명확한 전략으로 지원 사업을 활용한다면, 이는 사업의 성공적인 성장을 이끄는 강력한 도구가 될 것이다.

데모데이 전문가로의 성장을 꿈꾸는

이영은

- 항공안전기술원 책임행정원
- 국토교통부 장관 표창(2020), 국회 국토교통위원장 표창(2017)
- 법학사, 경영학석사, 기록관리학 석사, 법학박사(수료)
- 창업보육전문매니저, AFPK(국제공인 재무설계사), 종합자산관리사(IFP), 파생상품투자상담사, 증권투자상담사, 펀드투자상담사, 기록물관리전문요원 자격 보유
- 정부 창업 지원사업 총괄 및 데모데이 등 스타트업 행사 책임자
- 2022 드론 기업지원허브 데모데이, 2023 드론 기업 투자설명회, 2023 드론 기업 창업설명회, 제3회 2023 하반기 드론 기업 투자 설명회, 제4회 2024 드론 기업 투자 설명회 등 기획
- 조달청 혁신제품 스카우터(2024~)

03

데모데이

새싹 기업부터 유니콘 기업까지

1. 데모데이는 한 편의 Show다

데모데이는 'Demo Day'라는 이름에서 알 수 있듯이, 스타트업이 자신들의 데모(시연)를 공개하는 행사로, 주로 창업지원 사업을 수행하는 기관이나 AC에서 개최한다.

스타트업을 운영하거나 관련 업무를 수행하는 사람들에게 '데모데이'는 일상처럼 듣는 용어지만, 스타트업과 관련이 없는 대다수의 사람들은 데모데이라는 용어 자체를 모르는 경우가 많다. 그러나 최근 몇 년 동안 데모데이라는 용어가 많이 알려지게 되었는데, 이는 정부의 스타트업 육성 사업에서 데모데이 지원, 개최 횟수가 빈번해지고, 또 드라마에서 스타트업이 데모데이에 참가하는 모습이 다뤄진 점 등이 영향을 미친 것으로 보인다.

데모데이의 가장 기본적인 목적은 분명 투자 유치다. 그러나 실제 데모데이를 주최하는 기관이나 데모데이에 참가하는 기업 모두 투자 유치만을 목적으로 데모데이에 임하는 것은 아니다.

기관에서는 특정 지원 사업을 통해 육성한 스타트업들이 얼마나 성장했는지를 보여줌으로 자신들의 사업 수행 성과를 홍보하는 행사로도 활용한다. 반면 기업들은 '무대' 위에 직접 올라 본인들의 기술력과 스토리를 보여줌으로써 기업과 브랜드를 노출시키고 인지도를 높이는 자리가 바로 데모데이이다.

　한정된 시간 동안 무대 위에서 본인들이 가진 역량을 모두 펼쳐 보여야 하기 때문에, 보통 기술력 소개에 집중하기보다는 기업 또는 브랜드에 대하여 하나의 스토리를 구성하여, 어떻게 하면 피칭을 잘 할 수 있을까에 집중하여 데모데이를 준비하게 된다. 즉, 기업이 무대 위에 올라서는 순간부터 마지막까지 10분 남짓한 시간에 기업의 최대치를 보여 줄 수 있도록 철저히 계산하여 연출하는 것이다.

　그렇기 때문에 데모데이는 한 편의 Show라고 말할 수 있다.

데모데이의 목적

1) 투자 유치

　Seed, Series A/B/C, (Pre) IPO 등 각 단계별로 기업이 필요한 자금을 확보하기 위한 투자 유치가 데모데이의 가장 기본적인 목적이다. 특히 Seed 또는 Series A 정도의 초기 기업은 연구개발 및 시제품 제작, 마케팅, 인력 확보 등에 소요되는 자금 확보가 필수적이다. 또한 본인들을 투자자 또는 대중에게 노출 시킬 기회가 많지 않기 때문에 데모데이를 통해 초기 자금 확보와 동시에 본인들의 기술력을 공개하는 것을 목표로 데모데이에 참여한다.

2) 네트워킹

　데모데이에서 가장 중요한 시간 중 하나는 바로 네트워킹 시간이다.

어느 데모데이에 가도 일반적인 휴식시간은 존재하지 않는다. 휴식 및 네트워킹 시간이 있을 뿐.

스타트업 대표들은 투자자를 만날 기회가 드물다. 특별한 기술이 있고 그 기술이 투자사에 알려져 저절로 찾아오게 된다면 투자자를 만나는 것이 어렵지 않겠지만, 이는 극히 확률이 낮다. 대다수의 기업들은 스스로 투자자를 찾아나서야 한다.

이렇게 투자자를 만나기 어려운 기업들이, 다수의 투자자들을 한 번에 만날 수 있는 자리가 데모데이이다. 데모데이라는 행사에 모인 투자자들과 네트워킹을 구축하고, 지속적인 관계 형성 및 기업 정보 전달을 통해 투자 유치의 기회를 높일 수 있다.

또한 네트워킹을 통해 다른 스타트업과의 협업 기회도 모색할 수 있으며, 업계 전문가들을 통해 최신 트랜드, 기술 발전, 시장 동향에 대한 인사이트를 얻을 수도 있다. 이를 통해 사업 전략을 조정하고, 기업의 경쟁력을 강화하는데 도움을 받을 수 있다.

3) 시장 반응 평가

데모데이를 통해 기술력을 공개함으로 시장의 반응을 미리 평가해 볼 수 있다. 이는 스타트업의 제품이나 서비스가 실제 시장에서 어떤 반응을 일으키는지 이해하고 평가하는 매우 중요한 과정이다. 이 과정을 통해 사업 모델과 전략을 조정할 수 있고, 사업의 성공 가능성을 높일 수 있다.

뿐만 아니라, 제품 및 서비스의 유용성, 편리성 등을 평가하고 예상되는 문제점이나 불편사항을 파악하여, 본격적인 시장 출시 전에 개선할 수 있다. 데모데이에서의 반응을 통해 기업의 비즈니스 모델이 시장에서 잘 적용되는지, 수익 창출이 가능한지 등에 대하여 일정 부분 검증할 수 있고, 투자자나 전문가의 피드백을 통해 수익 모델의 타당성을 평가받을 수 있는 것이다.

시장 반응 평가는 스타트업에게 매우 중요한 과정이다. 시장 반응을 철저히 평가하고, 피드백을 바탕으로 개선 사항을 반영함으로써 시장에서의 성공 가능성을 높일 수 있다.

4) 미디어 노출

코로나19를 거치면서 유튜브를 통한 데모데이 생중계는 흔한 일이 되었다. 초기에는 다수 인원이 행사장에 밀집하지 않고도 데모데이를 개최하기 위하여 생중계가 시작되었지만 현재는 데모데이에 참가한 기업을 더 많은 사람에게 더 오랜 기간 동안 홍보할 수 있는 창구가 되었다.

보통 데모데이 생중계 영상은 개최 기관의 유튜브 채널 등을 통해 언제든지 누구든 시청할 수 있기 때문에 현장에 참석하지 못한 투자자들도 기업의 IR 발표를 확인할 수 있고, 일반인들을 대상으로 기업의 브랜드나 제품이 홍보되는 효과도 있다.

또한 데모데이를 개최하는 기관에서 행사 종료 전후 또는 투자 유치 성과가 창출되면 보도자료를 배포하는 경우가 종종 있는데, 이를 통해 초기 기업이 미디어에 노출됨으로써 기업 및 브랜드를 알릴 수도 있다.

특히 잠재 고객, 투자자, 협력 파트너 등에게 기업의 존재를 알릴 수 있는 기회가 되기도 한다.

2. 데모데이는 끝이다

「2025년 중앙부처 및 지자체 창업지원사업 통합공고(중소벤처기업부 공고 제2024-626호)」에 따르면 2025년에 중앙부처에서 수행하는 창업지원 사업은 87개, 지자체에서 수행하는 사업은 342개이다. 이 공고에 포함되지 않은 지원 사업까지 모두 포함한다면 그 숫자는 훨씬 커질 것이다.

창업지원 사업 중 상당수는 데모데이를 개최한다. 규모의 차이야 있겠지만 많은 사업에서 '데모데이', '투자 설명회' 등의 이름으로 사업 참여 기업들에게 IR 발표의 기회를 제공하고 있다. 또한, IR 발표회를 운영하지 않는 사업들도 '최종보고회', '성과 보고회' 등의 형식으로 기업들의 사업수행 현황을 발표하도록 하고 있기 때문에, 따지고 보면 창업지원 사업에 참여하는 기업은 최소 한 번 이상은 모두 데모데이에 참여하거나 비슷한 발표 자리를 가진다고 볼 수 있다.

당연히 모든 창업지원 사업이 같은 절차로 운영되진 않겠지만 대체로 유사한 순서와 절차로 운영된다. 2022년부터 2024년까지 직접 기획, 운영한 「드론 기업 투자 설명회」의 개최 경험을 살려, 데모데이에 참가할 기업의 선정부터 행사 종료까지의 절차를 사업 운영기관의 시각에서 써 내려가 보고자 한다.

사전준비

통상 가을 정도면 차년도 사업 예산의 윤곽이 어느 정도 확정된다. 물론 정확한 예산이야 이후에도 바뀔 수 있지만 대체로는 비슷한 수준에서 결정되는 경향이다. 때문에, 이 시기에는 차년도에 얼마의 예산으로 어떤 지원 사업을 어떻게 꾸려나갈지 머릿속에 그려 볼 수 있다.

실제로 내가 운영하는 사업 중 투자유치 지원을 위한 예산이 2023년에 2배 정도 증액되어, 전년 대비 4배 이상의 기업을 지원하며 데모데이도 상·하반기로 나누어 확대 개최한 적이 있다.

가을에서 겨울 사이에는 해당연도의 사업이 결실을 맺는 시기이고, 참여 기업, 정부 부처 등 사업 관계자들에게 피드백도 받아볼 수 있다. 이러한 피드백들을 반영하고, 또 업무를 수행하면서 느끼고 겪었던 것들을 종합하여 차년도의 사업을 구상한다.

지원 사업 착수

연초에 정부 부처와 사업 운영기관(주로 산하 공공기관이나 관련 협회) 간 계약 체결을 통해, 사업 계획과 예산을 최종적으로 확정한다. 또한, 투자·컨설팅·IR 분야에 전문성이 있는 용역사(우리 기관의 경우에는 AC)를 선정하여 운영기관이 갖추지 못한 전문성도 확보한다.

이 시기에 사업에 참여할 기업 선정 절차도 함께 진행하는데 보통 공모방식을 통해 기업을 선정한다. 내가 운영한 사업의 경우 '드론' 분야 특화 사업이기 때문에, K-STARTUP 및 우리 기관의 누리집 뿐 아니라 「드론 정보포털」에도 게시하여 최대한 많은 드론 기업이 접할 수 있도록 하였다. 또한, 그동안 기관의 다른 지원 사업 참여 및 지원 이력 등으로 쌓인 드론 기업 Pool을 활용하여 홍보를 진행하였다.

최근에는 창업지원 사업의 수요가 높아 홍보를 진행하지 않아도 모집해야 하는 기업의 수는 쉽게 채워진다. 하지만 더 성장 가능성이 높은 기업을 최대한 많이 발굴하기 위해서는 홍보가 필수적이다.

1) 공모계획 보고 및 공모 안내서 게시

사업내용, 모집 대상, 기간, 지원내용, 선정 방법, 기업 접수 양식 등을 포함한 공모 안내서를 작성하여 '사업 참여 기업 선정 계획 보고'를 마친 후, 공모 안내서를 게시한다. 공모 안내서에 포함되는 접수 양식은 최대한 기업이 이해하기 쉽도록 구성하고 작성 예시도 포함한다. 우리 기관의 경우에는 간단한 신청서 1부와 함께 기업 소개 자료 또는 기 제작된 IR Deck 중 하나를 선택하여 제출하도록 하고 있다.

2) 홍보

위에 언급한 기관 누리집과 사업 유관 사이트 게시, 기업 Pool 대상 개별 홍보 외에도 여력이 된다면 포스터 제작, 홍보 영상 제작 등을 통해 홍보를 진행한다.

3) 접수

보통 온라인으로 접수를 받게 되면 접수 순서대로 접수 번호를 부여하여 대장에 기록하고 신청서류는 별도의 파일로 저장한다. 종종 서류가 미비하거나 누락되는 경우가 있는데 신속히 기업에게 연락하여 보완할 수 있도록 한다.

접수기간이 종료되면 접수 현황이 요약된 파일과 접수 서류를 첨부하여 접수 현황 보고를 실시한다.

4) 선정 평가계획 보고

평가위원 Pool, 평가일정 및 시간계획, 선정기업 규모, 소요예산 등을 포함한 평가계획을 수립한다. 가장 중요하면서도 시간이 많이 소요되는 업무는 평가위원회의 구성이다. 이 부분은 각 기관마다 조금씩 다르겠지만 우리 기관에서는 각각의 평가마다 통상 2~3배수의 전문가 명단을 작성한다. 무작위로 우선순위를 정하여 연락하여 일정이 가능한 순으로 평가위원을 확정한다.

이때 앞서 선정된 용역사의 투자 관련 전문가를 반드시 포함하여 기업의 잠재적인 투자 역량도 적절히 평가에 반영될 수 있도록 한다.

평가항목은 공모계획 단계에서 확정되어 공모안내 시 함께 안내되는 부분으로, 평가계획 보고 시에는 오히려 크게 신경 쓸 부분은 없다.

평가위원 섭외 다음으로 중요한 것은 기업들의 발표 시간 확정이다. 서류평가와 발표평가를 구분하여 각각 실시하는 경우에는 서류평가를 거쳐 발표평가 대상으로 선정된 기업을 대상으로 발표 시간 계획을 수립한다. 서류평가와 발표평가를 동시에 진행하는 경우에는 공모에 신청한 모든 기업을 대상으로 발표 시간 계획을 수립한다.

수립된 발표 시간 계획을 각 기업에게 메일, 문자, 유선으로 안내한 후 확정하면 평가계획이 어느 정도 마무리된다.

참고로 이 단계에서 실무적으로 염두에 두어야 할 것은 관리자들의 일정 확인이다. 보통 규모가 큰 평가의 경우에는 관리자들이 평가에 잠깐이라도 참석하려고 하기 때문에, 공모 안내서에 공지된 평가 기간 중 관리자들의 참석이 가능한 일정을 조율하여야 한다.

5) 발표평가

발표평가 시에는 실무자 1명이 전담하여 발표자들을 소집 장소에 대기시킨 후, 기업별로 정해진 발표 시간에 맞춰 발표장으로 입장시킨다.

사업마다 또 기관마다 다르지만, 시간을 많이 할애하는 경우에는 10분 발표, 10분 질의응답으로 구성한다. 기업들이 제출한 PPT 자료(사업소개서 또는 기 제작된 IR Deck)에 대한 발표 이후, 평가위원들이 질의를 하고, 기업들이 답변을 하는 형식으로 이루어진다.

모든 기업이 발표를 마치면 평가위원들 간 잠시 논의하는 시간을 가진 후, 각 평가위원은 기업별, 평가항목별 점수를 입력한다. 점수 입력이 완료되면 검산 과정을 거쳐 점수를 집계한다. 최종 선정 기업이 결정되고, 평가위원이 최종 결과를 확인하면 평가가 종료된다.

6). 선정 결과 안내

발표평가에 대한 결과 보고가 완료되면 기관 누리집, 업무 유관 사이트에 선정 기업을 공지하고, 선정된 기업에게는 별도로 유선 연락을 취하면서 기업에 대한 지원 절차가 시작된다.

기업지원 및 컨설팅

1) 컨설팅

용역사(주로 AC 소속 전문가)가 각 기업별로 개별 컨설팅을 진행한다. 컨설팅은 대면뿐만 아니라 온라인으로도 진행하는 추세이다. 이 과정을 거쳐 기업이 투자의 방향성을 확정 짓고 IR Deck 구성도 어느 정도 이뤄지게 된다.

컨설팅은 주로 용역사에서 전담하지만 종종 사업 운영기관 담당자들이 참석하여 함께 컨설팅을 진행하거나 운영 현황을 확인하기도 한다.

기업별 개별 컨설팅 과정에서 SWOT 분석, 기업성장 전략, 제언 등이 포함된 기업별 진단보고서가 도출되는 경우도 있는데, 이 보고서는 각 기업들에게 제공되어 앞으로의 사업 수행에 활용할 수 있도록 한다.

2) IR Deck 제작/디자인

컨설팅 결과를 반영하여 본격적으로 IR Deck을 제작하는 단계이다. 문제제기, 솔루션, 경쟁사 분석, 시장분석, 비즈니스 모델, 성과지표, 성장전략, 재무현황, 팀 소개 등이 일반적으로 포함되지만 각 기업의 특성에 따라서 특정 내용이 추가, 강조되거나 생략될 수도 있다.

보통 이 단계에서부터 IR 컨설턴트가 투입되어 기업 대표자들이 구상하고 있는 내용을 IR Deck으로 표현하는 것을 지원한다. 기업에서 IR Deck 제작을 완료하면, 사업 운영기관 또는 용역사가 전달받아 추후 데모데이 행사 환경 및 가독성 등을 고려하여 디자인을 완성한다.

3) 데모데이 준비 및 피칭 컨설팅

IR Deck까지 준비가 완료되면 기업의 입장에서 본격적인 데모데이 준비가 시작된다. 일정상 IR Deck 준비를 하면서 데모데이 준비까지 함께 하는 경우도 많다. 기업의 대표자(또는 발표자)는 데모데이 무대 환경에 맞추어 스피치, 제스처 등을 연습하게 되는데, 이 단계에서 IR 컨설턴트들이 가장 많이 투입된다.

무대 환경을 고려한 발표법뿐 아니라, IR 자료에 대한 전반적인 재구성 및 스토리텔링이 이뤄진다. 컨설팅 과정을 거쳐서 본격적으로 무대에 오를 준비를 마친다.

데모데이 행사 준비

행사 장소, 키 비주얼 및 각종 시안, 초청자, 발표 및 질의응답 시간, 시상 규모, 기념품, 유튜브 중계 유무, 키노트 강연 유무 등등. 당장 생각나는 것만 해도 행사를 위해 크게든 작게든 결정해야 하는 것들이 많다. 물론 용역사에서 어느 정도는 지원을 하지만 운영기관에서 생각하는 방향대로 행사를 이끌어나가기 위해서는 용역사에만 맡겨둘 수는 없다.

1) 사전준비

수시로 기업 컨설팅 현황 등을 체크하는 동시에 행사 장소와 시간을 확정 짓는다. IR 발표 기업 수가 적은 경우에는 반나절만 진행하기도 하고, 대규모로 개최하는 경우에는 이틀 이상씩 개최하는 경우도 있다.

행사에 대한 대략적인 개요를 잡는 시기로 운영기관에게 가장 중요한 것은 개최 장소와 일정에 대한 사업 관계자들 간 조율이다. 지원 사업의 발주처인 정부 부처 관계자 등 주요 관계자들의 참석 유무 및 참석을 하게 되는 경우 장소와 일정 조율이 필요하다.

또한, 참여 투자사들도 중요한데 우리 기관은 가급적 많은 투자사에서 참석하도록 노력하고, 투자에 대한 의사결정권이 있는 임원급으로 초청하고자 노력하였다. 특히 '드론' 분야가 포함된 「국토교통혁신펀드」 운용사도 다수 포함시키고자 하였다.

그 밖에도 행사에 사용될 키 비주얼과 각종 시안의 디자인을 시작하는 등 행사 준비에 본격적으로 돌입한다.

2) 계획 보고

기업별 발표 순서를 포함한 전반적인 일정과 참석 기업, 참여 투자사, 시상 규모 정도가 결정되면 계획 보고를 진행한다. 계획 보고는 한 번만 진행하기도 하고, 행사 준비과정에서 세부사항에 대한 변동이 많은 경우 '세부 계획 보고' 등의 명칭으로 행사 직전 한 번 더 진행하기도 한다.

전반적인 시간 계획은 확정된 상황이지만 통상적으로 어떤 참석자의 인사말씀으로 행사를 시작할지 등에 대한 세부사항은 비워둔 채로 보고가 진행된다.

또한 우리 기관의 경우에는 시안이 행사 전까지 계속 수정되기 때문에 계획 보고에는 홍보 포스터 정도밖에 포함하지 못한다.

3) 세부사항 준비

행사장 공간 구성도, 참관인 모객 및 홍보, 진행 시나리오, 사회자 뿐 아니라 참석자들을 위한 포토존, 각종 행사 시안, 수상자 상패 제작, 기념품 주문, 다과 예약 등 세부사항에 대한 결정과 준비를 진행한다.

매년 행사를 거듭할수록 좀 더 세밀한 사항까지 신경 쓰게 된다. 나의 경우를 예로 들면 두 번째 행사까지는 없었던 마이크 케이스를 세 번째 행사와 네 번째 행사에는 직접 제작하여 사회자, 발표자, 투자자가 사용하는 모든 마이크에 부착하였다. 매우 사소한 부분이긴 하지만, 유튜브 중계 시 행사명을 마이크를 통해 한 번 더 노출시켜 조금이라도 더 홍보 효과를 얻고자 하였다.

이 과정에서 데모데이를 위한 대부분의 사항이 확정되며, 계획 보고 당시와 변경되는 부분도 상당수 발생한다.

4) 최종 IR Deck 검토

용역사의 1차 컨설팅을 통해 제작된 IR Deck을 기반으로 IR 컨설팅 결과까지 반영된 최종 발표용 IR Deck을 검토한다. 완성된 자료이기 때문에 운영기관에서는 특별히 첨언, 수정은 하지 않고 행사 전반을 더 면밀히 예측하는 용도로 활용한다.

5) 인사말씀, 시상자 확정

행사에 임박해서야 인사말씀의 주인공이 확정되는 경우가 대부분이다. 보통 운영기관에서 인사말씀 초안을 작성하여 확정된 인사말씀 대상자에게 전달한다.

시상자는 행사 당일까지도 수시로 변경되는 경우가 있어서 상황에 맞게 대처하는 역량이 필요하다.

6) 보도자료 배포

기관마다 차이는 있지만, 행사 개최 전후에 데모데이의 홍보를 위해 종종 보도자료를 배포한다. 주로 정부 부처에서 직접 내지만 사업 운영기관에서 내는 경우도 있다.

보도자료에 반드시 포함되는 내용으로는 행사 일시, 장소, 참여 기업, 그간의 기업 지원 성과 등이고, 행사 개최 이후에 배포하는 경우에는 투자 의향 접수 성과 등이 추가된다.

7) 기타

최종적으로 참석자를 확인하고 변경된 사항이 있으면 행사 시나리오에 반영하는 등 행사 전반에 대한 최종 점검을 실시한다. 투자자의 경우도 15명 이상이 참석하는 대규모 데모데이와 같은 경우에는 1~2명 정도는 변동이 있을 수 있어서 반드시 확인하여야 한다. 또한 참여

기업들에게도 다시 한 번 발표시간을 안내하여 행사가 차질없이 이뤄질 수 있도록 한다.

오전부터 진행되는 행사는 보통 전날 전반적인 행사장 세팅을 완료하고, 유튜브 중계팀만 당일 아침 일찍 세팅을 시작하는 경우가 많다. 행사장 세팅이 완료되면 IR Deck이 문제없이 넘어가는지 등 중계팀이 없어도 할 수 있는 간단한 리허설을 진행하기도 한다.

또한 행사 당일의 초청자 식사 등 세세한 부분까지 최종적으로 체크하여 행사 당일 돌발상황이 발생하지 않도록 한다.

데모데이 행사 당일

아침 일찍부터 유튜브 중계팀이 장비 설치를 진행한다. 사업 운영기관의 행사 담당자들도 아침 일찍 행사장에 도착하여 현장 상황을 확인한다. 장비 설치가 완료되면 리허설을 진행한다. 유튜브로 중계되는 데모데이의 경우, 방송 리허설처럼 사회자가 모든 멘트를 빠른 속도로 말하게 하는 등 행사의 시작부터 끝까지 점검한다. 이 때 유튜브로 송출될 화면과 발표자가 무대에 오르고 내리는 동선까지도 체크하여 안정적으로 행사가 진행될 수 있도록 한다.

하나둘씩 참석자가 도착하면 인사를 나누고 명함을 교환한다. 이때부터 데모데이에서 빼놓을 수 없는 네트워킹이 시작되는 것이다.

행사가 시작되면 사회자의 인사 및 개회선언, 내빈소개를 시작으로 인사말씀, 키노트 강연, 사업 경과 소개 등이 각 기관의 특성에 따라 조금씩 상이하게 운영된다. 이어서 기업들의 IR 피칭이 이어지며 데모데이가 진행된다.

정해진 시간(보통 5분에서 10분) 내에 기업이 발표를 진행하고 이어서 투자자들의 질의에 답변한다. 행사장에는 보통 타이머가 있어서 사회자가 시간 안내와 배분을 적절히 하여야 한다. 시간이 초과된 경우에는 발표 또는 답변을 마무리 짓도록 안내하고 질의응답 시간이 남았는데도 투자자의 질의가 없다면 질의가 더 나올 수 있도록 유도하는 경우도 있다.

약 4~5개 기업의 IR 피칭 및 질의응답 후에 잠깐의 휴식시간을 갖는데, 이때도 네트워킹이 함께 진행된다. 일부 데모데이의 경우에는 아예 별도로 네트워킹 장소와 시간을 마련하는 경우가 있을 정도로 데모데이에서 네트워킹은 중요하다.

휴식시간 이후 다시 IR 피칭과 질의응답이 이어지고, 발표한 전체 기업들에 대하여 투자자들이 평가한 점수에 따라 순위 및 수상기업이 결정된다. 또한 수상 전 투자자들이 총평을 하는 경우도 많다.

점수가 실시간으로 집계되는 경우에는 사회자에게 쪽지, 휴대전화 등을 통해 수상자를 전달하여 시상을 할 수 있도록 하고, 점수 집계에 시간이 필요한 경우에는 경품 추첨 등으로 집계 시간을 확보하기도 한다.

시상자가 무대 위로 올라와 시상을 하고 보통 사진촬영까지 마무리한 뒤 수상기업들이 퇴장하면 행사가 마무리된다.

사업 운영기관은 행사 당일의 이러한 진행 과정 전반이 원활히 이뤄질 수 있도록 하고, 크게든 작게든 발생하는 모든 문제에 직접 대응

한다.

　아무리 사전 준비를 철저하게 했더라도 행사를 진행하다 보면 예측하지 못한 상황이 발생할 수 있다. 이때가 사업 운영 책임자의 빠른 결단이 중요한 순간이다. 운영기관에서는 이런 순간 없이 행사가 잘 마무리되기를 바라며, 혹여 발생하더라도 티가 나지 않게 신속히 수습하여 무탈하게 행사가 끝나길 바랄 뿐이다.

데모데이 후속 조치

1) 투자 의향 확인

　데모데이 종료 직후에는 행사에 참여한 투자자들에게 투자 의향을 조사한다. 투자 의향이 접수되면 해당 기업과의 미팅 등 제반 절차를 지원한다. 가을이나 연말에 데모데이를 개최하는 경우 투자 성과는 다음 해에 확정되는 경우도 많다.

2) 데모데이 개최 결과 보고

　수상자, 참석인원, 주요 발표 내용, 행사 사진 등을 포함하여 행사 개최 결과를 보고한다. 여기에는 데모데이에 참석한 기업 중 몇 개 기업에 대하여 투자 의향이 접수되었는지도 중요한 요소로 포함된다.

3) 지원 사업 성과 보고

　데모데이를 포함한 연간 지원 사업 전반에 대하여 성과를 취합하여 보고한다. 데모데이는 대부분 지원 사업의 종료 시점, 즉 성과가 나타나는 시점에 주로 개최되기 때문에 지원 사업 절차의 끝이다. 때문에 성과 보고에는 그간 어떤 어떤 지원을 거쳐서 마지막에 데모데이를 개최하였고, 그 결과 몇 개사에 투자 의향이 접수되었다는 내용 등이 포함된다. 성과 보고까지 마치고 나면 지원 사업이 종료된 것이다.

4) 피드백

필수사항은 아니지만 자체평가와 반성을 위하여, 또 앞으로의 더 나은 사업을 위하여 만족도 조사 등을 통해 피드백을 받는다. 참여 기업들에게는 지원내용이 적절했는지, 더 지원이 필요한 부분은 없는지, 사업 운영기관과 컨설팅을 지원한 AC에는 만족했는지 등에 대한 피드백을 받아 차년도 사업을 기획할 때 반영한다.

또한 직접 컨설팅을 진행한 AC를 대상으로도 피드백을 받아 특히 열정적인 기업이 어디인지, 어느 기업에 지원이 더 필요할지 등을 확인한다. 마지막으로는 사업을 주관하는 주무부처의 피드백까지 청취하여 앞으로의 사업 운영 방향을 설정한다.

3. 데모데이는 끝이자 시작이다

흔히들 데모데이를 잘 마치면 당연히 투자도 확정되는 것으로 생각한다. 그러나 데모데이가 성공했다고 해서 혹은 수상을 했다고 해서 투자가 바로 이어지는 것은 아니다. 진정한 투자 유치는 데모데이가 끝나고 난 후부터 시작이다. 그래서 데모데이는 스타트업의 IR 발표를 보여주는 행사의 끝인 동시에 투자 유치의 시작이라고 말하는 것이다.

데모데이가 끝난 후 투자자들로부터 투자 의향을 확인하여 투자자와 대상 기업 간 후속 미팅을 지원한다. 앞에서 "데모데이는 한 편의 Show"라고 언급한 바와 같이 실질적인 기술력이나 기업의 재무구조 등은 데모데이에서 비중있게 다뤄지지 않았기 때문에 '진짜 투자'를 위한 IR이 시작되는 것이다.

기술력, 성장 가능성, Exit 전략 등 기업의 모든 것은 당연하고, 대표자의 역량과 인성 등에 대한 검증도 거친 후 투자사의 투자심의위원회 의결을 거쳐 투자가 확정된다.

사실 사업 운영기관은 데모데이 이후 성과 보고까지 마치면 지원 사업은 끝이 난다. 그러나 투자를 위한 후속 미팅 지원은 당연히 끝이 아니다. 단 하나의 기업이라도 더 투자를 확정 짓기 바라는 간절한 마음을 담아 지속적으로 지원한다.

IR 컨설턴트들이 흔히 하는 이야기 중 "IR 피칭은 소개팅과 같다"는 말이 있다. 기업과 투자자가 처음 만나는, 데모데이로 통칭되는 IR 발표회 자리를 소개팅에 빗대어 말한 것이다. 서로 좋은 인상을 받으면 혹은 한 쪽에서 상대편(데모데이의 경우에는 거의 투자자가 기업)에게 좋은 인상을 가지면 후속 미팅으로 이어지고, 결국 결실(투자 유치)을 맺게 된다는 점에서 IR 피칭은 소개팅과 비슷하다고들 한다.

한정된 짧은 시간이기 때문에 자신들의 기술력을 자세하게 설명하기보다는 투자자로 하여금 '다시 한 번 만나고 싶은' 생각이 들도록, 즉 여운을 남기는 것이 가장 중요하다고 할 수 있다.

여운을 잘 남기는 기업에게는 데모데이가 끝남과 동시에 새로운 기회가 시작되고, 그동안 보이지 않았던 또 다른 문이 열릴 것이다.

진정한 마음의 소리를 가치로 만드는

김샛별

- 마인드픽코칭컴퍼니 대표
- 삼성전자 A-lab sales PT 스토리 컨설팅
- 삼성전자 A-lab Demo day 컨설팅
- LG유플러스 스핀오프 스타트업 IR 피칭 컨설팅
- 스파크랩 배치선발 IR 피칭 컨설팅
- 경남 관광 창업 아이디어론 IR 피칭 컨설팅
- 농식품 창업 콘테스트 본선진출 IR 피칭 컨설팅
- 투자라운드별 스타트업 IR 피칭 스토리브랜딩 특강 100회 이상 진행

04

스타트업 컨셉 브랜딩

"스타벅스, 코카콜라, 에어비엔비를 떠올리면 어떤 생각이 머릿속에 떠오르나요?"

"파타고니아, AESOP, 블루 보틀의 공통점은 무엇일까요?"

창업 준비를 하거나, 창업과 관련된 교육에 브랜딩과 마케팅, 그리고 컨셉이 빠질 수 없는 요소로 자리매김하고 있다.

사실, 이 세 가지 요소는 아주 큰 차이를 가지고 있는데, 대충 '물건을 판매하는 차별적인 방법' 혹은 '특별한 방법을 통해 더 많은 고객들에게 노출될 수 있는 방법' 정도로 간과될 때가 있다.

일반적으로 브랜드의 컨셉을 확고히 한 후, 브랜딩을 진행하고(이 브랜딩은 한 번의 작업으로 끝내는 것이 아니라 브랜드가 생명력을 가진 동안 계속해서 반복된다) 브랜딩이 잘 된다면 다양한 채널과 방법을 통해 마케팅으로 이어진다고 생각한다.

하지만, 많은 초기 브랜딩 연구를 통해 스토리 브랜딩을 해보지 않은 곳에서 컨셉을 뚝딱 만들어 낼 수 없고, 컨셉이 확고하다고 브랜딩을 술술 풀어 나갈 수 있는 건 아니라는 것을 알게 되었다.

다시금 첫 질문으로 돌아가 보자.

누구나 들어도 아는 글로벌 기업이 될 것인가?

한 번의 만남에서도 Big fan을 만들어 나갈 것인가?의 의미가 담긴 질문이다.

초기 창업의 단계 혹은 창업을 준비하는 단계라면 우리는 후자의 질문에 목표를 두고, 성장하여 추후 글로벌 기업이 되는 것을 목표로 하는 것이 보다 현실적이다.

브랜드는 단순한 이미지가 아니라 고객의 마음속에 자리 잡는 가치와의 정서적 연결이다.

우리가 끊임없이 브랜딩에 힘을 써야 하는 이유 중 가장 명확한 한 가지는 브랜딩의 근원을 변경하기가 쉽지 않기 때문이다. 대부분의 스타트업이나 기업들이 꽤 괜찮은 성공을 이룬 후 리브랜딩을 실행할 때도 '브랜딩의 형태'는 바뀌되, '브랜딩의 본질'은 바뀌지 않는다. 다시 말해 처음에 정한 컨셉은 변경하기가 어렵다는 것이다. 신중하고 첨예하게 그리고 천천히 오래토록 이어갈 수 있는 브랜딩의 시간을 쌓아가는 것이 중요하다.

고객과 투자자의 눈을 사로 잡는 기업 그리고 IR 피칭덱을 만들기 위해 필요한 첫 단계, 우리 기업의 Big fan을 만들어 갈 스토리 브랜딩을 진행해 보자.

1. 효과적인 IR 피칭을 위한 스토리 브랜딩의 시작

스토리 브랜딩은 기본적으로 고객에게 전달하고자 하는 과정이다. 그중에서도 브랜드의 핵심가치와 비전을 스토리텔링으로 만들어 내는데, 종종 창업자의 신념과 같은 개인적인 이야기나 우리 기업의 탄생 배경에서 출발하기도 한다.

이러한 브랜딩은 소비자와 투자자들에게 정서적이고 감정적인 유대감을 형성하게 만들고, 때로는 고객과 투자자들에게 신뢰를 주기도 한다.

블루 보틀은 2002년 미국 캘리포니아주 오클랜드에서 설립되었다. 처음은 미국의 작은 커피 브랜드에 불과했지만, 현재 여러 도시 및 전 세계로 확장되었다.

블루 보틀의 브랜딩은 여러 관점에서 잘된 점이 많이 있지만, 모든 관점이 대표의 '커피에 대한 신념과 집착'에 맞춰져 있다는 것이 가장 의미 있다.

블루 보틀은 최상의 풍미를 위해 로스팅 48시간 이내의 원두로만 제한되어 신선하면서도 최고의 품질을 유지한다. 브랜드는 확장되어 전 세계로 나아갔지만, 어디에서나 같은 향, 같은 맛을 위해 드립 커피와 같은 정교한 추출방식을 선택했고, 일정한 시간 동안 커피 추출을 위해 힘쓰는 등 노력을 다하고 있다.

또 '오직 커피를 즐기는 시간과 공간'이라는 의미를 중시해 긴 시간 동안 카페에 머물러 커피 맛의 골든타임을 놓치지 않기를 권장한다. 심플하고 미니멀리즘한 분위기의 원목 테이블과 의자를 배치하고 콘센

트나 와이파이를 제공하지 않는 것도 같은 이유에서이다.

"Save our home planet."

친환경 의류 기업 파타고니아의 경영철학은 환경 보호다.

파타고니아의 창립자인 이본쉬나드의 환경을 위하는 진정성있는 말과 행동은 전 세계에 Fan을 만들어 내는데 충분했다.

1950년 열정적인 등반가였던 이본쉬나드는 고품질의 등산 장비가 부족하여 스스로 장비를 개발, 제작하여 판매했다. 등산 중 바위에 박아 고정시키는 장비는 내구성과 재사용 가능성이 뛰어나 등산가들로부터 엄청난 인기를 얻었다. 그러나 이 장비를 이용하여 바위가 훼손되는 문제를 발견한 이본쉬나드는 자연을 망치는 장비를 만들고 싶지 않다는 신념으로 등산 의류를 만들게 되었다. 이후 내구성과 친환경성을 겸비한 기능성 원단을 개발하고 유기농 면과 재활용 소재를 활용하여 자연 보호에 대한 경영신념을 끊임없이 드러냈다.

특히 'Don't buy this jacket'이라는 문구를 이용한 2011년 블랙프라이데이 마케팅은 새 옷을 구매하는 것보다 고객이 오랫동안 옷을 입을 수 있도록 손상된 옷을 수리하는 구체적인 방법을 제시했다.

사실 여기까지의 브랜드 스토리만으로도 이본쉬나드의 환경을 사랑하는 진정성과 신념이 브랜드에 그대로 담겨, 자연을 사랑하고 오래토록 함께하고 싶은 전세계 수많은 팬들의 정서적 공감대를 형성했다.

하지만 1985년부터 매출 1%를 자연환경의 복원과 보존을 위해 기부했던 이본쉬나드가 전 재산 4조 원을 기부한 순간 이본쉬나드에 대한 일말의 의심조차 사라졌고, 파타고니아 그리고 이본쉬나드의 정체성에 대해서도 신뢰할 수밖에 없는 기업이 되었다.

이처럼 스토리 브랜딩 그 자체를 통해 소비자와의 신뢰를 구축하는 것은 스타트업의 장기적인 성공에 매우 중요하다. 소비자들은 제품 자체보다는 그 뒤에 숨겨진 대표의 철학이나 비전에 관심을 갖는다.

특히 한국에서 소비자들이 중요시하는 가치는 진정성이자 일관성이다. 소비자들은 기업이 추구하는 가치와 목표가 진정성 있게 전달될 때 그 브랜드에 대한 신뢰를 형성하게 된다.

지금, 기업의 대표 자신 혹은 조직원들과 함께 이야기해 보아야 한다. 우리가 이 기업을 만든 이유는 무엇이며 어떤 가치를 위해 자리했는지, 우리가 추구하는 의미와 역할은 무엇이며 그것은 정말 '진짜'의 이야기를 담았는지, '정말 솔직한' 우리의 스토리는 무엇인지….

스토리 브랜딩은 소비자와의 감정적 연결과 충성도를 높여 결국 기업의 지속가능성을 성장시킨다. 브랜드 스토리가 소비자의 경험과 유사하고 공감대를 형성할 때, 소비자들은 단순한 제품 구매 이상의 감정적 가치를 얻을 수 있다. 이는 곧 소비자들의 브랜드 충성도로 이어지며 추천과 재구매를 통해 기업의 성장을 촉진시키게 되는 가장 중요한 촉매가 될 것이다.

나이키의 "Just Do it" 캠페인은 운동을 통해 자신의 한계를 넘어서고자 하는 많은 사람들에게 인사이트(insight)를 주었고, 단순한 운동용품 브랜드를 넘어 도전과 성취의 상징이 되었다.

또, '집처럼 편안함'을 느낄 수 있도록 하는 브랜딩 메시지를 전달하는 에어비앤비의 브랜드 철학 "Belong Anywhere"는 여행을 떠난 여행자가 머무는 공간에서 정서적 편안함을, 여행자와 호스트 간의 인간적인 유대관계 및 소속감을 느끼게 하기 충분하다.

2. 스토리 브랜딩을 위한 핵심 요소

기업의 내부 브랜딩 컴포넌트 정의

브랜딩은 '우리가 정말 좋은 브랜드에요! 좋은 기업입니다!'라고 직접적으로 언급하는 마케팅이나 광고와는 다르다. 소비자가 우리의 좋은 점과 진가를 알아봐 줄 수 있도록 이미지를 만들어서 보여주는 것이다.

소비자에게 잘 보여지는 것과 동시에 중요한 것이 있다. 바로 우리 기업 내부의 브랜딩 컴포넌트를 정의하는 일이다. 만약 기업의 대표 혹은 조직원들에게 '우리 기업의 브랜드 미션과 가치를 설명해 보라'는 미션이 주어진다면, 우리는 모두 같은 이야기를 할 수 있을까? 우리는 한 목표와 방향성을 가지고 함께 나아가야 하는 원팀(One-team)인데, 우리 조직원들 사이에서는 이러한 대화를 명쾌하게 나누어 보았는가?

소비자들이 우리 기업이 단순히 이익을 추구하는 것이 아니라 더 큰 사회적 가치를 창출하고 더 긍정적 영향을 미치려는 의도를 느끼게 하려면, 우리 기업의 창립 목적과 해결하고자 하는 이슈에 대해서 보다 진솔하게 설명할 필요가 있다.

여기서 가장 중요한 것은 한 목소리로!

우리 기업에서 중요하게 생각하는 핵심 가치는 기업의 대표나 조직원 모두가 같아야 한다. 새로운 직원을 뽑거나 투자자를 만날 때 핵심 가치를 최대한 간결하고 명확하게 이야기하지 못한다면, 그들에게 신뢰를 얻기 힘들기 때문이다. 그리고 이러한 부족함은 소비자에게도 같은 반응으로 나타난다.

우리는 함께 나눈 이야기를 바탕으로 정해진 우리만의 공통 가치를 정립하고, 이를 기반으로 의사결정 및 소비자와의 외부 브랜딩을 시작해야 한다.

창업 스토리와 Private connection

스토리 브랜딩의 첫걸음으로 대표의 개인적인 경험이나 히스토리를 활용하면 좋다. 대표가 어떤 문제를 경험했거나, 많은 사람들에게 영향을 주는 사회적인 이슈를 해결하기 위해 창업했다는 이야기는 소비자들에게 깊은 공감을 이끌어 낼 수 있다. 예를 들면 대표가 특정한 상황에서 겪은 불편함을 해결하기 위해 아이템을 개발하게 되었으며, 그 과정과 솔루션에 대한 이야기는 소비자들에게 큰 동질감을 안겨준다.

한편 브랜딩은 소비자에게 노출되는 것임에도 불구하고 지나치게 타인의 시선에 얽매이면 안 된다는 이면을 지닌다. 바로 이것이 스토리 브랜딩을 시작하는 대표들에게 자신의 솔직한 경험담을 털어놓을 수 있게 만드는 가장 중요한 시작이기도 하다.

'나의 이야기가 너무 특별하지 않으면 어쩌지?', '아무도 내 이야기에 공감하지 않으면 어쩌지?' 혹은 '이런 경험은 너무 흔해서 브랜딩 소재로 적합하지 않은 것 아닐까?'라는 의미없는 걱정으로 그 어떠한 시작도 하지 못하는 사람들이 있다.

그러나, 걱정하지 말자. 같은 경험을 했더라도 사람들이 느끼는 감정은 모두 다르며, 문제를 해결하는 방식도 수 천, 수 만 가지이기 때문에 서로 다른 방향성을 가진 출발선이 될 것이다.

대부분의 스타트업이 해결하고자 하는 문제는 소비자의 필요와 일상적 어려움과 깊은 관계가 있다. 따라서 대표의 창업 스토리와 고객의 경험을 연결하는 Private connection은 Our shared world로 확장되어 간다.

일관성 있는 브랜드 경험

기업이 전달하고자 하는 메시지는 브랜딩 스토리와 일관된 방식으로 전달되어야 한다. 아무리 좋은 미션과 비전, 가치를 담은 브랜딩이 완성되더라도 외부 브랜딩을 실행할 때에 그 맥락을 잃게 되면 기업의 진정성과 신뢰성은 급격히 하락한다.

이것은 대표의 경영철학부터 이어진다. 대표와 조직원들이 함께 쌓아올린 내부 브랜딩 컴포넌트는 소비자들을 만나는 모든 곳에서 일관성 있는 모습을 보여야 한다. 소셜 미디어, 광고, 웹사이트, 심지어 제품 패키징에까지 소비자에게 노출되는 외부 브랜딩에서 동일한 핵심 메시지와 스토리가 담겨야 한다. 또한 진정성 있는 브랜딩은 소비자가 단순히 제품을 구매하는 것이 아니라, 해당 브랜드를 만나 특별한 경험을 하도록 만드는 것이 중요하다.

소비자 참여형 경험 브랜딩

요즘 소비자들은 단순한 수신자가 아닌 브랜드 스토리의 일부가 되기를 원한다. 이와 같은 소비자의 니즈를 정확히 채워주기 위한 기업들의 노력이 pop-up 스토어라고 볼 수 있다. 소비자들은 자신의 경험을 기록하고 공유하고, 때로는 제품의 개발 과정에서 적극적인 목소리를 내며 피드백을 제공할 수 있는 참여형 캠페인에 관심이 많다.

바로, 'Big fan'을 넘어서 'Family'가 되어가는 과정이다.

호주의 스킨케어 브랜드인 Aesop은 각 지역의 문화에 맞춰 세계 각지에서 조금씩 다른 매장 디자인을 완성하였다. 파리 매장은 19세기 건축의 우아함을, 도쿄에 위치한 매장은 일본의 전통 목재 공예에서 영감을 얻은 디자인을 사용하였다. 멜버른의 매장은 현지에서 제작된 가구를 사용하고 재활용 목재를 이용하여 따뜻하면서도 현대적인 느낌을 주었다. 매장을 방문한 소비자들에게 향기, 소리, 질감 등 다양한 감각을 자극하는 경험을 제공하는 것이다.

Aesop의 직원들은 소비자들과의 응대시간이 다소 길어지더라도 다양한 향과 제품에 대한 맞춤형 조언을 아끼지 않는다.

뷰티 브랜드 러쉬는 독특한 경험 중심의 브랜딩을 실현하여 소비자에게 오감을 만족하는 경험을 제공한다. 소비자는 매장이 위치한 층에 도착한 순간 그 존재를 예감할 수 있다. 매장에 들어서자마자 강렬한 향과 색감이 눈에 들어온다. 소비자가 마음만 먹으면 얼마든지 직접 체험이 가능하다.

세계 어느 러쉬 매장에서나 세면대를 발견할 수 있다. 러쉬에서 판매하는 모든 제품을 그 자리에서 직접 체험할 수 있도록 하기 위해서이다. 직원들은 다양한 퍼포먼스를 진행하며 체험을 권유한다. 러쉬의 매장직원들은 상호작용을 가장 중요한 경험 요소로 여긴다. 브랜드의 스토리 브랜딩을 진행하기 위해 각 직원들은 제품에 대한 깊은 이해도를 가지고 있으며 브랜드 철학 또한 명확하게 정리되어 있다.

마지막으로 기업 차원에서 진행하는 사회적 캠페인들을 통해 고객은 인권 문제나 환경문제에 목소리를 내며 더 넓은 사회적 가치를 지지하는 행동을 구현할 수 있도록 한다.

사회적 책임(CSR)을 다하는 지속가능성(ESG)

현존하는 모든 기업에서 최근 가장 중요하게 생각하는 두 가지, 사회적 책임(Corporate Social Responsibility, CSR) 그리고 지속가능성(Environmental, Social, Governance, ESG)은 MZ소비자들이 점점 더 중요하게 여기는 가치이기도 하다.

이 두 가지를 잘 해내는 것만으로도 기업의 차별성과 진정성을 높일 수 있다.

사회적 책임은 기업이 경제적 이윤을 추구하는 것을 넘어서 공동체의 발전이나 사회적 이슈를 해결하는 일에 도움을 주는 것을 의미한다. 이것은 사회 전반에 긍정적인 영향을 미치는 활동을 보여줌으로써 고객에게 브랜드가 신뢰할 수 있는 존재임을 보여준다.

"One for one."

TOMS에서 진행한 프로그램으로 소비자가 한 켤레의 신발을 구매하면 제3세계 어린이에게 신발을 기부하는 것을 의미한다. 신발 한 켤레의 가격이 아주 높지 않으면서도, 소비자에게 제품 구매가 단순한 소비 행위를 넘어 사회적 문제를 해결하는데 긍정적으로 기여하고 있다는 인식을 심어주기에 충분했다.

현재 TOMS는 신발 외에도 물, 출산 서비스 그리고 안경과 같은 다양한 분야로 해당 모델을 확장하여 더 많은 사람들에게 더 다양한 사회적 가치를 실현하고 있다. 소비자가 안경을 사면 시각장애인에게 수술 및 치료 등 시력 회복을 위한 지원을 제공하고, 물병을 구매하면 물 부족 국가에 깨끗한 물을 공급하는 것으로 사회적 책임을 다하는 기업임을 노출한다.

매년 극심해지는 기후 변화를 겪으며 지구 환경의 소중함을 일깨우는 일이 많아졌다. 지속가능성은 기업이 환경에 미치는 영향을 최소화하고, 자원을 효율적으로 사용하여 다음 미래 세대 또한 혜택을 누릴 수 있는 방식으로 가치소비를 중요시하는 사람들에게 아주 중요한 소비 조건으로 작용하고 있다.

인간과 자연의 공존을 중요하게 생각하는 친환경 철학을 바탕으로 지속가능성에 대한 강력한 비전을 브랜드의 핵심으로 삼는 이니스프리는 제품의 원료, 포장, 공정까지 환경을 보호하기 위한 다양한 노력을 실천하고 있다. 소비자가 사용한 화장품 공병을 반납하면 일정 혜택을 제공하고 또 이 공병은 재활용 소재로 재가공하여 새로운 제품에 활용되거나 예술 작품으로 전환되기도 했다. 또 소비자들이 자주 사용하는 제품들은 리필 시스템을 도입했고, 포장재 역시 친환경 포장재를 사용하여 미션과 비전을 안팎으로 잘 실천하는 모습을 보여주었다.

  이처럼 사회적 책임과 지속가능성은 브랜딩에 관한 진심과 경영이념에 관한 진정성을 보여주는 가장 중요한 브랜딩 컴포넌트이다. 소비자들을 단순한 고객이 아니라 기업과 함께 하는 동반자의 느낌으로, 추구하는 가치를 꾸준히 실천하며 소비자와 기업이 함께 나아가는 길을 만들어 준다.

3. 한 끗 차이 섬세함을 만들어 주는 IR 피칭 스토리 브랜딩

  In-put은 많은데 뚜렷한 Out-put이 없을 때, 우리는 답답함을 느낀다. 그러나 브랜딩은 한 번에 끝낼 수 있는 작업이 아니며, 성급한 판단으로 브랜딩에 오류가 일어난다고 하더라도 쉽게 수정할 수 있는 것이 아니다. 그래서 우리는 천천히 그리고 신중하게 스토리 브랜딩을 시작할 필요가 있다.

  우리 기업의 브랜딩을 시작 할 때, '~ing'의 정신을 잊지 않고 점진적으로 쌓아나가는 방식으로 꾸준하게 진행하는 것이 중요하다. 그 첫 걸음으로 다음 다섯 개의 질문에 진정성 있는 답을 작성해 보길 바란다.

1] 브랜드의 기원

당신의 브랜드는 어떻게 시작되었나요?
브랜드 창립 배경과 창립자가 이 사업을 시작하게 된 동기는 무엇인가요?

*대표의 경영철학이 시작 될 수 있는 가장 중요한 첫 단계로, 진정성에 대한 생각을 엿볼 수 있다. 해결할 수 있는 문제점이 대두될 시 많은 소비자로부터 공감을 얻을 수 있는 부분이다. 무엇보다 유사한 아이디어로 시작되더라도 차별성을 드러낼 수 있기도 하다.

2] 브랜드의 핵심 가치

당신의 브랜드가 지향하는 핵심 가치는 무엇인가요?
이 가치는 어떻게 브랜드의 제품이나 서비스에 반영되고 있나요?

*브랜딩 내부 컴포넌트 중 가장 중요한 요소이다. 대표 개인의 생각도 중요하지만, 조직원들과 상의 후 통일된 키워드를 이용하여 동일하게 정의할 필요가 있다.

3] 고객과의 관계

당신의 브랜드가 소비자와 맺고자 하는 관계는 어떤 모습일까요?
고객과의 감정적 연결을 어떻게 구축 할 수 있을까요?

*브랜딩 과정에서 소비자 참여형 브랜딩을 진행할 때 중요한 부분으로, 소비자를 단순한 고객 이상의 Big fan 그리고 커뮤니티로 만들어 나가는데 도움을 준다. 소비자의 견고한 충성도는 브랜드가 성장하는데 큰 힘이 될 것이다.

4] 브랜드의 도전과 극복

브랜드가 성장하는 과정에서 어떤 도움이나 어려움이 있었나요?
그 도전을 어떻게 극복했나요?

*소비자들에게 우리 브랜드의 성장 과정을 설명할 수 있다. 또 그 안에서 소비자들과 정서적으로 연결되어 동질감을 느끼고 더 나아가 동기부여의 요소가 되는 등 장기적으로 다양한 미래를 도모할 수 있다.

5] 브랜드의 미래와 비전

당신의 브랜드가 앞으로 나아가고자 하는 방향은 무엇인가요?
브랜드가 사회에 어떤 긍정적인 변화를 가져오기를 원하나요?

*우리 기업의 미래 가치와 방향성에 대해 보여줄 수 있는 항목이다. 소비자는 내가 사랑하고 아끼는 브랜드의 다음을 기대하게 될 것이고, 우리 기업을 발굴하거나 관심있는 투자자들에게는 미래 전망과 동시에 성장 가능성에 대해 노출시킬 수 있다.

브랜딩의 영역은 정말 방대하다.
브랜딩을 생각할 때 마케팅의 요소를 생각하지 않을 수 없고, 더 좋은 노출을 위해 외부 컴포넌트를 간과할 수 없다. 하지만, 계속해서 성장하고 변화할 스타트업이라면, 지금은 우리 고유의 스토리를 찾아내고 쌓아가는 스토리 브랜딩을 통해 내부 브랜딩 컴포넌트를 만들어 나가야 한다.

  더 오래 더 멀리 뻗어 나갈 수 있는 길을 만드는 시작이 쉬울 리 없다. 대한민국의 곳곳을 이어주는 다양한 도로들도 필요에 의해 계속해서 만들어지고 확장되어 가고 있다는 걸 보면 말이다.

  브랜딩을 시작하는 처음, 그 아무도 반응이 없더라도 흔들리지 말자. 브랜딩은 ing, 어디선가 기다리는 우리 기업의 Big fan을 꼭 만나길 응원한다.

인생을 바꾸는 실전 스피치 코치

한수정

- 밸류업스피치 대표
- 전)서울경제TV, 광주 SBS 아나운서
- 아나스타 아나운서 아카데미 전임 강사
- 경희대학교 일반대학원, 면접스피치 취업 특강 강사
- 서일대학교 디딤돌 프로그램 객원교수
- 항공일자리취업지원센터, 새마을금고 등 공공기관 취업 특강 다수
- 한국마사회, 해양수산부 등 IR 피칭 컨설팅 다수
- IR 피칭 및 스피치 분야 1:1 개인 컨설팅 다수 진행

05

IR 발표 화법

짧은 문장에 감정을 더하라

우리가 하는 말에는 늘 감정이 담겨 있다. 특히 친밀한 사람들과의 대화에서는 그 감정이 더욱 선명하게 드러난다. 오랜만에 친한 친구들과 저녁 식사를 한다고 상상해 보자. 반가운 마음에 그동안 못다한 이야기들이 쏟아질 것이다. 특히 그 주제가 소개팅이나 호감을 가졌던 사람에 관한 이야기라면? 듣는 사람도 자연스럽게 집중하고, 공감하며 다양한 반응과 조언을 나눌 것이다.

어쩌면 스쳐 지나갈 수도 있는 한 번의 소개팅 이야기조차 우리는 열정적으로, 때로는 흥분하며 풀어놓는다. 그렇다면 오랜 시간 공들여 준비한 IR 피칭을 선보이는 데모데이 무대에서는 어떠해야 할까? 수많은 시행착오와 도전을 거쳐 만들어낸 사업 아이템이라면, 그 여정을 시원하고 당당하게 들려주어야 하지 않을까. 적어도 어떤 어려움에서 출발했는지에 대해서는 말해 주어야 청중도 공감할 수 있다.

그러나 안타깝게도, 내가 데모데이에서 만난 스타트업 대표들 중 상당수는 무대 위에서 긴장한 채 얼어 있는 모습을 보이곤 했다. 대부분의 발표자들이 제품이나 기술 설명에 집중하다 보니, 심사위원들에게는 비슷한 발표가 반복되며 다소 지루하게 느껴질 수 있다. 하루에도 많게는 스무 팀 이상의 발표를 듣는 그들에게, 감정 없는 정보 전달은 기억에 남기 어렵다.

이 글을 읽는 대표님들께서 오해하지 않기를 바란다. 나는 무대 위에서 긴장한 발표자들을 결코 탓하려는 것이 아니다. 오히려 내가 만난 분들은 누구보다 유능하고 창의적이었다. 세상의 모든 불편함을 기술로 해결하며 더 나은 방향으로 바꿔내는 사람들이다. 실제로 어떤 기업들은 그 자리에서 투자를 확정 짓고, 그 기술은 우리의 일상에 깊이 들어오기도 한다.

그런 분들을 내가 감히 컨설팅할 수 있었던 것은 오직 한 가지, '말하는 것'을 직업으로 삼으며 공식 석상에서 말할 기회를 많이 가져본 덕분이다.

그래서 나는 말하기가 어려운 분들께 늘 이렇게 조언한다.

"초등학생도 이해할 수 있을 만큼 쉽고 간결하게 말하세요. 그리고 그 안에 감정을 조금만 더해 보세요."

좋은 스피치란 말하는 사람이 편한 말이 아니라, 듣는 사람이 편하게 들을 수 있는 말이다.

듣는 사람을 위한 말하기 연습이 필요하다. 물론 처음부터 잘될 순 없다. 때로는 수십 번의 반복 연습이 필요하다. 당연한 일이다. 말하기는 '학습'이 아니라 '습득'이기 때문이다.

"선생님은 원래 말씀을 잘하셨어요?"

"어릴 때부터 이렇게 말을 잘하셨나요?"

이런 질문을 종종 듣는다. 정말 감사한 질문이다. 나는 늘 이렇게 답한다.

"말을 많이 하니까 잘하게 된 거죠. 처음부터 잘하는 사람은 없어요."

말을 잘하기 위해서는 말을 많이 해보는 연습이 필요하다. 이 파트를 읽으며 '그냥 읽고 넘기지' 않기를 바란다. 최대한 자주, 그리고 약간은 과장되게 연습해 보기 바란다. 이 책에는 직접 따라 해볼 수 있는 예시 문장들을 풍부하게 담아두었으니, 함께 소리 내어 연습하며 말 잘하는 몸으로 거듭나길 기대한다.

1. 눈에 보이듯이 생생하게 표현하기

스타트업 대표는 가끔 세상에 전혀 없던 것을 새롭게 만들어낸다. 그래서 IR 피칭이 더 어렵게 느껴지는 경우가 많다. 어디서부터 어떻게 기술이나 제품을 설명해야 할지 막막하다는 이야기를 자주 듣는다. 다음은 실제 발표 대본을 각색한 예시다.

"저희는 사용자 중심으로 기능성과 심미성의 조화를 이루는 제품을 만들어 삶의 긍정적인 변화를 만들고 있습니다. 이번에 저희가 만든 제품은 새로운 실내형 휠체어입니다. 크롬과 니켈 소재를 사용해 우수한 내식성을 가지고 있으며, 고급 목재로 분류되는 오크로 마모와 충격에 강합니다. 또한 스위치 모드를 사용해 세워둘 수 있게 안정적으로 설계했습니다."

대부분 위의 문장을 들었을 때, 기존 휠체어에서 보다 좋은 소재를 활용해 새로운 방식의 휠체어를 만들었다는 정도로 파악이 될 것이다.

'기능성'과 '심미성'이라는 단어가 추상적이기도 하고, 휠체어를 써보지 못한 사람이라면 소재의 차이가 얼마나 많은 변화를 가져오는지 가늠하기가 쉽지 않다.

실제로 이 내용은 내가 IR 피칭 컨설팅하면서 만났던 대표님의 발표 대본을 일부 각색한 것이다. 혁신적인 제품인 것에 비해 발표 내용이 조금 아쉽다는 느낌을 받았던 나는 스피치의 변화를 주고자 조언했다. 바로 눈앞에 있듯 생생하게 표현하는 방법이다. 이를 '메타포(metaphor) 기법'이라고 한다.

메타포 기법의 한 사례를 들어보겠다. 스피치의 대가라고 불리는 미국의 전 대통령 버락 오바마는 대통령 당선 연설에서 미국인들이 지금까지 일궈온 노력에 관해 이야기하면서 "한 덩어리 한 덩어리가 모여, 벽돌 한 장 한 장이 모여, 굳은살 박인 손들이 모여 (brick by brick, block by block, calloused hand by calloused hand)"라고 했다. 마치 벽돌을 함께 쌓아 올리는 이미지를 만들어 눈앞에 하나의 영상이 떠오르도록 표현한 것이다. 이를 통해 국민들에게 경제 위기를 극복하는 강한 동기부여를 심어줄 수 있었다.

또한 코카콜라의 CEO였던 더글러스 태프트는 직원들에게 일과 삶의 균형을 유지하라는 말을 다음과 같이 전했다.

"인생을 공중에서 5개의 공을 가지고 저글링 하는 게임이라고 상상해 보라. 각각의 공들을 일, 가족, 건강, 친구, 정열이라 하고, 그 모든 공들을 공중에서 떨어뜨리지 않도록 하는 것이 당신의 삶이다(Imagine life as a game in which you are juggling five balls in the air. You name them: work, family, health, friends, and spirit and you're keeping all of them in the air)."

다섯 개나 되는 공을 정신없이 굴리고 있는 우리의 모습이 머리에 그려지게 된다. 그중 하나라도 떨어지면 안 될 것 같은 아찔한 느낌까지 전달되기 때문에 '일과 삶의 균형'이라는 추상적인 내용을 좀 더 쉽게 받아들일 수 있는 것이다.[1]

이렇듯 메타포(metaphor)란 '비유' 또는 '은유'라는 뜻으로 본래의 의미를 표면에 나타내지 않고 비유를 통해 그 의미를 나타내는 표현법이다. 생생하게 그림을 그려주는 것처럼 설명해, 듣는 사람들의 머릿속에 구체적인 영상이 떠오르게 만든다.

메타포의 개념은 역사가 상당히 길다. 그리스 철학자 아리스토텔레스는 특정 개념이나 객체를 비유적으로 표현해 이야기함으로써 상상력과 표현력을 풍부하게 만들어준다고 설명했다. 복잡한 개념이나 상황을 더 잘 이해하고 효과적인 설득 표현을 이루어 낼 수 있게 하기 때문에 지금까지 문학이나 예술 등에서 많이 활용되고 있다.

물론 우리는 시나 문학 작품을 쓰는 것이 아니기 때문에 IR 피칭을 할 때 메타포 기법을 지나치게 자주 사용해서는 안 되겠다. 하지만 IR 피칭 구성 요소 중 감정적인 요소를 전달해야 효과적일 때가 있다. '목적과 비전'을 설명해야 할 때와, '문제 인식', '해결책'에 대한 내용을 전달할 때 심사위원의 마음을 울릴 한 마디를 준비해야 한다면 나는 메타포 기법을 사용하길 적극 추천한다.

---

1) 윤경혁, 2016-08-16, 피앤피뉴스, https://gosiweek.com/article/179584894481187

내가 이 기술을 왜 만들었고, 앞으로 어떤 세상이 만들어졌으면 좋겠는지, 어떤 부분에 초점을 두고 이 기술을 만들었는지, 또 해결 방법은 무엇인지를 눈에 보이듯이 설명해 준다면 심사위원을 비롯해 듣는 사람은 훨씬 더 해당 기술에 대해 풍부하게 이해할 수 있다. 그래서 사실 IR 피칭을 할 때 실물 형태로 가지고 나올 수 있는 제품이라면 무대에 직접 가지고 올라가는 것도 좋은 방법이며, 영상으로 사용 방법을 자세히 보여줄 수 있으면 좋다. 하지만 실물 형태의 제품이 아닌 약간의 복잡한 기술이나 개발 동기를 좀 더 임팩트 있게 설명하려면 메타포 기법을 활용해 설명하는 것이 바람직하다.

그렇다면 다시 처음으로 돌아가 휠체어를 만든 우리 대표님의 IR 피칭에 메타포 기법을 입혀서 어떻게 수정하면 좋을까? 컨설팅하면서 대표님의 이야기를 들어보니 실제로 가족 중에 교통사고를 당해 오랜 기간 휠체어가 필요했던 경험이 있었고, 실내외 이동 시 불편한 점이 많았으며 젊은 층도 사용할 수 있는 감각적인 디자인이 있으면 좋겠다는 생각에 이 제품을 개발하게 되었다고 한다. 이를 반영해 다음과 같이 대본 일부를 수정해 보았다.

"한 62세 여성분이 교통사고로 갑자기 휠체어 신세를 지게 됐습니다. 무겁고 바퀴가 큰 휠체어는 집에서 사용이 어려워 화장실이라도 한번 가려면 한 걸음 한 걸음이 큰 짐처럼 무겁게 느껴졌습니다. 저희는 화장실 변기, 세면대와 높낮이를 맞추고 좁은 공간에서도 활용할 수 있는 휠체어를 만들었습니다. 사용자의 가볍고 아름다운 두 발이 되어드리겠습니다."

같은 제품이지만 전혀 다른 대본이 완성되었다. 물론 그 뒤에 세부적인 기능이나 소재에 대한 설명도 넣었다. 다만 이 제품을 만들기 위해 얼마나 사용자의 불편 사항을 연구했으며 개선하려고 노력했는지, 또 얼마나 진심이고 앞으로의 비전을 가지고 있는지는 위와 같이 설명해 주지 않으면 표현하기 어렵다.

심사위원들에게 우리의 제품이 단순히 '기술성' 또는 '사업성'이 뛰어나다는 것을 어필하기보다 스타트업 대표로서의 이러한 진심을 보여주길 바란다. 그들도 눈앞에 선명하게 그려지는 미래에 더욱 확신을 가지고 투자하게 될 테니 말이다.

2. 발표하는 순간, 우리는 무대 위 배우가 되다

연극이나 뮤지컬을 좋아하는 사람이라면 알 수 있을 것이다. 배우들이 짧은 시간 동안 관객의 마음을 사로잡기 위해서 얼마나 오랜 시간 준비하고 연습하는지를 말이다. 그리고 그렇게 연습한 결실을 주어진 시간 안에 멋지게 선사해 관객들의 찬사를 받는다. 신기한 것은 같은 작품이라 하더라도 배우가 누구냐에 따라서 관객 입장에서 받는 느낌이 달라진다는 것이다. 목소리 톤, 손짓, 표정 하나만으로도 상당히 다른 느낌을 연출 할 수 있다.

IR 피칭도 다르지 않다. 물론 말하는 내용, 즉 기본 베이스는 우리 기업의 기술이나 제품을 소개하는 것이겠지만 이것을 설명할 때 매력적으로 보이는 것 또한 중요하다. 짧은 시간 심사위원들의 마음을 사로잡아야 투자 또는 최소한의 긍정적인 피드백을 얻을 수 있기 때문이다. 따라서 매력적으로 보이기 위해서 우리도 어느 정도의 연기가 필요하다. 아래의 예시를 살펴보자.

출처: KBS

코로나19 재확산과 전국 학교의 개학 시기가 겹치면서 보건 의료에 비상이 걸렸습니다. 교육부는 오늘 코로나19에 감염된 학생은 증상이 사라진 다음 날부터 등교하라고 권고했습니다. 최선중 기자가 보도합니다.

(최선중, 2024-08-16, KBS, https://news.kbs.co.kr/news/pc/view/view.do?ncd=8037036)

출처: YTN

이곳 물놀이장은 오전보다 시민들이 더 많아졌습니다. 뜨거운 열기를 식히기 위해서 물놀이를 즐기는 아이들이 참 많은데요. 저도 아이들처럼 물 속에 들어와 보니 시원함이 온몸에 퍼지는 느낌입니다.

(김민지, 2024-08-11, YTN, https://www.youtube.com/watch?v=FWoPhvxDul8)

왼쪽과 오른쪽 방송의 차이는 무엇일까? 말하는 사람이 남자와 여자라는 점, 실내 스튜디오와 야외 현장 중계라는 점 등 표면적으로 보이는 차이는 상당히 크다. 하지만 그중에서 꼭 지켜야 할 것은 '전달하는 내용에 따라 말의 분위기도 달라져야 한다'는 것이다.

누가 전달하는지 혹은 전달 장소가 어디인지는 각자의 역할과 장소가 바뀌어도 크게 문제되지는 않을 것이다. 하지만 말의 내용에 따른 분위기는 다르다.

왼쪽의 앵커는 코로나19 상황을 전달하면서 진지하고 엄중하게 말해야 한다. 반면 오른쪽 기상캐스터는 아이들과 함께 물놀이하는 현장의 생동감을 전달하기 위해 밝고 신선한 느낌으로 멘트해야 한다. 만약 위 대본에서 앵커가 개인적으로 기분 좋은 일이 있어서 심각한 내용의 뉴스를 웃음 띤 밝은 표정으로 전달한다면 어떨까? 또는 기상캐스터가 개인적인 사정으로 기분이 가라앉아, 현장의 생동감을 심각하게 전달한다면? 전달하려고 하는 내용 자체가 왜곡될 뿐더러 심하면 대중의 뭇매를 맞는 경우도 있을 것이다. 그만큼 말할 때 정확한 감정 전달은 필수적이다.

물론 일반적인 사람이라면 방금 예시처럼 감정을 반대로 표현하는 경우는 거의 없을 것이다. 하지만 감정 표현 '없이' 전달하는 경우는 자주 볼 수 있다.

무대 위 긴장하는 상황에서는 걸음걸이, 말투, 행동, 표정 등이 어색해지기 십상이다. 그런 분들이라면 감정 표현이 담긴 짧은 문장부터 연습해 보면 좋겠다. 과감하게 나를 내려놓을 용기가 필요하다. 지금 바로 아래 문장을 감정을 담아 소리 내서 크게 읽어보자.

"우와~ 너무 맛있다! 어떻게 만든거야?"
"지금 시간이 몇 시인데 이제야 들어오는거야?"
"저와 함께 이 긴 여정을 함께하시겠습니까?"

방금 읽은 세 문장이 각각 다른 감정으로 들렸다면 성공이다. 첫 번째 문장은 밝음, 긍정적, 신남 등의 감정 표현이 느껴져야 할 것이고, 두 번째 문장은 화와 짜증이 담겨있어야 할 것이다. 또 세 번째 문장은 감동적이고 벅차게 전달해야 할 것이다. 만일 세 문장을 읽었을 때 거의 차이 없이 비슷하게 느껴졌다면 조금 더 연습해 보길 바란다.

어떻게 연습해야 할지조차 모르겠다 하는 사람도 있을 것 같다.
하나의 꿀팁을 드리자면 형용사와 부사를 강조해서 읽어보는 것이다. 간단하게 형용사는 '상태'를 설명하는 단어이며, 부사는 '꾸며주는 말'이다. 즉, 첫 번째 문장에서 형용사는 '맛있다', '어떻게'이며, 부사는 형용사인 '맛있다'를 꾸며주는 단어인 '너무'라고 볼 수 있다. 이제 이 세 단어에 동그라미를 치고 다시 읽어보자.
두 번째 세 번째 문장도 마찬가지이다. 두 번째 문장의 형용사는 딱히 드러나지 않지만 부사는 명확히 '이제야'라는 것을 알 수 있다. 문장에서 '이제야'만 강조하더라도 감정 표현이 확실히 드러난다. 또한 마지막 세 번째 문장에서는 '긴 여정'의 '긴'이라는 단어가 명사를 꾸며주는 형용사로 작용한다. '긴'을 강조해서 읽어보자. 의미 그대로 조금 길게 읽어줄 수도 있다. 느낌이 확실히 이전과는 다르게 들릴 것이다.

짧은 문장으로 연습이 어느 정도 되었다면 1분 분량 한 장면의 연기 대본을 읽어보는 것도 좋은 방법이 된다. 요즘은 숏폼으로 드라마 명장면들도 많이 나오니 마음에 드는 장면이 있다면 한번 연습해 보면 좋겠다.

'연기를 할 것도 아닌데 이런 것까지 해야 하나?'라는 생각을 갖는 분들도 있을 것이다. 하지만 IR 피칭도 사람이 하는 것이기에 진정성이 필요하다. 주야장천 내용만 전달할 것이라면 사업계획서처럼 문서로만 전달하거나 AI가 대신하는 방법도 있을 것이다.

또한 이러한 연습은 무대 공포증을 이겨내고 다른 사람 앞에서 자신 있게 말할 수 있는 용기를 얻게 해 주기도 한다. 다른 사람 앞에서 어색해지고 긴장이 되는 분들에게 효과적인 방법이라고 볼 수 있겠다. 그리고 무엇보다 가장 중요한 것은 우리가 하는 말들은 감정이 담길 때 훨씬 내용이 잘 들리며 자연스러워질 수 있다는 점이다. 다시 한번 좋은 스피치란 듣는 사람이 좋게 들어야 한다는 것을 기억했으면 좋겠다.

3. 이도 저도 어렵다면 공식처럼 외워보기

앞서 살펴본 두 가지 방법, 메타포 기법과 감정 표현법이 쉽게 다가오지 않는 분들도 있을 것이다. 현실적으로는 시간을 내어 따로 훈련하기가 쉽지 않고, 일상생활에서 좋은 말하기가 습관화되어야 하는데 말할 기회 자체가 적은 사람들도 있다. 시간도 에너지도 쓸 기회가 적은 우리 대표님들이기 때문에 더더욱 스피치 연습이 부담으로 다가올 수 있다. 그런 분들을 위해 족집게처럼 말하기 공식을 알려주고자 한다. 근본적인 해결책은 아니지만 급하게 스피치를 잘 하는 것처럼 보이는 방법 몇 가지를 알아보자.

1] 포즈 활용하기

'포즈(pause)'는 '잠시 멈추다'라는 뜻으로, 말하다가 잠깐 숨을 쉬려고 멈추는 행동을 하는 것을 말한다. 우리말로 '끊어 읽기'라고도 한다. 속도 조절이 필요할 때나 의미 전달을 위해 주로 사용되며 문장 끝에서 끊어 읽는 방법과 문장 중간에서 끊어 읽는 방법이 있다. 문장이 길어지는 경우 주어 뒤나 연결어미 등 호흡이 끊어지는 부분에 표시하면 된다.

문장 중간에서는 ' / [슬래시]' 기호를 활용해 표시하고, 문장 끝에는 'V [브이]'를 흔히 사용하기도 한다. 문장 중간에는 잠깐 쉬고 문장 끝에서는 조금 더 길게 쉬어주는 것이다. 다음의 예를 살펴보자.

"정제 탄수화물 대신 사용되는 현미 등의 잡곡류와 통밀 가루는 / 체내 흡수가 느리고 식이섬유가 풍부한 다당류이며 / 결국 탄수화물의 성질이나 마찬가지의 역할을 합니다. V 탄수화물 섭취를 제한하는 것이 / 당뇨 관리와 더불어 건강을 되돌릴 수 있는 / 건강한 식이 방법으로 확인되어 / 작년부터 시행착오를 겪으며 / 저탄노당 빵과 디저트를 연구하였습니다." V

자칫 말이 길어져 횡설수설하게 되는 경우 위와 같이 끊어 읽기 표시를 해서 읽는 연습을 한다면 속도 조절에도 도움이 될 뿐만 아니라 의미 전달도 더욱 분명해진다.

간혹 발표할 때 하고 싶은 말이 너무 많아 장황하고 빠르게 말을 하는 분들을 보게 된다. 어찌 보면 긴장해서 말을 못 하는 사람보다 말을 많이 빨리하는 사람이 잘하는 것처럼 보일 수도 있겠지만, 사실 이런 경우 듣는 사람은 오히려 집중하지 못하게 될 때가 많다. 내가 전달하고 싶은 말을 분명히 하기 위해서 문장을 담백하고 간결하게 끊어 읽는 연습을 하는 것이 좋겠다.

또한 끊어 읽기는 문장 중간에서 사용하게 될 때 '강조'의 의미를 표현하기도 한다. 다음 두 문장을 소리 내어 한 번 읽어보자.

"이 제품의 판매를 시행하게 된다면 매출은 / 30% 될 겁니다."
"이 제품의 판매를 시행하게 된다면 / 매출은 30% 될 겁니다."

같은 문장이라도 포즈를 어디에 두느냐에 따라 강조를 표현하는 단어가 달라진다. 첫 번째 문장에서는 '매출은' 뒤에 포즈가 오면서 쉬어주게 되면 뒤에 있는 '30%'라는 단어가 강조되는 느낌을 전달한다. 반면 두 번째 문장에서는 '된다면' 뒤에 포즈가 오면서 '매출은'이라는 단어를 강조하는 느낌을 주게 된다. 즉 포즈 뒤에 있는 단어가 강조되는 것이다. 이처럼 문장에서 강조하고 싶은 단어가 있다면 포즈를 적극적으로 사용해 보자. 훨씬 세련되게 말하는 느낌을 줄 수 있을 것이다.

2] 상승 조 하강 조의 사용

문장에서 끊어 읽기 표시를 했다면 그 부분에 억양을 넣어 보는 것도 좋은 방법이다. 일부러 끝 음의 높이를 올리거나 내리는 방식만으로도 말의 감정이 살아나고 느낌이 잘 전달된다. 이때 끝 음을 올려서 읽는 것을 '상승 조', 내려서 읽는 것을 '하강 조'라고 하며, 아무 억양을 넣지 않고 문장을 그대로 단조롭게 읽어 나갈 때 '평조'를 사용한다고 한다.

어떤 사람이 말할 때 습관적으로 보이는 행동이 있을 때 간혹 "OO씨는 말에 '조[쪼]'가 있네요"라고 하는 걸 들어본 적이 있을 것이다. 그 '조[쪼]'라는 단어가 여기에서 말하는 '상승 조', '하강 조'를 의미하기도 한다.

억양을 쉽게 표현하기 위해서는 대본에 화살표를 그리는 방법으로 표시해 놓는 것이 좋다. 앞에서 배운 포즈(pause) 즉, 끊어 읽기 표시를 한 부분에 상승 조라면 위로 올라가는 화살표(↗)로 표시하고, 하강 조라면 아래로 내려가는 화살표(↘)를 그려놓으면 읽으면서 자연스럽게 억양이 내려가는 연습을 할 수 있다.

예시로 앞서 감정 표현에 관해 이야기를 할 때 다뤘던 방송 대본에 억양을 표시해 보았다. 화살표를 따라 억양을 넣어가며 소리 내어 읽어보자.

[앵커]

코로나19 재확산과 전국 학교의 개학 시기가 겹치면서↘ 보건 의료에 비상이 걸렸습니다.↘ 교육부는 오늘 코로나19에 감염된 학생은↘ 증상이 사라진 다음날부터 등교하라고 권고했습니다.↘ 최선중 기자가 보도합니다.↘

[기상캐스터]

이곳 물놀이장은↗ 오전보다 시민들이 더 많아졌습니다.↗ 뜨거운 열기를 식히기 위해서 물놀이를 즐기는 아이들이 참 많은데요.↗ 저도 아이들처럼 물속에 들어와 보니↗ 시원함이 온몸에 퍼지는 느낌입니다.↗

아무 화살표가 그려져 있지 않을 때는 '어떻게 감정을 담아 읽어야 하지?'라며 막막했을 것이다. 이렇게 끊어 읽을 부분에 표시를 화살표로 대신한다면 억양이 생겨 그 느낌이 살아나게 된다.

왼쪽의 앵커 멘트는 하강 조를 많이 넣었는데, 하강 조는 진중함, 신뢰감, 확신, 정중함 등의 감정을 표현할 때 주로 사용된다. 반면 오른쪽의 기상캐스터는 상승 조를 대부분 사용했다. 상승 조는 친절, 배려, 활기, 신남 등의 감정 표현을 하기에 적합하다.

억양은 상승 조, 하강 조, 평조 외에도 지역 및 개인의 특성에 따라 다양하게 존재하지만 이 세 가지만 잘 기억해 두어도 유용하게 사용할 수 있을 것이다. 하강 조만, 혹은 상승 조만 선택해서 사용하지 말고 문장 안에서 상승 조와 하강 조를 골고루 섞어 사용하면 더욱 다양한 감정을 전달 할 수 있을 뿐만 아니라 듣는 사람도 지루하지 않게 들을 수 있다.

"정제 탄수화물 대신 사용되는 현미 등의 잡곡류와 통밀 가루는 → 체내 흡수가 느리고 식이섬유가 풍부한 다당류이며↘ 결국 탄수화물의 성질이나 마찬가지의 역할을 합니다.↘ 탄수화물 섭취를 제한하는 것이↗ 당뇨 관리와 더불어 건강을 되돌릴 수 있는→ 건강한 식이 방법으로 확인되어↗ 작년부터 시행착오를 겪으며 → 저탄노당 빵과 디저트를 연구하였습니다."↗

이제 여러분의 IR 피칭 대본에도 직접 표시해 보면 어떨까? 포즈만 있던 대본에 억양이 더해지니 나의 감정과 표현하고자 하는 느낌을 훨씬 잘 전달할 수 있게 될 것이다.

3] 속도 조절

말이 지나치게 느리거나 지나치게 빠른 것은 IR 피칭에 좋지 않은 영향을 끼칠 수 있다. 일반적인 데모데이에서 한 팀에게 주어지는 시간은 적게는 1분, 많게는 15분 정도이다. 따라서 이 시간 안에 내용을 선별적으로 잘 전달해야 하는데, 모든 문장이 같은 속도로 전달된다면 지루하게 들릴 뿐더러 어떤 부분이 핵심 내용인지 듣는 사람은 알기 어렵다. 따라서 때에 따라 속도의 변화를 준다면 전달하고자 하는 의미를 더욱 잘 전달할 수 있다. 아래 문장에서 밑줄이 그어진 부분과 밑줄을 긋지 않은 부분의 차이는 무엇일까?

"어느 날 가족들과 밥을 먹는데, <u>문득 이런 생각이 들더라고요</u>."

"시간이 없으니 빨리 진행하도록 하겠습니다. <u>저희는 국산 반도체 공정 기술로….(중략)</u>"

우리는 책을 읽으면서도 상대적으로 '더 중요한 의미를 갖는 부분'이나 '기억하고 싶은 부분'에 자연스럽게 밑줄을 긋게 된다. 그렇다면 위 문장에서 밑줄 그은 부분을 읽을 때는 조금 더 천천히 읽어주고, 그렇지 않은 부분인 상대적으로 덜 중요한 부분은 빠르게 읽고 넘어가는 것이 좋다.

첫 번째 문장에서 하고 싶은 말은 결국 '문득 이런 생각이 들더라고요' 뒤에 있는 문장이 될 것이기 때문에 천천히 읽어주고, 상대적으로 어느 날 가족들과 밥을 먹었다는 내용은 덜 중요한 내용이기에 빠르게 넘어가는 것이 자연스럽다.

두 번째 문장 역시 뒤에 오는 '저희는 국산 반도체 공정 기술로…'의 밑줄 부분이 기업 소개로 더욱 중요하게 될 것이다. 밑줄을 긋지 않은 '시간이 없으니 빨리 진행하도록 하겠습니다'라는 말은 이미 '빨리하겠다'라는 의미를 포함하고 있으며 실질적으로 기업에 내용과는 관련이 없으므로 빠르게 읽고 넘어가는 것이 좋다.

어쩌면 일상 발화 시에 자연스럽게 표현하고 있는 부분일 수도 있다. 하지만 발표가 막막하다면, 미리 대본을 작성하고 이와 같은 몇 가지 공식만 표시하고 연습해도 훨씬 더 풍부한 표현의 IR 피칭 스피치를 할 수 있을 것이다.

나는 스피치를 배우는 것이 '운동'과 같다고 늘 이야기한다. 그 예로 우리가 운동하는 법을 배우기 위해서 헬스장에 등록했다고 생각해 보자. 헬스 트레이너 선생님에게 일주일에 두 번 정도 훈련을 받는다. 유산소 운동은 몇 분을 해야 하는지, 근육을 붙이려면 어떤 운동을 해야 하는지 배우게 된다. 하지만 선생님과 약속한 날만 가서 운동한다면 우리 몸의 근육은 자리 잡기 쉽지 않다. 배운 것을 실천하기 위해 스스로 매일 헬스장에서 연습하고 땀 흘려야 한다. 그래야 내 몸에 근육이 제대로 자리 잡는다.

스피치도 마찬가지이다. 연습하기로 마음먹었다면 매일 같이 연습해 주어야 몸이 기억하고 밖으로 표현할 수 있다.

나는 컨설팅을 할 때마다 이렇게 당부하곤 한다.

"지금 저랑 연습한 것만 가지고는 무대에 설 수 없어요. 오늘 집에 가셔서 열 번, 스무 번 반복해서 연습하세요. 누가 옆구리만 콕 찔러도 바로 튀어나올 정도로 익숙해져야 합니다."

지금 이 책을 읽고 있는 독자 여러분께도 같은 말을 전하고 싶다. 연습은 선택이 아니라 필수라는 사실을 꼭 기억하길 바란다.

실전에 강한 확실한 변화로 이끄는

김혜연

- We&Self 위앤셀프 교육 컨설팅 대표
- 전)서울경제TV, NBNtv, SK브로드밴드 아나운서
- 서울청년창업사관학교, 신사업청년창업사관학교 IR 컨설팅
- SBA 딥테크 허브배치 스타트업 IR 컨설팅
- 로컬파이오니어스쿨 스타트업 IR 컨설팅
- 해양수산부 스타트업 IR네트워킹 퍼실리테이터
- 공수처, 용인 법무연수원, 서울 서부지검 등 검사 스피치 교육
- 중앙소방학교, 중앙경찰학교 미디어트레이닝 외 다수의 IR, 스피치 컨설팅

06

투자자를 끌어당기는 스토리 IR

IR 발표를 흡입력있게 하는 방법

1. 투자 받게 만드는 스토리 IR이란

　IR의 목적은 투자다. 이 명제는 변하지 않는다. 그래서 투자를 받기 위한 IR 발표를 해야 한다. 자칫 매우 간결하고 또 명확해 보이는 이 명제는 때로는 스타트업 대표의 발목을 잡는 문장이기도 하다. 투자를 받기 위해서는 어떤 것을 돋보이도록 IR을 구성해야 하는지 매일매일, 시시각각으로 생각이 달라지기 때문이다. 오늘은 시장성을 돋보이게 구성했지만, 내일은 기술 소개가 돋보이게 해야 하지 않을까?라며 고민하게 된다.

　이렇게 고민이 많은 스타트업 대표라면 이제부터 우리의 IR에는 어떤 스토리가 있는지를 파악해 보길 바란다. IR의 목적은 투자이지만, 그 투자를 이끌어내기 위해 우리가 움직여야 하는 것은 바로 투자자의 '마음'이다. 기업이 마음에 쏙 들어야 투자하고 싶어지지 않겠는가?

　그 마음을 움직이는 기술이 바로 스토리 IR이다.

개념 | 스토리가 뭐길래?

　'스토리'란 무엇일까? 우리말로 말하면 '이야기'이다. 그러나 스토리라는 단어는 단순히 이야기일 뿐만 아니라 우리 기업의 정체성이자 가치이며 비전이다.

　먼저 스토리로 말하는 방법인 스토리텔링에 대해 이야기해 보자. 어떠한 핵심 주제나 요점을 직접적인 단어나 문장으로 말하는 것이 아니라 이야기 형식으로 말하는 것을 스토리텔링이라고 한다. 가장 쉽게 떠올릴 수 있는 스토리텔링은 바로 전래동화이다.

　전래동화 〈흥부와 놀부〉에서는 '권선징악'이라는 핵심 주제를 말하기 위해 선량한 흥부는 금은보화가 나오는 박을, 심술쟁이 놀부는 도깨비가 나오는 박을 얻게 된 이야기를 아주 생생하게 풀어낸다. 우리는 제비의 다리를 치료해주는 착한 흥부의 모습과, 욕심을 부려 일부러 제비의 다리를 부러뜨리는 놀부의 모습을 보며 두 사람의 상반된 성격을 상상한다. 또한 앞으로 제비가 어떻게 될지, 이후에는 어떤 이야기가 펼쳐질지에 대해 흥미진진한 마음으로 이야기에 몰입하게 된다.

　핵심 주제를 설명하기 위해 다양한 등장인물을 출연시켜 여러 가지 에피소드를 들려주고 다음이 궁금하도록, 주인공의 마음에 공감하도록, 내용에 몰입하도록 만드는 말하기 방식이 스토리텔링인 것이다.

　아무리 좋은 기술도 아무리 좋은 상품도 투자자, 더 나아가 소비자에게 선택받지 못한다면 빛을 발할 수 없다. 흥미로운 이야기로 투자자의 마음을 끌어당겨 우리 기업이라는 핵심주제를 설명하는 방식이 스토리 IR이라고 할 수 있다.

목적 | 스토리로 빛나는 IR을 만들자

　스토리 IR의 목적은 다시 말해 투자자의 마음을 끌어당기는 데에 있다. 마음을 끌어당긴다는 것은 우리 기업에 몰입하게 만들고, 공감하게 만들어 투자라는 종착점까지 이끌어가는 것이다. 그래서 스토리 IR은 단순히 이야기를 늘어놓는 것이 아니라 그 명확한 목적을 달성할 수 있도록 투자자를 설득하고, 공감시키고, 감동하게 만드는 것이 필요하다.

IR을 준비하는 스타트업 대표가 가장 쉽게 저지르는 실수가 '우리 기술 너~무 좋은데 말로 다 설명할 수가 없네'의 늪에 빠지는 것이다. 이 늪에 빠진 채로 만들어낸 IR은 15분 발표 중 기술의 과학적인 근거와 원천기술과 같은 내용만 늘어놓는 '기술 설명서'가 된다.

우리는 기술을 설명하는 과학자가 아니라 독자적인 상품으로 이익을 내는 기업의 대표라는 점을 잊지 말자. 어떤 기술의 상품이나 서비스로 어떤 시장에서 얼마큼의 성과를 낼 수 있는지, 그리고 그것이 추후 얼마나 발전 가능성이 있는지, 게다가 그것을 해낼 자신감이 있는지를 보여주는 것이 IR이다.

다양한 기업과 기술이 모이는 투자 유치 발표. 이곳에서 투자자가 원하는 기업은 목표 시장에 정말 유효한 상품이나 서비스를 지닌 기업이며, 가까운 미래에는 수익을 얻고 투자금을 회수할 뿐 아니라 이익을 볼 수 있는 기업이다. 우리의 기술이 그 목적에 적합하다고 이야기하려면 적절하고 확실한 근거로 투자자를 설득할 수 있어야 한다. 우리의 기술이 이 시장에 필요하다고 공감시킬 수 있어야 한다. 그리고 투자자가 감동할 만큼 우리의 노력이 돋보여야 한다.

투자자는 스토리 IR을 통해 기업에 대한 신뢰와 공감, 그리고 기업 대표와의 인간적인 유대감까지 갖게 되어야 한다. 이 모든 것을 충족하는 IR은 스토리 IR뿐이다.

방법 | IR에 스토리 감싸기

이렇게 스토리 IR의 개념과 목적이 명확해졌다면 그 방법을 훈련해 볼 시간이다. IR은 딱딱하고 경직되어 있을수록 마이너스다. 특히 IR 발표는 더욱 그렇다. 발표자가 딱딱하게 굳어버린 채로 기계처럼 외운 대사만 말하고 있지는 않은지 확인하라.

인용하기, 반복하기, 질문하기

필자는 이 3가지 방법을 스토리 IR에 적극 적용해 보라고 말하고 싶다. IR 발표가 딱딱하게 들리는 이유는 대게 너무나도 '설명을 잘해서' 이다. 설명을 잘하면 좋은 게 아닌가 싶겠지만, 투자자의 마음을 끌기 위해서는 설명을 잘하는 것은 기본이고 그 다음 스텝을 얹어 주어야 한다.

투자자도 사람이다. 그들의 감성을 건드려주는 말하기가 IR에는 분명히 필요하다. 그것을 할 수 있는 말하기, 발표 방식이 바로 인용하기, 반복하기, 질문하기의 3가지 방법이다.

첫째, 인용은 말 그대로 누군가의 말과 글을 인용하는 것이다. 그 말과 글이 우리 기업의 상품이나 서비스와 적절하게 매치되는 것이라면 누가 말했는지 출처를 밝히고 인용하면 된다.

실제로 파블로 피카소의 '파블로'가 사명인 파블로 항공은 '나는 보이는 것을 그리지 않는다. 나는 꿈꾸는 것을 그린다'라는 파블로 피카

소의 말을 인용해 기업의 비전을 설명했다. 파블로 항공은 우리가 꿈꾸는 드론 택배, UAM 무인항공기를 제작하며 드론 상호 충돌 방지 시스템 기술을 가진 기업이다.

둘째, 반복은 사람의 머릿속에 오래 기억되고 각인되는 효과가 있다. '정(情)'이라는 글자를 보면 떠오르는 간식이 있는가? 유일하게 머릿속에 떠오르는 그 간식, 바로 오리온의 초코파이다. 이것이 반복의 효과이다. 우리 기업의 핵심을 반복하여 소개하고 자꾸 언급할수록 투자자의 머릿속엔 더 깊게 각인될 것이다.

셋째, 질문에는 힘이 있다. 끊임없이 질문을 던지고 답을 하는 과정에서 사업을 새로운 방향으로 피보팅 시킬 수 있고, 또 다른 스토리를 끌어낼 수도 있다.

코로나19가 창궐하던 시절 극장가에는 정말 '개미 한 마리도 보이지 않는다'는 말이 어울릴 만큼 경영난이 심각했다. 그때 허민회 CGV 대표가 던진 질문은 'OTT를 비롯해 다양한 콘텐츠 채널이 등장한 현재, 극장이 관객들에게 줄 수 있는 가치는 무엇인가?'였다.

그는 극장에서만 할 수 있는 특별한 경험을 통해 관객들을 다시 극장으로 불러 모아야 한다고 생각했다. '특별 상영관' '재개봉'과 같은 새로운 경험을 선사하여 관객들의 '덕후'력을 뽐낼 수 있도록 해주었고 역주행 영화를 만들어내기도 했다. 결국 이러한 문화는 코로나19가 종식된 이후에도 사람들이 극장을 찾게 만드는 '가치'가 되었다.

이렇게 인용과 반복, 질문은 우리 기업만이 가진 독특한 스토리를 표현할 수 있는 기법이다.

객관적인 사실과 수치를 전달하는 것은 기본이요, 그 수치를 얻기 위한 어떤 '비하인드'가 있었는지를 투자자에게 털어놓으라. 스토리야말로 투자자의 마음을 끌어당겨 설득시키는 특별한 무기가 될 것이다.

2. IR에서 스토리가 필요한 순간

스토리는 IR의 어느 파트에서 가장 필요할까?

IR의 기본 구성 요소를 10가지로 놓고 본다면 그 중에서 중요하지 않은 부분은 없다. IR 덱을 작성하다 보면 어느 것 하나 중요하지 않은 파트가 없어 보인다. 물론 모든 파트가 다 중요한 것이 맞다. 하지만, 우리의 사업 아이템과 IR 피칭 전략 그리고 투자 라운드에 따라 가장 힘을 실어야 할 곳은 조금씩 달라질 수밖에 없다.

그 전에 일단 IR 덱의 구성 요소들을 살펴보자. IR 덱의 구성 요소는 조금씩 다를 수 있지만 대체로 필요로 하는 요소들은 통일된다.

0. 표지
1. 기존의 문제점
2. 제품과 서비스를 통한 해결 방법 (우리 기업의 상품 및 서비스 소개)
3. 왜 지금, 이 시장인가
4. 경쟁사와의 비교

5. 검증 가능한 지금까지의 성과

6. 비즈니스 모델 / 수익모델

7. 마케팅 방법 / 성장 전략(초기 기업은 생략 가능)

8. 팀 소개

9. 재정과 재무

10. 마일스톤 및 비전 등

이 요소들을 스토리 IR을 위해 어떻게 채워나가야 할지 고민해 보자.

오프닝과 클로징 스토리

모든 일에는 '시작'이 있기 마련이다. 첫 인상은 3초 안에 결정된다는 이야기처럼, 투자자는 기업의 IR 발표 시 첫인상을 매우 중요시 한다. 그 첫인상에 속하는 것이 발표자의 에티튜드 및 외형뿐만 아니라 IR 자료의 첫 장, 표지 페이지가 될 것이다.

우리는 이제부터 이 표지 페이지에 우리 기업의 모든 스토리를 집약하는 것을 목표로 한다. 우리 회사의 비전, 가치관, 아이덴티티 그리고 상품까지. 그래서 표지 페이지에 단순하게 기업명과 제품 이름을 적는 형식의 '단순한 표지'는 스토리 IR에서는 지양해야 할 장표이다.

표지 페이지에는 우리 회사의 서비스를 직관적으로 이해할 수 있는 슬로건과 하나의 메시지를 넣는 것이 중요하다. 전체적으로 표지 페이지를 보며 느껴지는 이미지로 우리 기업의 인상이 각인된다.

한 농기계 업체는 표지 페이지에 녹색과 주황색, 노란색 등을 사용해 농업과 관련된 기업임을 강조했고, 생소할 수 있는 새로운 기능의 농기계 제품 사진을 그대로 표지에 선보였다. 꽁꽁 숨겨두었다가 짜잔, 하고 내놓는 것이 전략이 될 수도 있으나 처음부터 당당하게 우리의 상품을 보여줌으로써 기대감과 궁금증을 불러일으키고 명확한 메시지를 전달하는 전략을 사용한 것이다.

단순히 회사의 BI 로고 색상이나 CI 색상 등을 사용하는 것이 아니라, 우리가 제공하는 서비스나 상품과 관련된 스토리를 색으로부터 입히는 과정은 고도의 스킬이 아닐 수 없다.

표지에 이렇게 신경을 썼다면, 당연히 우리 기업의 슬로건도 만들어야 한다. 한 마디로 표현할 수 있는 우리 기업의 가치관과 상품 및 서비스의 차별점, 우수성을 돋보이게 해주는 슬로건 말이다.

실제로 약물 없이 이산화탄소를 생성해 수면을 유도하는 기술로 만든 수면 유도 기계의 IR 피칭 덱 초기 슬로건은 '수면 케어 시스템의 중심'이었다. 이 슬로건만으로는 어떠한 기기인지 감이 잡히지 않는다. 수면 케어를 어떤 방식으로 하는지, 수면의 무엇을 케어하는 것인지가 불분명하기 때문이다. 그러나 '비 약물 기반 수면 유도 솔루션'이라고 슬로건을 변경한 후에는 약물 없이 수면에 들어갈 수 있도록 유도하는 기술이라는 것을 직관적으로 알 수 있었다.

이렇게 표지 페이지에서는 대표 이미지와 슬로건을 고려해 작성하는 것이 효과적인 스토리 IR의 오프닝이 될 수 있다.

오프닝을 잘 했다면 당연히 클로징도 잘 마쳐야 할 것. 클로징에서는 우리 회사의 자신감 있고 당당한 포부가 드러나도록 우리 기술의 핵심 요약과 함께 간결한 정리가 필요하겠다.

'인간의 일생에서 수면하는 시간은 약 26년을 차지합니다. 내 인생의 26년, 조금 더 편안하고 깊은 잠을 잘 수 있도록 저희가 도와드리겠습니다'처럼 말이다.

물론 약간의 감성적인 문구가 포함된다면 금상첨화일 것. 우리 기업의 핵심 기술과 상품을 나타낼 수 있는 슬로건을 구성하는 것이 오프닝과 클로징의 스토리 IR을 위한 우선순위이다.

문제점 인식과 시장성 스토리

초기 IR 피칭을 준비하는 기업이라면 문제점 인식과 시장 규모를 설정하는 데에 특히 어려움을 겪을 수 있다. 기술기업의 경우 대체로 우리 기업의 기술이 얼마나 대단하고 좋은지에 대한 설명을 늘어놓느라 시간이 다 흘러가버릴 수 있다.

스타트업 대표들의 가장 흔한 실수는 우리 기업의 상품에 대해서만 소개하느라 정작 중요한 투자자의 마음을 사로잡는 파트들을 놓칠 수 있다는 것이다. 그렇다면 투자자의 마음을 사로잡는 파트는 어디인가.

우리 기업의 기술을 소개하는 것은 당연히 필요한 부분이다. 하지만, 이 기술을 왜 탄생시켰는지, 이 기술을 이용해서 어디에서 수익을 낼 것인지를 IR에서 표현할 수 있어야 한다.

우리 기업이 탄생시킨 이 기술 또는 상품이 어떠한 불편함을 해결해 줄 수 있을 것이며, 그렇게 되면 어떤 사람들이 관심을 갖고 구매까지 이어지게 될 것인지가 사실 IR의 전부다. 투자자는 이 부분을 보고 사업의 성패를 가늠한다.

따라서 문제점 인식 파트는 당연히 스토리가 접목되어야 한다. 기존의 불편한 부분을 소개하고 공감하게 만든 후에 그것을 해결하는 것이 우리 기업이라고 소개해야 하기 때문이다. 해당 내용은 제품의 영업사원들이 특히나 많이 사용할 수 있는 스피치 기법이기도 하며 우리 기업의 핵심 소구점이 될 것이다.

다이슨은 영국의 스티브잡스라고 불릴 만큼 혁신을 선도한 기업인데, 당시 모든 청소기에 먼지봉투를 사용하던 것에 불편함을 느끼고 먼지봉투를 없앤 청소기를 개발한 기업이다. 또 선풍기 날개에 쌓이는 먼지와 안전사고에 불편함을 느껴 이것을 없애버린 날개 없는 선풍기를 개발한 기업이기도 하다. 기존 제품이나 서비스의 문제점을 해결하는 기술을 개발하는 것, 이것이 문제점 인식이며 이 부분을 스토리로 설명할 수 있어야 한다.

그렇다면 이 먼지봉투 없는 청소기를 살 사람은 누구일까? 이제 다들 알고 있는 탐(TAM), 쌈(SAM), 쏨(SOM)이 등장할 차례이다.

Total Addressable Market을 줄여서 TAM이라고 부르며, 우리 기업의 제품이나 서비스와 관련된 전체 시장을 말한다. 청소기로 예시를 들어 보자면 먼지봉투가 있는 청소기를 사용하는 모든 사람들이 TAM에 속할 것이다. 이 범위를 수치로 표현하는 것이 중요한데, 이러한 수치는 통계청이나 여타 기관들의 통계자료를 확인하면 쉽게 수치화할 수 있다.

그러나 초기 스타트업에게 이 전체시장은 너무 넓고 범위가 커서 쉽게 접근하기 어려울 수 있다.

Service Available Market을 줄여서 SAM이라고 부르며, 우리 기업이 접근할 수 있는 유효 시장을 말한다. 즉, 청소기를 판매할 수 있는 국내 오프라인 매장이나 온라인 마켓 등이 될 것이다. 이 시장을 어떻게 규정하느냐에 따라 SOM의 범위 또한 달라질 수 있는데, 이렇게 되면 확실히 시장의 규모를 어느 정도 가늠해 볼 수 있고, 우리가 어떤 채널과 어떤 방법으로 마케팅을 해야 할지도 감을 잡을 수 있다.

마지막으로 이제 우리의 제품을 정말로 구매할 가능성이 높은 Service Obtainable Market, SOM이다. 수익시장 또는 초기 시장, 1차 시장이라고 부른다. 먼지봉투 없는 청소기를 정말로 구매할 만한 사람은 각 가정의 주부, 자영업자 등으로 좁혀 볼 수 있다.

이렇게 1차 시장까지 규모를 설정했다면, 이 규모에서 발생할 수 있는 예상 수익을 계산해 보아야 한다. 그것이 우리 기업의 초기 매출이 될 것이다. 그러나 시장 규모는 이것을 소개하는 것에만 그치면 안 된다. 시장성에 대한 스토리를 들었을 때 투자자가 앞으로의 성장 가능성과 시장의 확장까지 생각해 볼 수 있도록 확장 가능성에 대한 스토리를 이야기해야 한다.

먼지봉투 없는 청소기는 하루아침에 뚝딱 만들어지지 않았다. 다이슨은 먼지봉투를 없애자는 제안을 하고 회사에서 해고당했다. 이후 자신의 집 창고에서 성공할 것이라는 신념 하나만으로 5,127번의 실패를 거듭하며 5년이라는 시간을 보냈다. 그럴 동안 아내가 생계를 담당해야만 했다. 다이슨이 IR 피칭을 한다면 이 스토리를 반드시 이야기해야 하지 않을까? 그의 집념과 끈기가 청소기를 살 사람이 몇 명이나 되는지, 그 매출이 얼마나 예상되는지 보다 더욱더 투자자의 마음을 사로잡을 수 있는 강력한 무기라는 것에 동의하지 않는 사람은 없을 것이다.

문제점 인식과 시장 규모는 결국 스토리가 뒤따라 주어야 그 숫자와 논리가 더욱더 빛나는 파트인 것이다.

팀 소개와 회사 소개 스토리

이제 우리 팀에 대한 소개와 회사의 소개를 할 차례이다. 물론 회사 소개는 오프닝 단계에서 하기도 하지만, 전략에 따라 팀 소개와 회사 소개를 함께 하기도 한다. 팀 소개 파트는 투자자들과의 유대감이나 신뢰를 쌓는 단계인데 이 부분에도 스토리를 활용할 수 있다.

스타트업 기업의 팀 구성에서 흔하게 보이는 모습 중 하나가 팀원들과 대표자가 같은 학교, 같은 전공자들이 모여 구성된 경우이다. 이런 경우 단순히 '저희는 같은 대학교 동기들이 모여 만들어진 팀입니다. 대표자인 저는 00학번이고, 00전공을 했습니다. 저희 팀의 기술팀장은 00학번, 00전공을 복수전공 했습니다'와 같이 한다면 어떨까? 당연한 이야기를 하느라 시간을 낭비하는 것이다.

팀 소개 페이지를 여는 순간, 우리가 같은 학교의 같은 전공자들이라는 것을 보여주는 디자인과 표현을 해두고 우리 팀을 구성하게 된 스토리를 이야기해 보자.

아래의 팀 소개 시나리오는 필자가 가상으로 만들어 본 내용이다.

단순한 소개 형식의 팀 소개 시나리오와 다른 부분을 찾아보고 우리 기업의 팀 소개에 적용해 보길 바란다.

"저희 팀을 소개하겠습니다. 대표자 OOO, 기술팀장 OOO 그리고 재무팀장 OOO. 저희 3명은 같은 캠퍼스에서 만난 동갑내기 친구들이었습니다. 우연히 취미가 같아 매일같이 붙어 다니다 보니 서로의 관심사와 생활 패턴까지도 비슷해졌죠. 함께 유기견 보호센터에서 봉사활동을 시작한 지 3개월이 지났을 즈음, 한 친구가 이런 질문을 했습니다. 전국에 있는 유기견을 다 모아놓고 한 번에 볼 수 있는 사이트는 없을까? 저희 팀은 이 질문 하나로 똘똘 뭉쳤습니다. 우리가 잘하는 어플 만들기를 활용해 데모 버전을 만들었고 유기견 보호센터에 아이디어를 제안했죠. 데모 버전만 보여드렸는데도 정말 필요했던 어플이라며 관련 기관들이 함께 모여 뜻을 같이 하게 됐습니다. 그렇게 파트너사와 자문단, 고문단까지 저희와 함께 1년여의 시간 동안 이 사업에 뛰어들고 있습니다."

3. 무엇을 말하고 어떻게 전할 것인가

사업계획서와 구성은 다르게
초기 스타트업이라면 사업계획서 작성을 필수 코스처럼 진행해 봤을 것이다. 정부 지원 사업에 지원하기 위해서는 반드시 거쳐야 하는 과정이기 때문이다. 지원 사업에 지원하지 않더라도, 사업 계획서는 투자를 위한 첫 걸음이다.

초기 기업에게 추천하는 사업 계획서는 Lean Canvas(린 캔버스) 방식의 사업계획서인데, 쉽게 작성할 수 있고, 간편하며 핵심이 한눈에 보이는 작성법이다. 이 파트에서 Lean Canvas에 대해 자세히 다루진 않겠지만, 만약 아직 작성해 보지 않은 기업이라면 반드시 작성해 보는 것을 추천한다. 우리 기업이 현재 잘하고 있는 것과 부족한 것을 한눈에 알아챌 수 있을 것이다.

이렇게 사업계획서를 작성해 본 경험이 있다면, IR 피칭 덱을 작성할 때에도 이 순서를 그대로 차용하거나, 사업계획서상의 내용을 그대로 옮겨 적은 기업이 많을 것이다. 하지만, 사업계획서와 IR 피칭은 그 목적이 다르다. 지원 사업 등의 사업계획서 작성은 협약 기간 내에 지원금을 통해 어떠한 성과를 얻어낼 것인지에 초점을 맞춰야 한다. 반면 IR 피칭은 흡입력 있는 발표력을 통해 가능성을 어필하고 투자자의 마음을 사로잡는 것이 목적이다. 그러므로 사업계획서는 조금 더 체계적이고 논리적인 서술이 필요하고 IR에서는 스토리를 강조하는 피칭이 중요한 것이다.

결국 구성요소와 구성 순서 역시 달라져야 한다. 우리 기업의 기술이나 상품 및 서비스를 자세히 설명하는 것이 중요한지, 우리 기업의 비즈니스 모델을 통해 앞으로의 성장 가능성과 수익에 대한 자신감을 강조할 것인지를 설정해야 한다. 이는 기업 내 구성원들과의 충분한 협의와 논의를 통해 결정해야 할 것이다. 투자금이 적고 아웃풋이 많다면 이 부분을 강조하는 것이 유리할 것이고, 다른 기업과 차별화된 기술이 있다면 기술을 강조하는 순서와 구성이 되어야 할 것이다. 다만 기술과 기업의 소개와 자랑거리만 늘어놓느라 시간을 채우는 일이 없도록 해야 한다는 부분만 기억하자.

무엇이 스토리가 되는가?

IR 피칭에서 스토리로 풀어낼 소재를 찾기 위해서는 나를 돌아보는 시간이 필요하다. 갑자기 자아 성찰을 하라는 것인가? 싶겠지만, 정말이다. 나를 돌아보는 시간이 필요하다.

그렇다면 어디서부터 기억을 더듬어보아야 할까. 까마득한 어린 시절부터? 대학생이 되어 성인이 되었음을 만끽하던 순간부터? 물론 모두 좋은 시작점이 될 수 있지만, 적어도 이 시점부터 시작하면 훨씬 좋을 것이다. 기업을 운영하기 전 나는 무얼 하는 사람이었는지부터 시작한다. 아이가 조금 더 이유식을 맛있게 먹었으면 좋겠다는 생각을 하던 육아 맘, 내가 좋아하는 과자를 더 많은 사람들이 좋아하길 바라던 평범한 청년, 해외 유학 시절이 인생의 큰 전환점이 되었던 화장품을 좋아하는 소녀. 바로 이 지점부터 말이다.

아마 당신은 여기서부터 시작했을 것이다. 아이가 이유식을 더 잘 먹기 위한 그릇이 있다면 어떨까? 외국인들이 이 과자 좋아하지 않을까? 매일 쓰는 화장품에 해외의 그 과일 성분을 넣으면 어떻게 될까?라는 작은 호기심이나 질문 말이다. 거기서부터 당신의 스토리는 시작됐고,

우리의 기업은 시작됐던 것이다.

　스토리 IR의 방법은 결국 나의 이야기를 얼마나 솔직하고 재미있게 꺼내 놓을 것인가를 생각하는 것이다. 거기에 몇 가지 질문에 대해 고민하다 보면 다양한 스토리를 떠올릴 수 있을 것이다.

　아래에는 그 고민에 도움이 될 만한 질문들을 적어두었다. 질문에 대해 고민하면서 나는 어떤 과정을 겪었는지, 또는 질문 속의 답을 구하기 위해 내가 노력한 점은 무엇인지 생각하며 나의 지난날을 회상해 보길 바란다. 그리고 그 회상 속의 모습들을 누군가에게 말해주듯 풀어놓아 보아라. 그것이 스토리 IR의 재료들이 될 것이다.

① 상품을 구상 할 때 처음 떠올린 불편했던 점은 무엇이었나?
② 왜 하고 많은 상품과 서비스 중에서 나는 이것을 선택했는가?
③ 이 상품(또는 서비스)은 어떤 사람에게 가장 필요할까, 그렇게 생각한 이유는?
④ 지금까지 일궈온 성과를 내기 위해서 나는 어떤 과정을 거쳤는가?
⑤ 나와 함께 일하고 있는, 또는 나를 도와주고 있는 사람들은 어떻게 만나게 되었는가?

투자자가 원하는 스토리

　이제 투자자가 원하는 스토리는 무엇인지 찾아보자. 수많은 스토리를 발굴했다면 이 발굴된 스토리 중 진짜 가치 있는 스토리를 선별하고 재가공하는 과정이 필요하다.

투자자에게 짧은 시간 동안 우리 기업을 확실하게 각인시키기 위해서는 먼저 투자자의 입장을 이해해야 한다. 초기 기업의 대표자들이 가장 어려워하는 것이 대표자에서 투자자의 마인드로 인식을 전환하여 고민하는 것이다.

IR 피칭 시 대표자는 우리 기업의 장점과 앞으로의 가능성을 설명해야 하는 사람이며 투자자는 실질적으로 유효한 사업인지를 판단해 투자할 가치가 있는 기업을 선별하는 사람이다. 즉 관점이 다르다.

그러다 보니 대표들은 IR 덱을 작성하며 단순한 자랑과 소개만으로 끝나는 자료를 만드는 경우가 부지기수다. 하지만, 투자자가 원하는 내용은 따로 있다. 기술과 제품이 좋다는 것은 알겠고, 또는 충분히 혁신적인 것 이해했고, 그래서 어떻게 돈을 벌고 나의 투자금을 언제쯤 회수할 수 있느냐는 것이다. IR 피칭을 통해 투자를 받고자 한다면 이 부분을 확실하게 드러내 줄 수 있어야 한다.

그러기 위해서는 대표자의 기업가 정신과 제품이나 서비스의 우수성은 당연히 표현되어야 할 요소이며 비즈니스 모델, 마케팅 계획, 시장 규모, 수익모델, 마일스톤, 재정과 재무 등의 정보가 필요하다. 초기 기업의 경우에는 부족할 수 있지만 지금까지 일궈온 성과지표들도 포함해 주면 좋다. 특허증이나 구매 의향서, 예상 소비자를 대상으로 한 설문조사 등도 좋다.

이 모든 것들을 어떻게 표현해야 할지 감이 잡히지 않는다면, 엘리베이터 스피치를 먼저 구성해 보자. 엘리베이터 스피치란, 엘리베이터를 타고 이동하는 짧은 시간 동안 투자자에게 우리 기업에 대해 '호기심'

을 불러일으킬 수 있는 스피치를 말한다. 즉, 모든 내용을 다 설명한다기보다 '이 기업이 궁금하도록' 만들어 다시 한 번 대화할 수 있는 기회를 얻는 것이 엘리베이터 스피치의 목적이다.

엘리베이터 스피치는 약 20초에서 180초 동안 빠르게 할 수 있는 피칭을 말한다. 당장 간결하게 요약하기가 어렵다면 아래의 내용들을 작성해 보자. 훨씬 간결하게 내용이 정리됨을 느낄 수 있을 것이다. 아래에는 그 항목과 예시이다.

- 동기부여 오프닝: 한마디로 정리하는 내 회사, 내 사업
- 사업 추진 배경: 모두가 느끼는 불편함을 질문하고 공감을 유도하기
- 자신만의 해결책: 문제점 제시 후 우리 기업의 해결 방법
- 경쟁력과 비전: 정량화된 데이터로 강조
- 감성을 자극하는 클로징: 이상적 미래로 Benefit강조! 기업명 언급!

[예시]
(오프닝) 안녕하세요. 사진 한 장으로 쉽고 빠르게 반품 보내는 방법, 리턴박스 OOO입니다.
(사업 배경) 다들 한 번쯤 반품하실 때 고생하셨던 기억 있으실 겁니다. 포장은 어떻게 하지? 뽁뽁이는 어디서 사지? 같은 문제들 말입니다.
(해결책) 이런 불편이나 귀찮음을 리턴박스가 해결해드립니다.
(경쟁력과 비전) 작년에는 물건 반품만 4,700만 건이 있었습니다. 앞으로 여러분은 보내실 물건을 사진 1장과 픽업 시간, 장소만 리턴박

스로 보내주시면 리턴박스 전문가들이 온디맨드 픽업 과정을 거쳐 신속하게 발송해드립니다.
(클로징) 여러분의 귀찮음은 리턴박스에 맡기시고, 즐거운 일에 여러분의 소중한 시간을 사용하시기 바랍니다.

위의 과정을 거쳤다면 더욱 짧게 줄여보는 과정도 진행해 보길 바란다. 더욱더 명확하게 우리 사업이 정리될 것이며, 진짜 엘리베이터에서 투자자를 만났을 때 써먹을 수도 있을 것이다. 아래의 괄호 안에 해당 내용을 채워 넣어보자. 아주 짧고 간결하게 내용을 정리할 수 있을 것이다.

"(고객 니즈)를 가지고 있는 (목표 고객)을 위해서 (기존 문제점/경쟁사)와 차별화 되는 (핵심 기술)을 제공하는 (제품군)의 (제품/서비스명)입니다."

[예시]
"(중고 물건 거래를 원)하는 (스마트폰 유저)들이 (중고 거래 사기를 당할까 걱정하거나, 거리가 먼 곳으로 가거나, 미 입금 등의 문제를 걱정)하지 않아도 (우리 동네에서 대면/비 대면으로 안전거래를)할 수 있는 (스마트폰 앱)인 (당근마켓)입니다."

이렇게 축약하는 과정을 거쳤다면, 아마 여러분은 엄청난 자신감이 생겼을 것이다. 이렇게 명확하고 간결하게 핵심만 요약할 수 있다니! 이 과정을 성공적으로 마쳤다면 이제 그 자신감과 기쁜 마음을 그대로 투자자에게 보여줄 단계만이 남았다.

이 모든 스토리로 투자자에게 자신감 있는 IR 피칭을 해보자. 내가 자신감을 가지고 이야기할수록 투자자는 나를 더욱더 신뢰하게 되어 있다. 그리고 그 신뢰는 우리 기업에 대한 좋은 평가와 함께 투자라는 달콤한 열매를 얻을 수 있도록 해줄 것이다.

무엇보다 중요한 것은, 잘 준비되지 않은 IR이라도 자신감 있고 확신에 찬 반짝이는 눈과 열정을 이길 수 있는 무기는 없다는 것이다. 그 무기는 IR의 디자인이 화려해서, IR 자료가 풍부해서라기 보다 스스로가 얼마나 이 사업에 열정을 가지고 있고 지금 이 일이 얼마나 재미있는가가 만들어 줄 것이다. 성공적인 스토리 IR 피칭을 통해 여러분의 마음 속의 무기를 잘 활용하길 진심으로 응원한다.

스타트를 넘어 jump-up 하도록 도와드리는

김혜은

- 2024년 제25회 여성창업경진대회 시상식 등 다수 IR 행사 및 스타트업 관련 행사 진행
- 한국수자원공사, 서울청년창업사관학교, 경기도사회적경제원 등에서 IR 피칭, 스피치 컨설팅
- 2023 창업진흥원 창업지원사업 통합안내 영상 내레이션
- 청년창업사관학교 외부전문가 등록
- KTV국민방송 아나운서, 서울경제TV 리포터 등 다양한 방송 프로그램 진행
- 국가인권위원회 유튜브 영상, 사행산업통합감독위원회 유튜브 영상 등 여러 콘텐츠 진행

07

인사이트 있는 문제점 표현

IR 피칭의 토대를 다져주는 '문제점' 구성하기

스타트업의 대표가 떨리는 마음으로 무대에 올라 심사위원들 앞에서 IR 피칭을 시작한다. 먼저 아이템과 회사명, 대표의 이름을 말한다. 그리고 보통 그 다음에 언급하는 항목이 바로 '문제점'이다(대부분의 IR 피칭은 '오프닝-문제점-솔루션' 순서로 진행된다). 하지만 이 '문제점' 자체가 IR 피칭을 하는 대표에게 '문제'가 돼버리는 경우가 생각보다 적지 않다.

나는 IR 컨설턴트로서, 그리고 IR 행사를 진행하는 아나운서로서 그동안 수많은 회사의 IR 피칭을 듣고 분석해왔다. 그중에는 듣는 이를 잘 이해시키는 것을 넘어 해당 문제가 얼마나 심각한지 깊게 생각하게 만드는 문제점도 있었다. 이와 반대로 '대체 무슨 말을 하는 것인지' 이해할 수 없는 경우도 생각보다 많았다. 그러다 보니, 문제점 다음에 나오는 '솔루션' 부분에서 해당 아이템의 당위성이 잘 느껴지지 않았다.

대표는 몸소 특정한 문제에 부딪혀 또는 어떤 것의 필요성을 절실히 느껴 그 아이템을 만든 사람이다. 그런데 여기서 대표들이 빠지기 쉬운 오류는, '다른 사람도 당연히 나처럼 느끼고 있다' 또는 '발표를 들으면 누구든 나와 비슷하게 이해할 수 있다'고 생각하는 것이다. 분명히 말하지만, 이는 크나큰 착각이다. 이러한 오류는 IR 피칭을 하는 내내 계속되는데, 발표의 첫 단추인 '문제점'에서 크게 문제가 된다.

[문제점 소개 시 저지르는, 대표적인 3가지 실수]
1) 문제점이 '얼마나 심각한지' 언급하지 않는 경우
2) 반대로 문제점을 너무 길게 얘기하는 경우
3) 문제점의 내용을 장황하게 구성하는 경우

문제점이 '얼마나 심각한지' 언급하지 않는 경우

먼저 문제점이 '얼마나 심각한지' 언급하지 않는 경우를 살펴보자. 세 가지 중에 가장 적은 부류이긴 하지만, 그래도 존재한다. 해당 아이템이 나오게 된 배경인 문제점을, 가능하면 근거 자료들도 활용해 그 심각성을 나타내야 하는데 '이 정도면 되겠지' 싶어 간단하게 언급만 하고 지나가는 경우다. 물론 그렇게 해도 심사위원들이 해당 문제의 심각성을 파악할 수 있다면 큰 문제는 없다고 할 수 있겠다. 하지만 그럴 가능성이 크다고 자신할 수 있는가?

심사위원들에게는 친숙하지 않은 문제 상황이 아주 많다. 예를 들어, 최근에는 MZ 세대가 겪는 불편함을 해결하려는 아이템이 많아졌다. 그래서 대표가 그 불편함을 설명하는데, 이 세대에 해당하지 않는 심사위원들은 잘 이해하지 못한다. 그렇다면 심사위원들이 잘 이해할 수 있도록 상세히 설명해, 그들로 하여금 해당 문제를 '심각하게 느끼게' 해야 한다. 그렇지 않으면 심각하지 않은 문제점을 대체 왜 해결하려고 하는지 의구심을 품을 수 있다.

IR 피칭 사회를 봤을 때 들은 한 발표가 기억이 난다. 그 대표님은

'해당 아이템이 출시되면 많은 사람이 좋아할 것'이라는 말을 많이 했다. 그러나 '이 아이템이 꼭 출시돼야만 하는 이유'는 거의 언급하지 않았다. 이후 Q&A 시간에서 이와 관련한 질문들이 공격적으로 나왔다. IR 피칭을 할 때는 듣는 이들에게 아이템이 꼭 필요한 이유를, 아이템에 대한 설명만큼이나 잘해야 한다. 또 간절하게, 심각하게 들리게 해야 한다.

반대로 문제점을 너무 길게 얘기하는 경우

두 번째로 '너무 길게 문제점을 얘기하는 경우'이다. 이 경우는 전자와 반대다. 대표가 문제점을 듣는 이들에게 잘 이해시키기 위해 이를 설명하는데 많은 분량과 시간을 할애하는 것이다.

우선 듣는 이들의 이해도를 고려하는 자세는 매우 훌륭하다. 이렇게 문제점을 잘 이해시키면 '솔루션'으로의 흐름도 훨씬 매끄러워진다. 하지만 여기에도 복병이 있으니, 바로 '발표 시간'이다.

보통 IR 피칭의 시간은 '5분 가량의 발표'와 '비슷한 시간의 질의응답'으로 구성된다. 그런데 IR 피칭에는 '문제점'만 있지 않다. '솔루션'을 비롯해 '시장 분석', '마케팅 방안', '경쟁사 소개', '팀 구성' 등 다양한 순서가 존재한다.

이렇게 문제점 하나에 많은 시간을 할애하면 자연스레 뒷부분을 덜 다룰 수밖에 없게 된다. IR 피칭에서 가장 중요한 부분은 '문제점'이 아닌 '시장성'과 '팀 역량'인데도 말이다.

이런 경우 대표들은 시간에 쫓기듯 뒷부분을 래퍼처럼 아주 빠르게 말하다가 사회자에게 시간이 끝났음을 알리는 멘트를 듣고 반강제적으로 발표를 끝내게 된다(솔직히 이 정도로 빠르게 말하면 잘 들리지도 않는다). 이런 모습은 심사위원들에게 발표 준비를 덜 했다는 인상도 주게 된다. 연습하면서 시간 체크만 했더라도 충분히 피할 수 있는 부분인데, 생각보다 많은 대표가 이와 같은 실수를 범하고 있다.

문제점의 내용을 장황하게 구성하는 경우

시간에 대한 말이 아니다. 문제 상황이 여러 개일 때 이를 이해하기 쉽게 제시하는 것이 아니라 그대로 장황하게 말하는 경우다. 그래도 심사위원들이 문제 상황을 친숙하게 느끼면 이를 어렵지 않게 이해할 수 있다. 하지만 대부분의 심사위원들은 잘 모르거나 간단하지 않은 문제 상황을 접한다. 때문에 명료한 설명을 원한다.

잘 정리되지 않은, 중구난방으로 내용이 산만한 문제점을 듣게 되면 발표의 첫 부분임에도 벌써 머리가 복잡해진다. '그래서 결국 핵심적인 문제점이 뭐지?'라고 생각하며, 이 복잡한 문제 상황을 대표가 요약해 주기를 내심 바라게 된다. 하지만 그러한 부분 없이 문제점 소개가 끝나버리면 결국 '뭣이 중한지' 100% 정확히는 모르는 채로, 이를 해결한다는 아이템과 그 뒤의 순서들을 만나버린다.

첫 단추를 잘 끼워야 다음 단추들도 잘 끼울 수 있다. 마찬가지로 대표들이 문제점을 심사위원들에게 정확히 이해시켜야, 솔루션과 그 뒷부분도 이해시킬 수 있는 것이다.

요약하자면, 대표가 IR 피칭의 '첫 단추'가 되는 문제점을 어떻게 구성하는지에 따라 듣는 이의 전체적인 IR 피칭 이해도가 크게 좌우된다. 이해하지 못하는 IR 피칭을 듣고 투자나 지원을 하기는 힘들다는 것은 자명하다. 다행인 것은, 위에 언급한 3가지 경우만 피해도 크게 걱정할 필요가 없다는 사실이다.

그럼 어떻게 문제점을 잘 어필할 수 있는지, 더불어 성공적인 IR 피칭 발표의 디딤돌을 든든히 다질 수 있는지 차례대로 다뤄보도록 하겠다.

2. 문제점을 효과적으로 드러내는 방법들

자료를 활용해 문제 상황이 얼마나 심각한지 드러낸다

학창 시절 경제 원리를 배우기 시작할 때 맨 처음으로 배우는 것이 '수요와 공급의 법칙'이다. 한 문장으로 말하면 '수요가 있어야 공급이 있다'라는 것이다. 수요와 공급의 위치는 문장에서 서로 바뀌지 않는다. 딱히 수요도 없는데 특정한 아이템을 만들어 공급하려는 판매자는 굳이 돈 벌 생각이 없는 것이라고 봐도 무방하다. 그리고 이 수요가 크면 클수록, 사람들의 수요가 절실하면 절실할수록 공급 역시 커질 수밖에 없다.

IR 피칭에서도 이 '수요가 크고 절실함'을 설명해야 한다. 바꿔 말하면, '문제의 심각성'을 드러내야 한다.[2]

---

2) 최성엽, 2018, 투자자를 사로 잡는 피칭의 비밀(Start up, How to pitch?), 퍼스트클래스

그리고 이는 자연스럽게 '공급'에 해당하는 해당 아이템에 존재 이유를 부여한다. 더불어 기존에 나온 경쟁사들의 아이템들이 있다면, 기존 솔루션들이 이 문제를 제대로 해결하지 못하고 있는 점도 함께 언급해야 한다. 기존의 아이템들이 문제 상황을 잘 해결하고 있다면 굳이 대표의 아이템이 시장에 필요하겠는가?

이 심각성은 '근거 자료'를 통해 더 뚜렷해질 수 있다. 보통 '뉴스 기사'나 '통계 자료'가 근거 자료로 활발히 사용된다. 극소수만 겪고 있는 문제라면 그만큼 시장성과 심각성이 없을 수 있다. 하지만 뉴스에 언급됐다는 것은 그만큼 많은 사람이 해당 문제로 불편함을 겪고 있다는 것을 증명한다. 발표 스크린과 떨어져 있는 심사위원들과 청중도 보기 쉽게, 기사의 타이틀과 핵심 키워드 또는 기타 중요한 부분 위주로 가독성 있게 PPT를 구성한다.

더불어 많은 사람이 해당 문제를 겪고 있다는 통계 자료도 훌륭한 근거 자료가 된다.[3]

만약 마음에 드는 자료가 없다면 직접 설문조사를 시도해볼 수도 있다. 이때는 당연히 가능한 많은 사람에게 할수록 자료의 신뢰도가 높아진다. 물론 성별, 연령 등 해당 아이템의 타겟이 되는 사람들이 그 문제로 불편해하고 있다는 결론이 나와야 한다. 그리고 이렇게 '뉴스 기사'와 '통계 자료'를 사용할 때 출처를 꼭 표기해야 함도 잊지 않는다.

간혹 제시한 문제점이 진짜로 심각하지 않은 경우를 발견하는 경우

---

3) 최성엽, 2018, 투자자를 사로 잡는 피칭의 비밀(Start up, How to pitch?), 퍼스트클래스

도 있다. 대표가 그렇게 느낀다면 심사위원들은 더 그렇게 생각할 것이다. 그렇다면 선택은 대표의 몫이다. 흔한 해결책은 피보팅(Pivoting)이다. 아이템을 바꿔(바꾸는 정도는 천차만별이다) 심각한 문제 상황을 제대로 겨냥하는 것이다. 또는 아이템은 그대로 유지한 채 현 상황에서 심각한 문제점을 추가로 발견하려고 노력하는 것인데, 만약 발견하지 못하면 어쩔 수 없다.

오프닝에서 문제점, 솔루션까지의 시간 배정

"주어진 시간 안에, 아니 한 시간이나 하루를 써도 원하시는 걸 다 발표할 수 없으십니다."

IR 피칭을 컨설팅할 때 대표들에게 자주 드리는 말이다. 그렇다. 문제점부터 길게 발표하는 대표들의 공통점은 해당 부분을 간과하고 있다는 점이다. 사실 간과한다기보다는, 머리로는 알아도 시간이 부족하다는 답답함이 이를 앞섰다는 게 맞을 것이다. 하지만 어쩔 것인가? 이러한 답답함이 IR 피칭의 균형을 무너뜨리는 것보다는, 대표들이 사실을 받아들이는 게 훨씬 낫다.

개인적으로 IR 피칭은 '티저 영상'과 같다고 생각한다. 핵심적인 내용을 추려 담은 발표로 심사위원들의 흥미와 관심을 불러들여 Q&A에서 즐거운 핑퐁(?)이 진행되게 하고, 이를 바탕으로 나중에 또 다른 긴밀한 대화가 이뤄지게 하는 '디딤돌'과 같은 시간이라고 보고 있다.

이렇게 이해하고 있으면 문제점의 분량을 조절하는 것이 훨씬 쉬울 것이다. 우선 IR 피칭의 내용을 완성한다. 그리고 한번 발표해 보면서 각 순서와 전체 시간이 얼마나 나오는지 파악한다. '전체 시간은 마무리 시간보다 2, 30초 가량 적게 나오도록', '오프닝-문제점-솔루션의 시간은 전체의 절반을 넘지 않게' 조절한다. 만약 발표 시간이 5분이라면, 발표가 끝났을 때의 시간은 4분 3, 40초가 나오고 이에 맞춰 솔루션까지는 2분 20초 정도가 나오게 한다.

기존에 문제점의 내용이 많았다면 그만큼 시간을 조절하는 과정에서 분량을 줄일 수밖에 없다. 이때 핵심적인, 뼈대가 되는 부분 위주로 추려 PPT에 담는다. 만약 그래도 빼기 아쉬운 부분이 있다면 참고자료로 만들어 맨 뒤 APPENDIX에 넣어둔다.

또한 발표 때 살을 붙여 말하면서 애써 줄여놓은 분량을 늘리지 않도록, 정해놓은 시간만큼 말하는 연습을 꼭 해야 한다. 오히려 군더더기를 뺀 핵심만 말하는 것이 듣는 이들을 이해시키는 데 더 좋다.

시간 조절 팁을 말하자면, IR 피칭 시 두 군데 정도 마무리 시간을 외워놓는다. 예를 들어 발표가 5분이라면, 타이머를 기준으로 '솔루션'까지는 '2:40', '경쟁사 비교'까지는 '1:00' 이렇게 정해놓는다. 대부분 발표자가 보는 쪽에 타이머가 있는데, 이를 보면서 외워놓은 시간과 맞춰보는 것이다. 그렇게 하면 연습했던 것보다 빠르게 또는 느리게 말할 경우, 말을 덧붙이거나 속도를 올리면서 시간을 조절할 수 있다.

문제점이 많다면 이를 마지막 장표에 요약하라

'3줄 요약 좀'.

인터넷에서 이러저러한 콘텐츠들을 보다 보면 댓글란에서 심심찮게 볼 수 있는 말이다. 콘텐츠의 내용이 길고 복잡하니 누군가 3줄로 요약해서 이해할 수 있도록 해달라는 뜻이다. 그리고 그 댓글로부터 더 밑으로 내려가면 어느 마음 따뜻한 유저가 콘텐츠의 내용을 3줄로 요약해놓은 것을 종종 볼 수 있었다. 그래서 나는 복잡한 콘텐츠를 읽기 귀찮을 때, 콘텐츠의 작성자 또는 어느 유저가 '3줄 요약'해놓은 부분을 찾아 나서기도 한다.

만약 IR 피칭에서 문제점의 내용이 장황하다면, 최대한 정리하고 정리하는 것이 정답인 것은 다 알 것이다. 그러나 충분히 그렇게 했음에도 처음 듣는 사람에게는 여전히 내용이 복잡할 수 있다. 그럴 때는 문제점의 마지막 장표에 '3줄 요약'처럼, 앞의 내용들을 한눈에 알기 쉽게 요약해서 보여줘야 한다. 앞부분을 보지 않고 해당 장표만 봐도 문제점이 무엇인지 바로 이해할 수 있을 정도로 해야 한다.

크게 두 가지 방법이 있다.

먼저 결론만 몇 가지로 뽑아내는 것이다. 우선 문제점들을 설명한 뒤, 마지막 장표에 결론들을 각각 한 문장 정도로 정리해 제시한다. 너무 많으면 요약하는 의미가 없으니 아무리 많이 쓰고 싶어도 5가지는 넘지 않도록 하는 것이 좋다. 결론이 되는 부분만 추려 쓰기보다는 문제점을 총체적으로 한 번에 보여주고 싶다면 두 번째 방법을 사용한다.

두 번째는 문제점들을 도식화해, 역시 마지막 장표에 한 번에 드러내는 방법이다. 앞선 방법에서는 최종 결론들만 제시했다면, 여기서는 그 결론들이 나오기까지의 흐름도 같이 표현한다.

다만 이 방법에서는 도식에 들어가는 내용들을 키워드로 써야 한다. 만약 문장으로 쓰게 되면 PPT에 내용이 과해져 가독성과 전달력이 크게 떨어진다. 또 그렇게 하면 한 장에 넣을 수도 없을 것이다. 문장이 아닌 키워드로 구성해야 한다.

이렇게 IR 피칭을 준비하면서 한 장에 최종 결론을 제시하거나 흐름을 도식화해 담으면, 앞의 내용들도 더 핵심적으로 다시 한번 정리할 수 있게 된다.

위에서 언급했듯 심사위원들이 문제점을 잘 파악하지 못하면 이를 해결하는 아이템과 그 아이템의 시장성도 자연스레 이해하기 힘들어진다. 문제점에서의 의문이 뒷 순서에서도 내내 이어지며 심사위원들의 이해와 공감을 방해하는 것이다.

대부분의 IR 피칭은 사업계획서를 발표하듯 해서는 안 된다. 그럴 만한 시간도 없고 그런 자리도 아니다. 나중을 위한 '티저 영상' 또는 '디딤돌'이라고 생각한다. 사업계획서에서는 문제점을 상세하게 다루더라도 IR 피칭에서만큼은 핵심적으로 간결하게 제시해야 한다. 이는 다른 카테고리에서도 마찬가지다. 처음에는 쉽지 않더라도 앞부분부터 내용들을 잘 정리하다 보면 전체적인 완성도가 크게 올라갈 것이다.

이렇게 IR 피칭에서 문제점을 구성할 때 자주 저지르는 3가지 실수와 그 해결책을 알아보았다. 대부분 '내용이 없어서'가 아니라 '내용이 많아서' 발생하는 경우이기에, 위의 방법대로만 한다면 문제점을 어필하는 데 큰 문제는 없을 것이다.

항상 '심사위원들이 이 내용을 잘 이해할 수 있을지'를 생각하면서 내용을 구성하도록 한다.

이제 '문제점'에서 생각해볼 수 있는 또 다른 것들을 다뤄보고자 한다.

'이야기'도 문제점을 효과적으로 어필하는 도구다

"옛날 옛적에 어느 마을에 한 남매가 살았는데~."

어렸을 적 우리가 좋아하던 콘텐츠는 문어체의 딱딱한 내용보다는 '해와 달이 된 오누이', '콩쥐팥쥐', '흥부와 놀부' 등 사람이 등장하는 이야기였다. 이후 성장해가면서 좀 더 다양한 형태의 콘텐츠들을 읽게 됐다. 하지만 사람들은 여전히, 본능적으로 이야기를 더 좋아한다. 그리고 같은 내용도 설명으로 들을 때보다 이야기로 들으면 훨씬 더 공감한다.

이러한 이야기의 장점을 살려, IR 피칭에서 문제점을 말할 때도 적용할 수 있다. 분량이 허락하고 발표의 흐름과 잘 맞다면, 해당 문제를 겪고 있는 사람을 등장시켜 그가 겪는 불편함을 자세하게 설명하는 이야기 형식으로 발표하는 것이다.[4] 이렇게 하면 듣는 이들로 하여금 좀 더 그 문제를 체감하고 불편함에 동조하도록 만들 수 있다. 문제를 겪은 사람의 이야기를 구체적으로 듣는데, 관심이 생기는 것은 당연하지 않을까?

문제를 겪은 사람은 대표 본인일 수도, 대표의 지인일 수도 있다. 또

---

4) 최성엽, 2018, 투자자를 사로 잡는 피칭의 비밀(Start up, How to pitch?), 퍼스트클래스

는 제3자를 등장시킬 수도 있다.[5] 중요한 것은 아이템이 타겟으로 삼은 대상에 속해야 한다는 것이다. 그렇지 않으면 의미가 없다.

또 이야기는 최대한 현실적이고 진솔하게 해야 한다. 꾸며낸 듯한 이야기는 안 하느니만 못하다. 심사위원들은 소설을 읽고 싶은 것이 아니라, 다큐를 보고 싶어 한다고 생각하면 된다.

예전에 한 행사에서 특정 장애를 가진 아이들을 위한 아이템을 만든 한 스타트업 대표의 스피치를 들은 적이 있다. 그 대표가 해당 아이템을 만든 이유는 바로, 본인의 자녀가 그런 장애를 갖고 있기 때문이었다. 한 아이의 어머니이기에 더 잘 알 수밖에 없는 사실을 이야기로 진솔하게 들으니, 안타까운 마음과 함께 자연스레 해당 문제를 더 잘 이해할 수 있었다. 더 나아가 그 아이템이 필요한 이유도 깊이 공감하게 됐다.

이처럼 이야기가 가진 힘은 참 크다. 이야기는 문제점에서 필수 요소는 아니다. 하지만 이야기를 첨가함으로써 문제의 심각성을 심사위원들에게 더 잘 이해시킬 수 있다면 사용해도 좋다. 첫인상이 중요하듯, IR 피칭의 앞부분에 나오는 문제점을 이야기로 풀어 듣는 이들의 흥미를 유발시킨다면, 뒤에 나오는 내용들도 더 기억에 남게 될 가능성이 크다.

문제점이 오프닝 후 바로 나와야만 하는지 묻는다면

---

5) 드리머스피치커뮤니케이션, 2020, 스토리로 채우고 스피치로 승부하라, 산지

앞에서도 말했듯, 보통 대표가 오프닝으로 아이템과 회사명, 대표의 이름을 언급한 후 문제점을 말하게 된다. 그런데 꼭 맨 앞에 문제점이 나와야 하는지를 묻는 질문을 종종 듣는다. 그때 나의 답변은 이렇다.

"IR 피칭 구성에 정답은 없습니다. 아이템에 맞게끔 순서를 조정하세요."

실제로 아이템과 관련한 대표의 경력이 어마무시한 경우, 먼저 대표에 대해 소개하는 경우가 아주 많다. 또 회사가 사람들이 잘 모르는 특수한 일을 하는 경우, 이를 심사위원들에게 먼저 잘 이해시키는 것이 필수라고 여겨 회사 소개를 간략하게 먼저 하는 스타트업들도 있다.

통상적인 IR 피칭의 흐름이 존재하는 것이지, 꼭 어떤 순서대로 해야 한다는 것이 정해져 있지는 않다. 여러 스타트업이 하는 IR 피칭 영상을 찾아보면 대부분 작은 차이만 있을 뿐 흐름은 거의 비슷한 것을 볼 수 있다.

하지만 나는 그 뒤에 꼭 덧붙인다.

"IR 피칭에서 가장 중요한 것은 시장성과 팀인데, 이를 언급하기 위해서는 당연히 아이템에 대해 설명해야 합니다. 그리고 그 아이템이 등장할 수밖에 없는 이유도 나와야 하는데, 그러려면 그 전에 문제점을 말해야 하겠죠? 문제점 없이 뒤의 흐름이 나올 수 있나요?"

이렇게 말씀드리면 거의 모두 동의를 표한다.

컨설팅을 하다가 이런 경우도 만나본 적이 있다. 해당 대표님은 아이템을 가장 먼저 자랑스럽게 어필하고 싶었는지, 오프닝을 한 후 바로 아이템을 간략하게 설명하고 그 뒤에 문제점을 말씀하셨다. 그리고 다시 아이템에 대한 상세 설명을 이어가는 모습을 볼 수 있었다. '아이템 간략 소개-문제점 어필-아이템 다시 살짝 언급 및 상세 소개'의 흐름이었다.

해당 순서가 틀렸다고 말하는 것이 아니다. 앞서 언급했던 것처럼 IR 피칭 순서에 정답은 없다. 하지만 이렇게 되면 뒷부분에서 다시 아이템에 대해 설명하느라 불필요한 시간이 소요된다.

IR 피칭 시간은 1분 1초가 소중하다. 만약 앞에서 말한 부분을 다루지 않고 그다음 내용부터 설명한다 해도, 문제점을 사이에 두고 아이템의 내용이 나뉘어 있으니 전달력이 떨어진다. 심사위원들이 앞에서 들었던 아이템에 대한 내용을 잘 기억하지 못할 수도 있다.

선택은 각자의 몫이다. 하지만 최대한 효율적으로 하는 게 좋다는 생각이다.

3. '문제점'이 이제는 '해결책'이 되길 바라며

IR 피칭 자리에서는 스타트업 한 곳만 발표하지 않는다. 여러 스타트업이 각각의 발표를 선보인다. 나도 사회자로서 발표자 가장 가까이서 모든 발표를 심혈을 기울여 경청한다. 여러 발표들 중에서 가장 귀에 쏙쏙 들어오는 발표는 문제점부터 이해하기 쉽게 설명하는 발표이다. 솔직히 그렇지 않은 다른 발표들보다 더 집중하기 쉬움을 부정할 수 없다.

　이 집중의 부분에서는 심사위원들도 나와 크게 다르지 않을 것이라고 생각한다. 때문에 이 글을 읽는 모든 분은 '문제점'의 중요성을 간과하지 않길 바란다. 이렇게 '핵심적이고도 간결하게 정리한 문제점'은 그 위에서 다른 것들이 잘 진행될 수 있게 하는 든든한 토대가 된다.

　말할 때도 긴장해서 이 문제점 부분부터 말을 빠르게 하면 뒤의 내용들도 비슷한 속도로 말하게 된다. 발표 전에 오프닝부터 문제점까지 원하는 속도로 말하는 연습을 해보길 추천한다.

　'문제점'은 IR 피칭의 포문을 여는, 첫인상과 같은 부분이다. 지금까지 읽은 내용을 참고해서 이 문제점을 구성하면 걱정할 필요가 없다고 말하고 싶다. 시간과 노력을 조금만 들인다면 어렵지 않게 풀어나갈 수 있다. 지금까지 말씀드린 내용을 토대로 IR 피칭의 '문제점'이, 읽는 분들 모두에게 '문제'가 아닌 발표를 멋지게 만들어주는 든든한 '해결책'이 되기를 기대해본다.

07. 인사이트 있는 문제점 표현 _145

실전 스피치의 핵심을 전달하는

김태리

- 스피치교육 회사 정말아카데미 대표이사
- IR 피칭 컨설팅 강사
- 청년창업사관학교, 서울 신사업창업사관학교 등 IR 피칭 멘토
- 한국 농업기술진흥원 농업 공공기술 혁신 아이디어 경진대회 IR 피칭 컨설팅
- 하남시벤처센터 투자 역량 강화 프로그램 IR 피칭 컨설팅
- 라이브 커머스 500회 이상 진행
- 정부 지자체 행사 100건 이상 진행
- 스피치지도사, 프레젠테이션스피치, 이미지메이킹스피치 자격증 보유

08

임팩트 있는
솔루션 파트 만들기

우리의 솔루션 기술 소개

어떤 발표든 시작이 중요하다. 그래서 오프닝으로 어떤 멘트를 쓰느냐는 매우 큰 화두가 되기도 한다. IR 피칭도 마찬가지이다. 표지에서부터 문제점을 이야기하는 부분은 오프닝 파트에 해당한다. 이 파트에서는 청중들의 관심을 유발하면서 앞으로의 내용을 시사한다. 따라서 오프닝에서 다뤄지는 내용들은 IR 피칭의 전체적인 분위기를 잡는 역할을 한다.

이렇게 사람들의 관심을 끌고 난 그다음은 무엇을 소개할 것인가? 바로 '본론'이다.

사실 오프닝으로 청중의 관심을 집중시키는 가장 큰 목적도 본론을 잘 설명하기 위해서다. OBC, 즉 '오프닝(Opening)-바디(Body)-클로징(Closing)'으로 이뤄진 3단 구성으로 본다면 오프닝 다음은 본격적인 본론의 이야기가 나온다. 본론에서는 앞서 다뤄진 오프닝의 이야기를 개연성 있게 가져가면서 동시에 가장 중요한 메시지를 전달하는 단계이다.

IR 피칭에서 본론으로 들어가는 첫 번째 문은 바로 솔루션 소개이다. 앞서 문제점을 통해 도출한 인사이트를 기반으로 '그래서 나는 이런 솔루션을 생각했다'라고 결론을 말해주는 부분이자, 투자받고자 하는 사업 아이템을 처음 소개하는 부분이다. 말 그대로 '본격적으로' 나의 사업을 소개하는 부분이기에 IR 피칭의 전체 여정에서 솔루션 소개는 매우 중요하다.

1. 솔루션 파트 완벽 이해하기

IR 피칭에서 사업 아이템을 솔루션이라고 표현하는 이유

본격적인 설명에 앞서, '솔루션'이라는 개념부터 정리해보고자 한다. IR 피칭에서 사업을 소개하는 부분을 통상 '솔루션(Solution)'이라고 이야기한다. 솔루션은 직역하면 해결책이다. 해결책의 사전적 정의는 '어떠한 일이나 문제 따위를 해결하기 위한 방책'이다.

그러면 왜 IR 피칭에서는 사업 아이템을 '솔루션'이라고 표현하는 것일까?

그 이유를 알기 위해서는 먼저, IR 피칭을 듣는 청중이 누구인지부터 생각해야 한다. IR 피칭을 하는 자리는 기본적으로 투자를 전제로 하고 있다는 것을 꼭 잊지 말자.

IR 피칭의 기본 목표는 성공적인 투자 유치이다. 따라서 IR 피칭의 청중은 일반 대중이나 고객이 아닌 '투자자'이다. 그러니 발표 방향 또한 투자자의 시선에 맞춰 설계되어야 한다. 당연하게도 투자자들은 발표 기업이 투자할 만한 가치가 있는지에 집중하는데, 그 판단 기준은 결국 해당 기업이 시장에서 어떤 가치를 지닐 수 있는가에 달려 있다.

시장 가치는 여러 요소에 따라 평가될 수 있지만, IR 피칭에서는 기업이 어떤 문제를 해결하고자 하는지를 핵심 기준으로 삼는다. 이는 그 해결책이 속한 시장 또는 사회에서 어떤 역할을 할 수 있을지를 중시한다는 의미다.

발표 기업이 제시한 해결책이 고객에게 어떤 실질적인 이익을 줄 수 있는지, 더 나아가 사회 전반에 긍정적인 영향을 미칠 수 있는지도 투자자들은 함께 고려한다. 많은 사람이 공감할 수 있는 문제를 해결하거나 사회적으로 의미 있는 이슈에 대응하는 사업일수록 시장에서의 평가는 높아진다.

결국 IR 피칭에서 소개되는 사업은 특정 문제에 대한 '해결책'을 제시하는 것이다. 이는 단순히 제품이나 서비스의 기능을 설명하는 데 그치지 않고, 누군가에게 반드시 필요한 가치를 제공한다는 점을 어필하는 과정이다. 기업이 제시한 문제에 공감하는 고객층이 존재하고, 그들에게 솔루션이 충분히 매력적으로 다가갈 수 있음을 입증하는 것이 곧 시장성을 증명하는 일이 된다.

그래서 IR 피칭에서 말하는 '솔루션'은 고객이나 시장이 직면한 문제를 실제로 해결할 수 있는 실행 가능한 대안이며, 동시에 그 자체로 하나의 사업 아이템이 된다.

솔루션 다시 한번 점검하기

앞서 말한 대로 IR 피칭에서 솔루션은 서두에 제시한 문제점을 어떤 방식으로 해결할 것인지를 소개하며 투자자들에게 선보이는 나의 사업 아이템이다. 아무리 의미 있는 문제를 인식했다고 해도, 해결책으로 제시한 사업 아이템이 설득력이 떨어진다면 그 가치를 인정받기는 힘들 것이다. 따라서 솔루션 파트에서 제시할 나의 사업 아이템이 얼마나 설득력이 있는지에 대해 반드시 점검이 필요하다.

1] 문제와 솔루션의 필연성

솔루션의 시작은 문제 제기이다. 문제 제기에서는 내가 어떤 것을 문제로 바라보았는지, 그리고 그 문제가 어떤 시장을 형성할 수 있는지에 대해서 명확한 파악이 필요하다. 얼마나 인사이트 있는 문제를 도출했느냐는 IR 피칭에서 가장 중요한 시작이고 출발이다. 하지만 이건 출발에 불과하다. 출발하고 난 다음, 우리는 솔루션을 통해 어디로 어떻게 갈 것인가를 설명해야 한다.

아픈 증상으로 병원에 찾아온 환자가 있다고 해보자. 의사는 이 환자를 살펴보고 증상의 원인을 도출해낸다. 그리고 그에 맞는 치료법을 처방한다. 이를 IR 피칭에서 문제와 솔루션에 비유하자면, 환자는 '문제'가 되고 의사는 '기업'이며, 의사가 처방한 치료법이 바로 '솔루션'이다. 아픈 증상에 대한 명확한 원인을 찾아냈다고 해도 그 증상을 해결하는 맞춤형 치료법이 있어야만 병을 고칠 수 있다.

예를 들어 두통으로 고통받고 있는 환자에게 해열제를 처방하는 것은 올바른 치료법이 아니다. 문제와 솔루션의 관계도 그러하다. 제시한 문제에 얼마나 적합한 해결책을 고안했는지를 살펴보아야 한다. 문제를 명확하게 정의하고, 이를 해결하기 위해 솔루션이 필연적임을 보여주는 것이 중요하다.

문제와 솔루션의 필연성을 점검할 때 아래 3가지를 확인해볼 것을 추천한다.

- 문제의 원인이 정확하게 무엇인가
- 나의 솔루션이 그 원인을 해결할 수 있는가
- 사람들에게 이 솔루션이 필요할 것인가

위의 세 가지 질문에 명쾌하게 대답할 수 있다면 이는 필연적인 솔루션이므로 가치 있는 사업 아이템이다. 만약 질문에 대한 답변이 모호하게 느껴진다면, 문제 정의가 너무 광범위하진 않은지 또는 솔루션이 실현 가능성이 떨어지거나 사람들이 사용하기에 필요성을 못 느끼는 것은 아닌지 다시 점검이 필요하다.

예를 들어, 누군가 '현대인들이 스트레스를 많이 받는다'는 것을 문제로 제시하며 스트레스 완화를 돕는 여러 기능이 담긴 애플리케이션을 만들었다고 가정해 보자. 그렇다면 솔루션은 '스트레스를 줄이는 앱'이 될 것이다. 이는 정말 좋은 솔루션으로 가치 있는 사업 아이템으로 볼 수 있을까? 3가지 체크 포인트로 확인해 보자.

1) 문제의 원인이 정확하게 무엇인가

현대인들이 스트레스를 많이 받는 원인이 무엇인지 구체적으로 살펴보아야 한다. 스트레스를 줄여야 한다는 문제 정의가 너무 광범위하여서 특정 고객을 위한 솔루션이라고 생각하기 어렵다.

2) 나의 솔루션이 그 원인을 해결할 수 있는가

스트레스를 줄이는 기능이 있는 애플리케이션으로 현대인들의 스트레스가 정말 줄어들 수 있을까? 지금 현대인들이 스트레스를 많이 받는 이유가 단순하게 애플리케이션이 없기 때문은 아닐 것이다. 따라서 스트레스 완화 앱이 문제를 정말 해결할 수 있는 해결책이라고 보기 힘들다.

3) 사람들에게 이 솔루션이 필요할 것인가

정말 스트레스 관리의 필요성을 느끼는 사람이라고 해도, 이 앱을 써야 하는 이유가 필요하다. 기존의 다른 스트레스 관리 방법보다 더욱 효과적인 방법이라는 점에서 흥미를 주지 않는다면 해당 솔루션은 시장 가치가 있다고 보기 힘들다.

이렇듯 지속적으로 문제와 솔루션의 필연성을 점검해 보며 솔루션 파트의 완성도를 높여가는 것이 필요하다. 단순히 IR 피칭 준비만을 위해서가 아니라, 실현 가능성이 높은 시장 가치가 있는 사업 아이템을 만들어나가기 위해서도 꼭 필요한 과정이다.

2] 문장 한 줄로 소개해 보기

투자자들 앞에서 소개하고 싶은 지금의 솔루션이 나오기까지 아마도 수많은 낮과 밤을 고민하고 또 고민했을 것이다. 마치 수학 문제를 풀 때처럼 이런 공식을 활용해 볼까 또는 저런 공식을 대입해 볼까, 아니면 아예 새로운 관점으로 바라봐 볼까, 정말 치열한 생각들이 있었을 것이라 짐작한다.

수학 문제의 정답을 도출해내기까지 여러 줄의 풀이가 필요한 것처럼 나만의 솔루션을 찾기 위해서는 매우 여러 생각이 필요하다. 하지만 여기서도 명심해야 할 부분이 있다.

우리가 채점을 받는 것은 대부분 정답이지 풀이가 아니다. 물론, 풀이 과정에서 인정을 받는 일들이 있긴 해도 중요한 것은 정답이다. IR 피칭에서 솔루션도 그러하다.

창업자로서 문제를 해결하기 위해 고민했던 시간과 여러 생각을 모두 솔루션 파트에서 설명하고 싶은 마음이 클 수밖에 없다. 솔루션이라는 결론이 도출되기까지의 과정을 자세히 설명해야 설득력이 높아질 것이라고 기대하기 때문이다.

하지만 사업을 처음 소개받는 사람의 입장에서 이런 긴 이야기는 오히려 집중력이 떨어질 뿐이다. IR 피칭을 하는 짧은 순간에 창업자가 걸어온 길고 오랜 이야기를 공감하기는 쉽지 않다. 짧고 간결할수록 더욱 쉽게 이해하고 공감할 수 있다.

솔루션을 간단히 표현하고 싶지만 어려움을 겪고 있다면, 다른 기업들의 솔루션 소개 방법을 찾아 보는 것도 많은 도움이 된다. 일례로 창업진흥원은 구글 플레이와 함께 국내 앱&게임 부문 스타트업 육성 프로그램 '창구 프로그램'을 진행하며 데모데이를 개최한다. 유튜브 채널 'EO'에서는 2021년도 창구 데모데이에서 우수 팀으로 선정된 기업

들의 IR 피칭을 엿볼 수 있는 영상을 소개한다.[6]

여기에 나와 있는 기업 소개들을 보면 솔루션을 한마디로 표현하는 노하우에 대해 공부하기 좋다.

대표적으로 2021년 구글 올해를 빛낸 앱, 2022년 앱스토어 오늘의 앱에 선정된 '캐치테이블'을 선보인 기업 '와드'도 해당 영상에서 찾아볼 수 있다. 와드는 캐치테이블이라는 솔루션을 소개하며 아래와 같이 설명한다.[7]

실시간 레스토랑 예약 플랫폼, [캐치테이블]
즐거운 미식의 시작! B2B 솔루션과 B2C 앱을 통한 레스토랑 예약 서비스

식사 약속을 위해 레스토랑을 예약하며 겪었던 불편함을 해결하기 위해 한눈에 레스토랑 정보를 확인하고 예약까지 할 수 있는 솔루션을 개발했다. 이를 간결하게 '실시간 레스토랑 예약 플랫폼'으로 소개하며 식당을 상대로 하는 B2B 솔루션과 예약을 원하는 소비자를 위한 B2C 앱을 설명한다.

이미 '실시간 레스토랑 예약 플랫폼'이라는 한 줄로 캐치테이블이 어떤 솔루션인지 명확하게 설명할 수 있으므로 그 후에 설명하는 여러 요

---

6) EO, 2021-12-09, 가장 치열한 스타트업 지원 사업 '창구 프로그램' 우수팀들 IR 피칭, https://www.youtube.com/watch?v=D1KfkmgUh-w
7) 구글플레이, 캐치테이블 앱 소개, https://play.google.com/store/apps/etails?id=co.kr.catchtable.android.catchtable_app&hl=ko&pli=1

소가 쉽게 이해된다.

또 하나의 예로, 중소벤처기업부의 기술 창업 지원 프로그램 팁스 (TIPS)에도 선정[8]이 된 기업 '제제미미'가 선보이는 '쑥쑥찰칵'이라는 앱 소개이다.[9]

영유아 미디어데이터 기반 성장 기록 플랫폼, [쑥쑥찰칵]
쑥쑥 크는 아기의 매일을 담는 육아 필수앱

위 설명만 보아도 '쑥쑥찰칵'이 어떤 앱인지 바로 감이 올 것이다. 매일 찍는 아기 사진이나 동영상을 개월 별, 일자 별로 자동 정리해주는 앱이다. 더불어 이를 활용하여 각종 성장 영상을 제작하거나 가족에게 실시간으로 공유해 주는 등 부모들의 휴대폰에 넘쳐나는 아이 관련 미디어 데이터를 간편하게 활용할 수 있도록 해결해주는 솔루션이다. 간결한 앱 소개만큼 직관적이고 쉬운 사용법으로 누적 가입자 수 60만 명을 돌파하며 많은 아이 부모들에게 사랑을 받고 있다.

이처럼 솔루션은 나의 사업 아이템의 전체적인 콘셉트를 잘 나타낼 수 있는 '문장 한 줄'로 설명해야 한다.

모든 부연 설명이 함께해야만 설득시킬 수 있는 솔루션이라면 다시 한번 점검이 필요하다. 지금은 투자자를 앞에 두고 설득하는 것이지만,

---

8) 플래텀(2022.04.12.) '육아 플랫폼 '쑥쑥찰칵' 운영사 제제미미, 팁스 프로그램 선정'. 플래텀 뉴스. https://platum.kr/archives/184124
9) 쑥쑥찰칵 공식 홈페이지 https://www.jejememe.com/

만일 실제 사업화가 된다면 아무 관심도 없을 일반 대중에게 나의 사업을 홍보해야 하는데, 오랜 시간 구구절절 나의 솔루션을 설득한다는 것은 불가능에 가깝기 때문이다.

15초 광고를 한다고 생각하고, 짧은 시간에 나의 사업을 이해시키려면 어떤 문장 한 줄로 표현할 수 있을까 고민해야 한다.

2. 솔루션을 임팩트 있게 설명하는 방법

요즘 고구마를 먹은 듯 답답한 상황 속에서 시원하고 통쾌한 말을 들었을 때 흔히 '사이다 발언'이라는 표현을 쓴다. 체하거나 속이 더부룩한 상태에서 사이다를 마실 때 톡 쏘는 탄산이 속을 뻥 뚫리게 해주는 듯한 느낌과 같다고 비유하는 것이다.

IR 피칭 솔루션은 오프닝에서 소개한 문제들을 속 시원하게 해결해주는 사이다 같은 역할을 해야 한다. 서두에서 언급한 문제들을 시원하게 사이다처럼 해결해주는 솔루션 아이템은 '높은 시장 가치를 지닌 해결책'이 되기 때문이다.

그렇다면 어떻게 해야 명쾌한 솔루션처럼 보일 수 있을까?

솔루션을 잘 보여주는 방법은 바로 탄산과 같이 터지는 '임팩트'를 주는 것이다. 지금부터 솔루션에 '임팩트'를 싣는 방법을 소개하려고 한다.

쉽게 만들기

먼저 가장 간단하고도 기본적인 방법이다. 바로 쉽게 만들기이다. 솔루션에 대해 강렬한 인상을 주려면 짧고 굵게, 듣는 사람으로 하여금 무릎을 탁 칠 수 있도록 이해시켜야 한다.

쉽게 말한다고 해서 무조건 어린아이에게 설명하듯이 말하라는 것이 아니다. 굳이 복잡하게 말할 필요 없다는 뜻이다. 그렇다면 쉽게 말하는 방법들에는 무엇이 있을까?

일상적인 언어들로 쉽게 이야기하는 것과 비유와 예시를 사용하는 것이다. IR 피칭은 결국 투자 유치를 목적으로 하는 사업 소개 발표이다. 여기서 포인트는 '발표'라는 점이다.

투자 목적에 초점이 맞춰지다 보면 때론 발표라는 것을 잊고 실무진 회의와 같이 이야기하는 경우가 있다. 하지만 많은 사람 앞에서 발표한다는 점을 다시 한번 상기하며, 발표 스피치의 기본을 떠올려야 한다.

발표 스피치의 기본은 '전달력'이다. 잘 전달하려면 역시나 청중이 들었을 때 이해하기 쉽도록 말해야 한다.

① 일상적 언어 활용

솔루션을 처음 소개할 때에는 최대한 단순하고 이해하기 쉬운 언어로 설명해야 청중들을 단숨에 이해시킬 수 있다. 아무리 복잡한 기술을 적용하는 솔루션이라고 할지라도 먼저 가장 간결한 설명을 통해 솔루션에 대한 전반적인 콘셉트를 전달하고, 이어서 기술 소개를 하는 것이 좋다.

예를 들면, 넷플릭스를 솔루션으로 소개한다고 해보자.

"넷플릭스는 온라인 스트리밍 플랫폼으로, 사용자 맞춤형 추천 알고리즘을 기반으로 콘텐츠를 추천하며 글로벌 콘텐츠 전송 네트워크(Global Content Delivery Network)를 활용하여 전 세계에서 빠르고 안정적인 스트리밍 환경을 제공합니다."

"넷플릭스는 전 세계 언제 어디서나 원하는 영화와 TV 프로그램을 스트리밍으로 즐길 수 있는 서비스입니다"

둘 중에 어떤 문장이 더 확 와 닿을 수 있을까?

왠지 IR 피칭이라고 하면 멋진 전문 용어로 솔루션을 설명해야 투자자들이 좋아할 것 같고, 기업이 가진 기술력과 전문성을 보여줄 수 있을 것 같은 생각이 든다. 하지만 전문 용어로 점철된 문장은 임팩트를 주기가 힘들다. 복잡하고, 길기 때문이다.

IR 피칭덱 서두에서 언급하는 문제를 속 시원하게 사이다처럼 날려 버리는 솔루션으로 임팩트를 주려면, 짧고 간결하되 빠르게 이해되는 문장일수록 효과적이다.

② **비유와 예시 사용**

솔루션은 대부분 사람들이 미처 생각하지 못했던 새로운 아이디어일 가능성이 높다. 하지만 아무리 세상에 없던 혁신적인 개념이라 할지라도 사람들을 쉽게 이해시키는 방법은 있다. 최대한 이미 사람들이 알고 있는 것을 빗대어 설명하는 것이다. 비유와 예시는 쉽게 설명할 수 있는 가장 효율적인 방법의 하나이다.

지금은 대한민국 국민이라면 누구나 한 번쯤은 들어봤을 법한 '배달의 민족'도 처음에 세상에 나왔을 때는 사람들에게 익숙하지 않은 새로운 패러다임이었다. 스마트폰으로 배달을 시킬 수 있다는 개념이 없었을 당시, 사람들에게 배달의 민족을 아래와 같이 설명했다면 어떻게 받아들였을까?

"'배달의 민족'은 사용자가 모바일 애플리케이션을 통해 인근 식당의 메뉴와 가격 정보를 확인하고 주문할 수 있는 온라인 음식 배달 플랫폼입니다. 이 서비스는 고객과 음식점 사이의 중개 역할을 하며, 실시간으로 주문 상황을 관리하고 결제를 처리하는 시스템을 제공합니다."

이러한 설명은 솔루션의 기능과 역할을 구체적으로 전달하는 아주 친절한 설명이지만, 직관적인 매력은 떨어진다. 사실 굉장히 쉬운 메커니즘임에도, 설명만 듣고는 복잡하고 어려워서 사람들이 잘 쓰지 않을 것 같다고 생각했을 것이다.

하지만 사람들에게 익숙한 것을 활용해 이렇게 비유한다면 어떨까?

"배달의 민족은 스마트폰 속의 배달책입니다."

앞서 구구절절 복잡하게 느껴졌던 솔루션이 갑자기 친근하고 명쾌하게 느껴진다. 배달책을 보고 전화로 주문을 걸던 모든 과정이 스마트폰 안으로 옮겨진 느낌이 든다. 이는 듣는 사람이 쉽게 이해하고 공감할 수 있도록 함으로 솔루션에 대해 긍정적인 인상을 준다.

익숙한 경험을 색다르게 제시하면 사람들은 자연스럽게 감탄하게 된다. 참신한 솔루션일수록 오히려 친근함이 필요하다. 완벽히 새로운 아이디어이기 때문에 더욱 자세한 설명이 필요하다고 느끼기보다는, 비유와 예시를 통해 쉽게 이해하고 공감할 수 있도록 설명하는 것이 솔루션을 훨씬 더 인상 깊게 전달하는 방법이다.

상상하게 하기

간단한 실험을 한 가지 해보려고 한다. 지금부터 묘사하는 집을 한 번 그려보자.

"평평한 땅에 집이 있다. 지붕은 약간 두껍고, 왼쪽에는 굴뚝이 있다. 정면에 출입문이 하나 있으며 그 오른쪽으로는 작은 창문이 있다. 창문에는 작은 받침대가 있다. 집 오른쪽에는 나무가 있다. 나무는 앙상한 가지로 되어 있다."

묘사한 집의 그림은 다음과 같다. 비슷하게 나왔는지 확인해 보자.

출처: Chat GPT

    이 실험은 의사전달의 오류를 보여주는 대표적인 실험으로, 사람들이 같은 정보를 받아도 개인의 경험이나 해석, 상상력에 따라서 결과물이 다르다는 것을 보여준다.

    때로 사람들이 왜 나의 아이디어를 알아주지 못할까, 왜 다들 이해하지 못하느냐는 생각이 든다. 하지만 이건 당연한 일이다. 내 머릿속에서 창의적으로 나온 아이디어는 순전히 나의 상상 안에만 있기 때문에 다른 사람들이 쉽게 이해하고 공감하기 어렵다. 그래서 아이디어를 설명할 때는 듣는 사람의 상상력까지도 자극해줘야 한다.

① 구체적인 시안 보여주기

    가장 구체적으로 상상력을 자극하며 청중에게 솔루션을 생생하게 전달하는 방법은 데모나 시연이다. 만약 솔루션이 프로토타입으로 나와 있다면 바로 보여주는 것이 최상책이며, 아직 아이디어 단계라면 간략하게라도 시안을 보여주는 것을 추천한다. 이렇게 하면 청중이 솔루션의 잠재력을 눈앞에서 직접 체감할 수 있어, 추상적 개념을 구체적 경험으로 바꿔주게 된다.

예를 들어 애플리케이션을 소개하는 경우라면 어떤 화면으로 구성되어 있고 어떤 버튼을 누르면 어떤 화면으로 연결되는지 등 소비자가 직접 사용할 흐름을 보여주는 것이다. 일반 상품의 경우라면, 상품의 시안뿐 아니라 소비자가 어떻게 사용하고 활용할 수 있는지 구체적으로 제안한다.

이렇게 솔루션을 시안으로 보여줄 때 중요한 점은 '사용자(소비자) 관점'에서 제시하는 것이다. 서비스나 제품을 설명할 때 소비자 관점에서 시연하게 되면 청중은 자연스럽게 사용 시나리오를 상상한다. 그 과정에서 솔루션이 문제를 어떻게 해결하는지 중점적으로 이해하게 되고, 솔루션의 가치를 더욱 쉽게 이해하고 공감할 수 있다.

아무리 솔루션을 말로 잘 설명한다고 해도, IR 피칭을 듣는 사람들은 해당 솔루션을 처음 접하는 경우가 대부분이다. 설명이 너무 추상적이거나 장황하다면, 청중은 잘못된 방향으로 상상할 가능성이 높다. 따라서 구체적인 시안과 시각적 자료를 활용해 솔루션의 모습을 정확히 전달하는 것이 효과적이다.

② **시각 자료 활용**

솔루션의 구체적인 형태를 효과적으로 보여주는 것은 매우 중요하다. 이를 위해 어떤 방식으로 표현하고 보여줄지에 대해 신중하게 고민해야 한다. 단순히 사진을 사용할지, 아니면 동영상 형식으로 솔루션이 실제 작동하는 모습을 보여줄지 등, 솔루션의 매력을 가장 잘 드러낼 수 있는 시각 자료를 선택하는 것이 핵심이다.

시각 자료는 단순한 설명 도구를 넘어 솔루션의 매력과 필요성을 깊이 각인시키는 강력한 수단이다. 따라서 시각 자료를 활용할 때는 솔루션의 핵심 가치를 가장 효과적으로 전달할 수 있는 형식을 고려해야 한다. 예를 들어, 특정 기능이나 사용 과정을 생동감 있게 보여주는 것이 중요하다고 생각한다면 동영상이나 애니메이션을 적극 활용하는 것이 솔루션 설명에 더 적합할 수 있다. 반대로, 솔루션의 특징을 간결하게 전달하고 싶다면 인포그래픽이나 다이어그램을 활용한다거나 사진을 활용하는 방법이 효과적이다.

이렇듯 단순히 사진이나 그림을 넣고 텍스트로 모든 것을 설명하는 것보다는 다양한 시각 자료를 활용해야 한다. 시각 자료로 활용할 수 있는 것들은 여러 가지가 있다.

인포그래픽

다이어그램

3D 모델링 및 렌더링 이미지

전후 비교 이미지

실제 사례 사진

결국, 어떤 시각 자료를 선택하느냐는 솔루션의 특성과 전달하고자 하는 메시지에 달려 있다. 솔루션이 해결하는 문제와 그 혜택이 사용자에게 어떻게 가장 명확하게 전달될지를 기준으로 다양한 시각 자료를 유연하게 활용하는 것이 중요하다. 시각 자료가 전하는 강점을 전략적으로 배치한다면, 투자자들에게 솔루션의 가치를 더욱 강렬하고 기억에 남게 전달할 수 있다.

3. 솔루션을 대하는 마음가짐

지금까지 솔루션이 정확히 무엇인지, 어떻게 소개하면 좋을지 이야기했다면 마무리로 솔루션을 대하는 마음가짐에 관해 이야기해 보려고 한다. IR 피칭덱을 구성하는 여러 요소가 있지만, 각각의 요소들을 대하는 마음이 다르다고 생각한다.

그렇다면 솔루션 파트는 우리가 어떤 마음으로 준비하는 것이 좋을까?

목표는 청중을 이해시키기

IR 피칭덱을 이루는 각 요소에는 저마다의 목표가 있다. 문제점 파트는 오프닝 역할을 하므로 청중들의 시선을 사로잡고 집중력을 높여줄 이야기를 제시하는 것이 중요하다. BM이나 시장 분석에서는 수익성을 강조하여 실질적인 투자 가치가 있음을 보여주는 것이 핵심이다. 그렇다면 솔루션 파트의 목표는 무엇일까?

솔루션 파트의 핵심 목표는 투자자들에게 이 사업이 문제를 명확하게 해결할 수 있다는 확신을 심어주고, 그 솔루션이 효과적임을 보여주는 것이다. 이를 위해 투자자들이 솔루션의 가치를 쉽게 이해하고 공감하게 하는 것이 중요하다. 구체적으로 어떤 방식으로 문제를 해결하는지 간결하면서도 직관적인 설명이 필요한 이유이다.

앞서 비유와 예시를 통해 공감을 유도하는 것도, 임팩트 있게 솔루션을 설명하기 위해 한 문장으로 정리하는 것도 모두 투자자들이 솔루션의 핵심 가치를 쉽게 이해하고, 그 해결책에 대해 확신을 갖게 만들기 위해서다. 솔루션의 가치가 '이해'되는 순간 IR 피칭은 단순한 정보 전달을 넘어 호감과 신뢰가 가는 사업 소개로 거듭난다.

단순함이 주는 완벽함

언젠가 내가 받았던 깜짝 선물을 떠올려 보자. 예상치 못한 순간에 짠! 하고 나타난 그 선물은 어떤 모습이었는가? 혹시 하늘에서 우수수 떨어지는 여러 개의 선물 상자였을까, 아니면 나를 위해 특별히 준비된 단 하나의 선물 상자였을까? 아마도 대부분 '하나의 선물' 또는 '한순간'을 기억할 것이다. 우리를 놀라게 하고 인상 깊게 남는 모습은 다채롭고 화려한 것이 아니라, 딱 '하나'로 선명하게 자리 잡는다.

이처럼 IR 피칭에서도 여러 정보를 나열하기보다 핵심 하나에 집중하는 단순함이 필요하다. IR 피칭의 의미는 투자 유치 사업 소개 발표인데, 스피치나 프레젠테이션이라는 단어를 쓰지 않고 피칭이라는 단어를 쓰는 이유도 여기에 있다. 마치 투수가 공을 던지듯(피칭,

Pitching), IR 피칭에서는 내가 전달하고 싶은 하나의 메시지를 명확하고 강렬하게 던지는 것이 중요하다.

생텍쥐페리는 '인간의 대지'라는 책에서 이렇게 말한다.

"완벽함이란 더 이상 추가할 것이 없을 때 이루어지는 것이 아니라, 더 이상 덜어낼 것이 없을 때 이루어지는 것이다."

솔루션 파트를 준비할 때, 단순함이 주는 완벽함을 잊지 말고 전달하고 싶은 딱 하나의 메시지에 집중해보길 바란다.

스타트업과 함께 성장하는 전문가

임연희

- 현)와이앤아처 주식회사 글로벌전략그룹
- 전)대구대학교 창업지원단
- 벤처캐피탈리스트, 적격엔젤, 창업보육매니저, 기술창업지도사
- 한국액셀러레이터 협회, 여성기업종합지원센터 등 강의
- 창업진흥원. 국민체육진흥공단, 서울글로벌창업인재허브, 숙명여대, 마사회 등 멘토
- 창업진흥원 등 다수 기관 정부지원사업 선정평가 심사위원
- 한국관광공사, 한국콘텐츠진흥원, 서울대학교, 한양대학교 등 다수 기관 액셀러레이팅 운영
- 주요분야: 스타트업, 초기투자, 글로벌 진출

09

투자자들이 원하는 시장성의 단계

창업부터 투자유치까지
강조해야 할 시장성 만들기

1. 시장 먼저 정하고 시작하자

창업을 준비하는 예비창업가들이 가장 먼저 고민하는 요소는 무엇일까? 창업의 동기는 매우 다양하다. 내 기술로 사업을 하겠다, 난 경영을 잘하고 이 분야에 관심이 있으니 개발자를 찾아서 사업을 하겠다, 그냥 한번 해보자! 등등.

지금까지 내가 만난 스타트업 창업가분들도 다양한 동기로 창업을 시작한다. 그러나, 그 다음 스텝을 준비하다 보면 여러 가지 난관에 봉착한다. 어떤 고객에게 먼저 판매할지, 시제품 개발을 위한 자금은 어떻게 조달할지, 지식재산권 확보는 어느 시점에 할지 등 정말 많은 초기 세팅이 필요하다.

대부분의 창업자들이 한번은 적어보고 지금까지도 초기 세팅을 위해 제일 먼저 많이 해보는 작업이 '비즈니스 모델 캔버스(Business Model Canvas)'[10]이다. 비즈니스 모델 캔버스는 스위스 로잔대학교 교수인 예스 피그누어(Yves Pigneur)가 제자 알렉산더 오스터왈더(Alexander Osterwalder)와 함께 창안한 비즈니스 모델 프레임워크로, 고객 정의,

---

10) 알렉산더 오스터왈더, 2021, 비즈니스 모델의 탄생, 비즈니스북스

가치 제안, 판매채널, 수익원 등을 한번에 정리할 수 있는 도구이다.

좀 지난 도구가 아닌가?라는 질문도 있다. 이게 정답이라고 볼 수는 없지만, 초기에 설정할 수 있는 기본 요소들을 정의할 수 있어, 개인적으로 창업을 세팅하려고 준비하는 분들께는 한번씩 적어보라고 권하고 있다.

비즈니스 모델 캔버스 외에 린 캔버스 등 다양한 프레임워크가 계속적으로 나오고 있고, 창업 트렌드에 맞춰 변화하고 있다. 이러한 비즈니스 모델 세팅을 위한 작업을 할 때 필수적으로 정의 내려야 하고 생각보다 어려움을 겪는 부분이 바로 시장(Market)이다.

시장을 필수적으로 정의 내려야 하는 이유는 개발하고자 하는 아이템의 목표 시장을 확실하게 정의하고 그 시장이 얼마나 큰지를 검증해야 창업아이템의 성장성을 어필할 수 있기 때문이다.

단순히 시장이 크다고 해서 다 좋은 건 아니지만(*이 내용에 관련해서는 뒤에서 한 번 더 언급할 예정이다) 기본적으로 투자자들은 시장의 규모나 전망을 중요하게 보기 때문에 중요하고 또 어렵다.

시장을 정의하는건 초기에 투자 유치뿐 아니라 시장 정의를 통해 고객, 경쟁사, 환경 등 다양한 요소가 파생되기 때문에 중요하다. 또한 이를 우선 정의하고 조사하고 본 사업이 타당한지를 고민하는 지표적인 측면에서도 중요하다.

정리하면 첫 번째로 창업을 시작할 때 사업 아이디어 구체화를 위한 비즈니스 정의를 위해서, 두 번째는 본 사업이 타당한지 검증, 마지막으로는 자금조달을 위한 투자자, 정부기관 등에 사업의 성장 가능성을 어필하기 위한 이유로 시장이 중요하다고 할 수 있다.

　시장을 정할 때는 단순하게 생각하면 내가 지금 하고자 하는 사업의 원천기술로 어떤 시장에 접근하면 가장 성공할 수 있을까를 고민하는 것이 중요하다. 원천기술이나 아이디어가 한 가지라고 해도 시장이 하나인 것은 아니고, 우선적으로 타겟할 시장이 어디인지 최종적으로 도달하고자 하는 시장이 어디인지를 단기적으로 뿐만 아니라 중장기적 관점에서 고민한 후 구체적으로 선정을 하는 것이 좋다.

　원론적인 얘기부터 하면 속해 있는 시장을 구성하는 수요와 공급 그리고 이를 연결하는 유통 등 시장 구성요소들에 대해 조사해 보고 이 시장의 과거, 현재 그리로 미래 전망에 대한 내용을 종합적으로 조사하는 것이 필요하다.

　현실적으로 얘기하면 이 말인즉슨, 수요와 공급이라면 우리가 이 시장에 접근했을 때 판매할 수 있는 고객이 누구인지, 어떤 특징이 있는지, 어떤 니즈가 있는지, 그리고 얼마나 많은지를 조사해야 한다는 것이다. 특히, 해당 시장에서 이미 선진입한 경쟁사가 있다면 이들보다 뛰어난 요소가 확보되었는지까지 고려가 되어야 한다.

　예를 들어 화장품을 만들기 위한 식물을 생산하고 성분을 추출해서 제품화한다고 가정해 보면, 고려해 볼 수 있는 시장이 식물 생산 및 판매, 화장품의 원료 추출 및 판매, 화장품 판매 이렇게 3가지의 시장이 나올 수 있다. 그러면 우리는 우선적으로는 자금 확보를 위해 처음에는 가장 단순하게 식물을 납품하는 시장에 진입하고, 그 이후 성분 추출 기술을 통해 원료를 화장품사에 납품(B2B)하는 길로 갈 수도 있고, 경쟁사가 많지만 독자적인 성분이라는 점 등 뚜렷한 차별화 전략을 가지고 화장품 브랜드(B2C)로 갈 수도 있는 것이다.

시장 진입시 선행해야 할 조사들

이렇게 여러 갈래의 선택지가 있을 경우, 해당 시장에 우리가 진입할 때 몇 가지 선행해서 조사해야 할 부분이 있다. 환경분석, 고객 분석, 경쟁사 분석, 그리고 유통채널 분석이다.

첫 번째로 환경분석의 경우 일반적으로 PESTL 분석(Political, Economic, Social, Technological, Environmental, Legal)이나 STEEP(Social, Technological, Ecological, Economic, Political) 분석 방법을 많이 활용한다. 쉽게 말하면 우리가 시장 진입을 할 때 사회적, 정치적, 경제적 등의 환경적 방해 요소나 적용 요소가 있을지를 조사하는 것이다.

두 번째는 개인적으로 상시적으로 조사가 필요한 중요한 요소라 생각하는 고객 분석이다. 우리 제품이나 서비스를 사용할 고객에 대한 명확한 선정 및 조사가 중요한데 그 이유는 고객의 니즈를 파악하고 이를 충족하기 위한 전략 수립과도 연결이 되어있기 때문이다.

세 번째는 경쟁사 분석이다. 이것도 다양한 도구들이 있지만 단순히 설명하면 우리가 하는 사업 아이템과 교집합이 되는 제품이나 서비스를 조사해서 경쟁사 리스트 업을 해보고, 우리가 그들보다 어떤 부분에서 더 뛰어나고 그 내용을 어떻게 고객과 투자자에게 어필할지를 목적으로 생각하는 것이다.

마지막으로 유통채널 분석의 경우 시장에 진입할 때 어떠한 경로로 판로를 만들어 갈지, 해당 판로의 접근 방법은 실현가능한지에 대한 판매채널에 관련된 조사가 필요하다.

이처럼 창업을 시작할 때 선행되어야 하는 시장에 대한 탐색과 조사 과정을 충분히 진행해본 후, 당초 진입하고자 하는 시장에 대한 결정과 원천기술을 활용한 아이템 선정에 대한 내용이 가시화되면 이를 바탕으로 우리는 창업을 준비해볼 수 있을 것이다.

사실 창업을 하기 위해서는 앞에서도 언급했듯이 많은 선행 조사와 결정이 수반되고, 창업을 한 이후에도 막상 시장에 적용하는 과정에서 문제가 생겨 아이템 피봇을 여러 번 겪는 창업자들도 많다. 그렇기 때문에 초반에 시장을 선정하는 과정이 매우 중요하다고 강조하고 싶다.

2. 시장은 커야 하는가

앞선 주제에서 시장을 조사하고 선정하는데 고려해야 할 여러 가지 방법을 설명하면서 시장의 규모에 대한 언급을 했다. 우선 선택의 여지가 있는 상황이라면 되도록 규모가 크고 성장하는 시장에 진입하는 것이 좋다. 시장이 크면 클수록 우리가 획득할 수 있는 수익에 대한 규모도 커지기 때문에, 수익적인 측면에서 기업의 매출과도 직결이 된다. 따라서 투자 고려사항에서도 중요하게 작용한다. 시장이 커야 우선은

EXIT이 용이하다고 보기 때문이다.

시장이 큰지를 확인해 보고 기초자료를 만드는 방법도 시장 확인 방법처럼 여러 가지 툴이 있다. 가장 대표적인 방법이 TAM-SAM-SOM이라는 방법이다.

TAM-SAM-SOM 프레임워크는 유효 시장에 대해 설명하는데 가장 많이 쓰이는 방법이다. 간단하게 설명하면 TAM(Total Addressable Market)은 전체 시장으로 아이템의 카테고리 전 영역을 포함하는 비즈니스 도메인 크기를 의미한다. SAM(Service Available Market)은 유효 시장이라고 하며, TAM 내의 스타트업이 추구하는 비즈니스 시장 규모이다. 마지막으로 SOM(Service Obtainable Market)은 수익시장이라고 하며, 유효 시장 내에서 초기 단계에 확보 가능한 시장 규모이다.[11]

TAM-SAM-SOM 순으로 크기가 작아진다고 보면 된다. 이를 통해 시장의 규모에 대한 단계적인 설명이 가능하다.

시장 규모의 문제에 대처하는 법

초기 창업자들의 질문 중에 시장의 규모를 조사했는데 이게 큰 시장인지를 판단하기가 어렵다거나, 혹은 시장이 크지 않은데 꼭 시장이 커야하는지에 대한 내용이 있다.

현재 초기 스타트업을 검토하는 입장에서 이 부분에 대해서 정답은 없다고 생각하는 입장인데, 시장 규모를 설명하는 부분에 대한 개인적

---

11) 김정수, 2020-07-30, 스타트업 시장 정의 및 규모 추정 프레임워크, 티스토리 블로그, https://acquiredentrepreneur.tistory.com/39

인 견해를 풀어보고자 한다.

시장을 접근할 때 우리의 기술이나 아이디어가 정말 새롭고 기존에 없는 시장인 경우가 있다.

이 아이템을 정말 잘 만들어나갈 자신이 있는데 시장 규모나 전망에 대해 어떻게 풀어나갈지에 대한 고민을 토로하는 창업자분들을 만나곤 한다. 그럴 때, 이 시장은 신규 시장이기 때문에 규모에 대한 내용은 예측에 의지하는 수밖에 없다. 이런 경우에는 우선 유사한 시장이나 그래도 약간은 고객이 교집합에 들어가는 시장이 있는지를 조사해 보기를 추천한다. 그냥 막연하게 '우리 아이템은 전에 없던 새로운 시장인데 규모는 우리가 추측할 때 이렇다!'라는 설명은 투자자 입장에서 전혀 신뢰가 생기지 않는다.

이걸 바꿔서, 우리 아이템은 기존에 없던 시장이지만 우리의 주 고객은 이러한 취미를 가진 2-30대 여성이며, 이들은 국내에 몇 만 명, 글로벌 시장에서는 몇 백만 명이라는 형태로 우선 가정을 해주는게 좋다. 이런 수치적인 가정이 나온다면 우리 아이템의 단가와 이 고객 중 초기 타겟으로 출시 첫해에는 몇 퍼센트의 고객에게 판매를 하겠다는 내용이 나올 수 있고, 우리의 예상 매출에 대한 근거까지도 연결이 된다.

그러나 두 번째 문제로, 이렇게 추산을 했는데 시장이 작은 경우가 있다. 이런 경우는 투자자 입장에서만 생각하면 시장이 작은데 우리가 어떻게 투자금을 활용해서 EXIT을 할지를 어필하는게 중요하다.

시장이 크면 EXIT의 방법이 중장기적으로 다양하게 나올 수 있지만 시장이 작다면 차라리 EXIT 전략을 타이트하게 보여주는 것도 방법이다.

예를 들어, 우리는 일단 시장 자체가 크진 않지만 다양한 국가에 진출해서 글로벌 기업과 전략적으로 M&A를 하겠다라는 전략이나, 비슷하게 국내 대기업과 기술제휴를 통해 테스트를 거친 뒤 후속 자금조달을 하겠다 또는 비슷하게 M&A 등 여러 가지 방법이 있을 수 있다.

이런 얘기들을 하는 이유는 시장이 크지 않다면 후속 전략이 중요함을 강조하기 위함이며 투자 유치를 준비하는 과정에서는 더더욱 놓치면 안 될 포인트이기 때문이다.

투자 유치를 위해 찾아오는 기업들이 간과하고 있어 안타까운 부분이 있다. 먼저 투자 유치를 하고 시장을 확대하겠다고 한다든지, 아예 시장이 작다고 생각해서 투자 관련해서는 시도조차 못하는 창업자들을 많이 본다.

투자 유치도 타이밍이 있고 특히 초기 투자나 정부자금 조달의 경우 초기 3년 이내가 가장 중요한 시기인데 이 시기를 놓치고 실제로 업력 대비해서 지표들이 올라오지 못해서 투자를 거절당하는 경우도 많다.

창업 첫해라고 하면 매출은 올라와 있지 않더라도 성장 가능성을 보여주고 투자 유치를 받을 수 있지만, 창업 후 5년 정도가 되었다면 아무리 연구개발 때문에 아직 매출이 없다는 등의 이유들 들어도 지표가 없으면 사업성에 대한 의심을 받을 수밖에 없는 것이다.

결론적으로 시장의 규모나 시장에 대한 전망 검증은 투자 유치를 위해 필수적으로 준비해야 할 부분이며, 시장 때문에 투자 유치를 망설이기보다는 우리가 진출하고자 하는 시장을 어떻게 잘 어필해서 투자자들을 설득할지에 대한 방안을 찾아야 하는 것이다.

투자자에게 시장을 보여주기

앞선 주제에서 우리가 진출하는 시장을 가지고 투자자들을 설득해야 한다는 결론을 내렸다. 마지막으로 이 부분에 대한 방법에 대하여 언급하고 마무리하고자 한다.

투자자들이 투자를 검토할 때 중요하게 생각하는 포인트가 여러 가지가 있고 이는 IR 자료의 구성과도 직결이 된다.

첫 번째는 Problem으로 우리가 타겟하는 시장의 기존 문제점이나 타겟 시장 고객들의 니즈가 무엇인지를 설명하는 것이다.

예를 들어, 의류 생산 공장에서 폐기물로 배출되는 천 찌꺼기를 통해 가방을 만드는 아이템이 있다고 가정해 보자. 우선 시장의 문제점이 버려지는 천 찌꺼기로 인한 환경파괴, 생산 공장에서 폐기물 처리에 발생하는 비용적인 문제가 있을 수 있다. 이를 설명할때는 천 찌꺼기가 폐기 후 토양에 미치는 영향이나 생산공장의 폐기물 처리에 발생하는 손해비용 등을 정량적으로도 설명해주는 것이 좋다.

두 번째는 Solution으로 앞서 설명한 Problem을 해결하기 위해 우리가 고안한 아이템이 무엇인가에 대한 내용이다.

해당 포인트에서는 아이템에 대한 충분한 설명이 다 되어야 한다. 문제 해결책, 시장 규모, 목표시장, 비즈니스 모델, 경쟁사와 경쟁전략, 그리고 마케팅 계획까지 우리 아이템을 어떻게 풀어나갈지를 설명해줘야 한다.

예를 들어, 앞에서 버려지는 천 찌꺼기로 가방을 만들기 때문에 환경 파괴를 줄일 수 있고, 공장은 폐기물 처리비를 절감할 수 있다. 우리는 가방을 어떤 방법으로 판매하겠으며, 비슷한 스타트업이 있지만 우리는 버려지는 소재를 무료로 사용하기 때문에 싼 가격에 판매할 수 있어서 차별성이 있다. 이런 논리로 풀어가면 된다.

각 요소별로 간단하게 설명하면, 먼저 문제 해결책의 경우 시장의 근본 원인에 대한 해결책으로 우리 아이템을 설명하는 것이다. "A 문제점의 해결책은 B다" 또는 "A 문제점의 근본원인이 C인데 C를 해결하기 위해선 B라는 해결책이 필요하다"는 형태로 설명을 해주면 된다.

시장 규모에 대해서는 "이 시장은 ~로 구성되며, 우리 회사에 유효한 시장의 크기는 $X이다" 또는 "이 시장은 ~한 이유 때문에 앞으로 X%씩 성장할 것이다" 등으로 설명해줄 수 있다.

두 번째 챕터에서 말한 바와 같이 시장 데이터가 없는 경우가 있다. 이에 대해 IR 자료에서는 설득의 측면으로 접근해야 한다. 대부분의 스타트업은 시장을 만들어가는 것이기에 심사역도 정확한 데이터가 없음을 알고 있다. 합리적인 가설과 논리적인 접근으로 5년 후 어떻게 시장이 펼쳐질 것인지를 설득하는 게 핵심이다. 또한 심사역은 스타트업이 시장을 얼마나 현실적으로 인지하고 있는지를 체크하는 기회가 되기 때문에 설득이 되는 포인트가 되는 것이다.

다음으로 비즈니스 모델과 이를 설명할 때 수반되어야 하는게 투자 후 마일스톤 및 투자 규모이다. 비즈니스 모델은 우리가 어떤 방식으로 수익을 창출하고 있는지에 대한 설명이다. 혹시 너무 초기 단계라 아직 비즈니스 모델이 없는 경우에는 현재 축적하고 있는 무형의 자산(기술 등)이 어떻게 재무적인 자산과 수익으로 전환될 수 있는지를 설득하면 된다. 각 제품별, 지역별, 고객별, 판매 채널별로 매출 비중 및 수익성은 현재 어떻고, 앞으로의 변화는 어떠할 것인지를 전망해 주면 된다.

경쟁사와 경쟁전략의 경우 시장에서 우리의 경쟁성(기술, 네트워크 사업전략 등)이 무엇인지, 시장 내 경쟁사가 있다면 어떤 점에서 경쟁우위를 확보하고 있는지, 그리고 우리 솔루션과 유사한 솔루션을 제시하는 경쟁사 사례를 제시하고 상세하게 비교 분석하여 비교우위를 꼭 제시해야 한다.

경쟁사 비교우위를 제시할 때는 대기업만 넣지 않고 꼭 유사한 아이템을 하고 있는 타 스타트업을 같이 분석하는 것이 포인트다. 마케팅 전략은 시장의 확장과 점유율 확보를 위한 전략이고 초기 기업의 경우 특히 마케팅에 어려움을 겪기 때문에 구체적인 계획 제시가 필수적이다.

세 번째는 Team이다. 앞에서 설명한 여러 가지 사업 전략을 잘 이끌어갈 수 있는 대표자 및 팀원이 있는지에 대한 내용이다.

이 사업을 잘 하기 위해서 필요한 핵심역량은 무엇이고, 우리 팀은 어떤 역량이 있기 때문에 이 사업을 잘할 수 있다는 것을 설명하는 것이 포인트다. 대표자 및 팀원의 학력, 경력, 관련 역량 등을 상세히 설명하고 경영, 마케팅, 개발 등 사업에 필요한 영역별로 분포가 되어야 한다.

예시로 이어서 설명하면, 버려지는 천 찌꺼기를 수거해와서 이것으로 가방을 만드는 기술이 필요하고 디자인 역량을 보유한 인력이 필요하다. 그리고 만들어진 가방을 판매하기 위한 마케팅 역량 보유 인력이 필요하고, 온라인 판매를 한다면 CS 인력도 필요하다. 그리고 전반적으로 경영과 투자 유치 등 활동을 할 수 있는 대표자나 C레벨 인력이 있어야 할 것이다. 이럴 때, 초기에는 수익이 없기 때문에 대표자 혼자 활동하거나 Co-founder와 둘이서 시작을 하지만, 현재 협력을 통해 마케팅이나 디자인은 해결하고 있으며 추후 수익이 나는 포인트에 도달하면 인력을 확장할 것이라는 계획으로 풀어나갈 수 있다.

마지막은 Financial인데 이 부분은 정말 정량적인 근거가 필요한 요소라고 할 수 있다. 매출 현황, 성장 계획(투자자의 경우 회수 포인트이다), 자금조달 및 소요계획 등으로 구성할 수 있다.

"현재까지 우리가 만들어온 주요 지표/성과는 이러하다", "앞으로 A, B, C 가설이 워킹한다면 3~5년 후 주요 지표/성과는 이렇게 될 것이다", "이 KPI가 달성 가능하다고 보는 이유는 ~이다" 등 주요 KPI와 논리적으로 부합하는 근거 자료 준비가 필수적이다.

이렇게 주요 요소 4가지를 설명했는데 이중 Team을 제외하면 다른 모든 포인트에서는 시장성이 수반되는 포인트라고 볼 수 있다. 그러면 결론적으로 투자자에게 어떻게 시장성을 설명하고 설득할 것인가가 주요 관건이다.

결국 시장성이라고 하는 것은 투자자 입장에서는 투자금에 대해서 시장이 성장하고 우리가 시장 내 우위를 점하여 수익이 일정 포인트에 도달해서 회수를 할 수 있는지에 대한 부분이다.

수익이 어느 정도 포인트에 도달하면 시장 내에서 우선순위에 속하고 그러한 단계에 이르렀을 때 IPO나 M&A 등 EXIT이 되고 투자자의 회수가 이뤄진다. 수익이 해당 수준에 도달하기 위해서는 시장의 성장 가능성과 타겟시장에 대한 유효성이 앞서 설명한 IR 자료의 중요 요소들과 연결되어 설명되는 것을 꼭 신경써야 한다.

꿈을 그리는 사람을 응원하는

원희라

- 前 ㈜비드리머 창업교육회사 팀장- 경북대학교 창업캠프 용역 PM- 기관, 대학교, 기업 대상 스타트업 교육 기획 및 운영
- 제12기 창업기획자 전문인력 양성과정 수료(초기투자액셀러레이터협회)
- 동국대학교 일반대학원 기술창업학과 기술창업교육 전공(학위 석사) 논문명_생성형AI 도구 활용에 따른 대학 창업교육 효과 검증: 창업 역량과 창업 자신감 중심

10

우리보다 나은 경쟁사
VS 경쟁사가 없는 우리

스타트업은 혁신과 창의성으로 시장을 개척하지만, 동시에 치열한 경쟁 속에서 생존해야 하는 도전을 안고 있다. 오늘날의 비즈니스 환경에서는 기술 발전과 정보의 확산이 가속화됨에 따라, 새로운 아이디어와 서비스가 빠르게 등장하고, 경쟁이 그 어느 때보다 치열해지고 있다. 이에 따라 스타트업이 성공하기 위해서는 자신이 속한 시장에서 경쟁사와 차별화된 전략을 세우는 것이 필수적이다.

이번 파트에서는 스타트업 경쟁사의 의미와 실제 사례를 통해 다양한 경쟁사의 유형과 전략을 살펴보고자 한다. 스타트업 경쟁사의 의미를 정의하고, 실제 사례를 통해 경쟁 전략을 살펴볼 것이다. 그리고 마지막으로 스타트업이 경쟁에서 우위를 확보할 수 있는 차별화 전략을 제시함으로써 지속 가능한 성장을 돕고자 한다. 부디 치열한 경쟁 속에서 귀사는 자신만의 경쟁 우위를 확립하고, 경쟁이 치열한 시장에서도 성공적으로 자리 잡는 방법을 발견할 수 있는 통찰을 얻길 바란다.

스타트업의 생태계는 전 세계적으로 이미 너무나도 빠른 성장을 보이고 있다. 최근 통계에 따르면, 2023년 전 세계적으로 1억 개 이상의 스타트업이 설립된 것으로 추산되고 있다. 그중 실패하는 기업, 성공하는 기업은 과연 얼마나 될까? 약 90%가 첫 5년 이내에 실패하는 것으로 알려져 있다.

이러한 높은 실패율의 주요 원인 중 하나는 아무래도 과도한 경쟁을 꼽을 수 있겠다. 실제로 2021년 8월, 벤처캐피탈 전문 조사기관 CB Insight가 '스타트업이 실패한 이유'를 조사했을 때, Top3 응답 중 하나가 바로 '경쟁에 뒤쳐져서'였다. 수많은 유사한 시장에서 차별화되지 못했기 때문에 살아남지 못한 이유가 있을 것이다.

동일한 아이디어나 유사한 비즈니스 모델을 가진 수많은 경쟁자들이 존재하는 상황에서, 혹은 아무도 개척하지 않은 새로운 시장에서 두각을 나타내지 못한다면 고객의 관심을 끌기 어렵고, 결국 지속 가능한 성장을 이루지 못하게 된다.

특히, 인공지능 등 새로운 신기술이 빠르게 확산되는 오늘날의 환경에서 경쟁 우위를 확보하지 못한 스타트업이 생존하지 못하는 것은 당연지사이다.

그렇다면, 창업을 할 때 혹은 초기 창업을 더 확장시켜 나갈 때, 경쟁사를 어떻게 맞설 수 있을까? 지금부터 경쟁사 사례를 통해서 시장에서 살아남을 수 있는 '나만의' 차별화 전략을 세우는 방법과 경쟁사 분석 방법 등에 대해 함께 알아보기로 하자.

1. 한발 더 앞서는 기업의 차이는? 변화 흐름에 맞서기

코카콜라와 펩시, 애플과 삼성전자, 아마존과 알리바바, 마이크로소프트와 구글, 메타와 틱톡 등등. 우리는 수많은 경쟁 사례를 익히 알고 있다.

첫 번째로, 이 많은 기업들 중에서 생각의 전환으로 기존 서비스를 뒤엎은 사례를 이야기해 보려고 한다.

생각을 조금만 전환하면, 세상에 없는 플랫폼이 나올 수 있다.
Airbnb(에어비앤비)

성공 사례로는 이미 익히 알고 있지만, 빼놓을 수 없는 스타트업 Airbnb(에어비앤비) 이야기를 풀어보고자 한다.

Airbnb(에어비앤비)는 경쟁사 대비 틈새 시장을 노려 혁신적으로 성공한 대표적인 사례이다. 전통적인 호텔 업계를 대체하는 혁신적인 플랫폼으로, 개인이 보유한 집이나 방을 임대할 수 있는 서비스를 제공하며 빠르게 성장했다. 우리나라에서도 이미 전국적으로 익숙하게 사용하는 플랫폼 중 하나이다.

2008년 공동 창업자 브라이언 체스키(Brian Chesky), 조 게비아(Joe Gebbia), 그리고 네이선 블레차르지크(Nathan Blecharczyk)는 숙박 공유 서비스를 통해 전통적인 호텔 업계를 혁신하였다.

이들의 사업 아이디어는 2007년 샌프란시스코에서 열린 디자인 컨퍼런스에서 시작되었다. 당시 체스키와 게비아는 경제적으로 어려움을 겪고 있었고, 호텔이 만석인 상황을 기회로 삼아 자신의 아파트에

에어매트리스를 깔고 숙박을 제공하는 'Airbed and Breakfast'라는 서비스를 시작했다. 이를 통해 회의 참석자들을 위한 임시 숙박을 제공하면서, 이 아이디어가 성장 가능성이 있음을 확인하게 되었다.

초기에는 투자자들의 관심을 끌기 어려웠으나, 2008년 미국 대선 당시 'Obama O's'와 'Cap'n McCain's'라는 테마의 시리얼을 판매해 3만 달러를 모금하면서 회사를 지속할 수 있었다. 이후 2009년에 세계 최초·최고 엑셀러레이터 Y Combinator의 창립자 폴 그레이엄(Paul Graham)으로부터 2만 달러의 초기 투자를 받으며 사업이 본격적으로 확장되었다.

Airbnb(에어비앤비)는 이후 전 세계적으로 빠르게 성장하여, 현재 220개 이상의 국가에서 수백만 개의 숙소를 제공하는 글로벌 숙박 공유 플랫폼으로 자리 잡았다. 기존 호텔, 숙박, 여행 관련 비즈니스에 판을 완전히 뒤엎어 경쟁사를 제친 혁신적인 사례라고 할 수 있다.

2. 도태와 성공의 갈림길, 고객의 문제점을 파악하라

넷플릭스 VS 블록버스터
두 번째 사례로는 변화의 시기에 대한 다른 대응으로 성패가 나눠진 블록버스터와 넷플릭스를 비교, 분석해 보고자 한다. 넷플릭스와 블록버스터 이야기는 비즈니스 세계에서 기술 혁신과 전략적 대응으로 경쟁사를 뛰어넘어 성공을 보여준 대표적인 사례라고 생각한다.

두 회사는 모두 비슷한 시기에 비디오 대여 서비스를 제공하며 출발했지만, 극명하게 다른 결과를 맞이했다. 넷플릭스는 현재 엄청난 성공을 거두며 글로벌 스트리밍 서비스로 성장했고, 블록버스터는 결국 파산하며 역사의 뒤안길로 사라졌다. 이 두 회사의 성공과 실패를 비교해 보면, 전략, 기술 혁신, 그리고 변화에 대한 대응력이 얼마나 중요한지 알 수 있다.

블록버스터는 1985년에 설립되어, 비디오 대여점의 대표 주자로 급성장했다. 고객은 매장에서 비디오 테이프를, 그리고 DVD를 빌려갔고, 2000년대 초반까지 블록버스터는 전 세계적으로 9,000개 이상의 매장을 운영하는 명실상부한 비디오 대여업계의 절대 강자였다.

그러나 리드 헤이스팅스가 넷플릭스를 처음 생각하게 된 계기는 아이러니하게도 이 대여 시스템의 불편함에서 시작되었다. 1997년, 그는 비디오 대여점에서 빌린 영화를 늦게 반납해 40달러의 연체료를 지불하게 되며, '왜 영화를 대여하는 시스템이 이렇게 불편할까?'라는 질문을 던지게 되었다. '고객의 관점'에서 넷플릭스의 아이디어가 싹트게 된 것이다. 그는 랜돌프와 함께 '비디오 대여의 디지털 전환'에 대해 고민하기 시작했다.

넷플릭스의 최초 비즈니스 모델은 DVD 대여의 디지털 전환이었다. 당시 DVD는 막 등장한 새로운 포맷이었고, 이들은 인터넷을 통한 DVD 대여 서비스를 제공하자는 아이디어를 구상했다. 고객은 온라인에서 영화를 선택하고, DVD는 우편으로 배송되며, 반납 시에는 우편으로 다시 보내면 되는 시스템이었다. 특히, 연체료 없이 DVD를 대여할 수 있는 '월정액제'는 기존 비디오 대여점과 차별화된 중요한 요소였다.

1998년 넷플릭스는 이 아이디어를 실현하여 미국 전역에서 DVD 대여 서비스를 시작했고, 순식간에 많은 고객을 확보하여, 2000년대 초반까지 성공적인 운영을 이어나갔다.

여기서 더 나아가 인터넷 스트리밍 기술을 고안해 내었다. 특히 넷플릭스의 가장 큰 도약 중 하나는 2013년에 오리지널 콘텐츠 제작을 시작하면서부터이다. 이때까지 넷플릭스는 다른 스튜디오나 방송사로부터 영화를 공급받아 스트리밍 서비스만을 제공하던 플랫폼이었지만, 이제는 자체 콘텐츠 제작에 뛰어든 것이다.

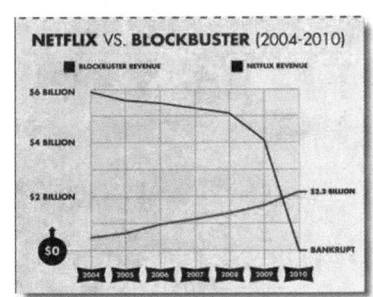

출처: 나무위키

2016년 넷플릭스는 전 세계로 서비스 영역을 확장하며 미국뿐만 아니라 글로벌 스트리밍 서비스로 자리 잡았다. 이제 넷플릭스는 190여 개국에서 사용되고 있으며, 수억 명의 구독자를 보유하고 있다. 이 과정에서 다양한 언어와 문화를 반영한 콘텐츠를 제작하고, 특히 한국 드라마 '오징어 게임'과 같은 글로벌 히트작을 통해 현지화된 콘텐츠의 중요성을 증명하였다.[12]

블록버스터와 넷플릭스 차이점 비교

요소	블록버스터(실패)	넷플릭스(성공)
서비스 모델	오프라인 매장 기반 비디오 대여	온라인 스트리밍 및 DVD 우편 대여
고객 편의성	연체료 부과, 매장 방문 필수	연체료 없음, 집에서도 편리한 서비스
기술 혁신	스트리밍 기술 도입에 소극적	스트리밍 기술 선도 및 AI 추천 시스템
미래 대응력	변화에 늦은 대응	스트리밍 서비스로 빠른 전환
콘텐츠 전략	타사 콘텐츠 의존	오리지널 콘텐츠 제작 및 브랜드 차별화
비용 구조	매장 운영 비용이 높음	비용 구조가 다소 가벼운 온라인 운영 모델

"The best thing you can do is learn from your own mistakes, bur an even better thing is to learn from other poeple's mistakes."

가장 좋은 일은 자신의 실수로 배우는 것이지만, 더 좋은 일은 다른 사람의 실수로 배우는 것입니다. - 리드 헤이스팅스(Reed Hastings, 넷플릭스 창업주)-

---

12) 오원영 교수, 2019-10-31, [Biz Prism] 'OTT 절대강자' 넷플릭스, 디즈니의 도전도 이겨낼까, 매일경제, https://n.news.naver.com/mnews/article/009/0004454698?sid=101

넷플릭스의 성공에는 몇 가지 중요한 요소가 있다.

첫째, 고객 중심의 혁신을 이루었다.

고객의 편의를 중심으로 한 DVD 대여 서비스에서 시작해, 스트리밍 서비스와 오리지널 콘텐츠 제작까지 끊임없이 시대 흐름을 타고 새로운 변화를 추구하였다.

둘째, 데이터 기반의 의사결정을 실현하였다.

고객의 시청 패턴과 데이터를 바탕으로 맞춤형 콘텐츠 추천을 제공하고, 콘텐츠 제작에 필요한 정보를 수집하여 시대 흐름보다 한발 더 앞선 서비스를 기획해낼 수 있었다.

셋째, 기술력을 갖추었다.

스트리밍 기술의 선도와 AI 기반 추천 시스템 등 한발 더 앞서 나간 기술적 역량을 갖추어 넷플릭스의 성장을 이끌어내었다. 넷플릭스는 이제 영화나 TV 프로그램을 소비하는 방식뿐만 아니라, 우리가 이야기를 소비하는 방식 그 자체를 바꾸어 놓은 기업이라고 해도 과언이 아니다.

반면, 블록버스터는 어떠한가! 블록버스터는 몇 가지 결정적인 요인으로 몰락을 불러왔다.

첫째, 고객이 문제로 인식하고 있는 연체료 수익에 의존한 비즈니스 모델을 개선하려고 하지 않았다. 이는 고객에게 지속적인 불편 요인이 되었다.

둘째, 인터넷 발전과 함께 디지털화가 급속히 진행되는 시기에도 여전히 오프라인 매장 모델에 의존했다. 기술의 발전을 등한시하고, 특히, 넷플릭스가 DVD 우편 대여 서비스를 도입했을 때도 이를 제대로 대응하지 못했고, 이후 스트리밍 서비스로 전환하는 데에도 뒤처졌다.

셋째, 결정적으로 2000년대 초반 당시 넷플릭스는 블록버스터에 5천만 달러에 인수 제안을 했지만, 블록버스터 경영진은 넷플릭스의 비즈니스 모델을 경시하고 인수를 하지 않았다.

결론적으로 시대 흐름을 읽지 못하고 발전되는 기술을 등한시하면서 이후 스트리밍 서비스는 부상하고, 블록버스터는 기회를 놓치고 말았다. 물리적인 매장 운영으로 고정된 자산과 비용 구조가 부담으로 작용했다. 무엇보다 고객의 문제점과 불편을 깊이 살피지 않았다. 결국 블록버스터는 2010년에 파산 보호 신청을 하게 되었고, 2013년에는 마지막 매장이 문을 닫으며 공식적으로 역사 속으로 사라지고 말았다.

넷플릭스의 성공은 비디오 대여 시장에서 소규모로 시작했지만, 고객 중심의 서비스, 기술 혁신, 미래 시장에 대한 적응력(유연성) 등이 결합된 결과이다.

넷플릭스의 성공과 블록버스터의 실패는 단순히 기술의 차이가 아니라, 변화하는 환경에 대한 민첩한 대응과 고객 중심의 접근 방식으로 세운 차별화 전략이 얼마나 중요한지를 잘 보여주는 사례라고 할 수 있다.

3. 쉽게 접근하자, 경쟁사 분석 방법[13]

스타트업 경쟁사는 단순히 같은 시장에 존재하는 기업 이상을 의미한다. 스타트업은 기술, 자본, 인력 등에서 혁신적인 방식을 통해 더 빠르게 시장에 침투하고, 고객의 요구를 만족시키며 성장하고 있다.

특히 기술 중심의 스타트업들이 주목받으면서, 인공지능(AI), 블록체인, 헬스케어 등 다양한 분야에서 경쟁이 심화되고 있다. 예를 들어, 2023년 기준으로 AI 관련 스타트업의 수는 전년 대비 25% 이상 증가했으며, 이들 중 다수가 동일한 문제를 해결하기 위해 경쟁하고 있다.

그렇다면, 독자는 경쟁사를 무엇이라고 정의 내릴 수 있는가?

대표적인 스포츠 브랜드 나이키를 예로 들어보자. 나이키의 경쟁사를 떠올리면 가장 먼저 떠오르는 브랜드는 무엇인가? 대부분은 우리가 흔히 알고 있는 스포츠 브랜드를 떠올릴 것이다.

나이키는 비디오 게임 업체인 닌텐도가 등장했을 때, 닌텐도를 경쟁사로 꼽고, 경쟁 전략을 세운 적이 있다. 이는 청소년들이 닌텐도 게임에 몰두하면서 야외 운동 시간이 줄어들어 나이키 제품의 수요에 영향을 미쳤기 때문이다. 나이키는 위상을 지키기 위하여, 전통적인 스포츠 브랜드뿐만 아니라, 소비자들의 여가 시간과 관심 등을 다방면으로 분석하고, 다양한 산업군의 기업들과 경쟁하고 있음을 시사하고 있다.

---

13) 넥스트 유니콘, 2022-06-09, 스타트업이 경쟁사 분석을 '해야할 때, 네이버 블로그, https://blog.naver.com/nu_blog/222766319576

그렇다면, 경쟁사 분석은 어떻게 접근해야 하는 것인가?

마지막으로, 스타트업이 경쟁사를 분석하고, 차별화 전략을 세우는 방법에 대해서 이론적으로 접근해 보기로 하자.

1] 경쟁사를 명확히 정의하라

나이키처럼 동일한 제품과 서비스를 제공하는 기업도 있고, 아예 다른 서비스를 제공하는 경쟁사도 있다. 모든 기업이 경쟁사가 될 수는 없기 때문에 기준을 갖고 경쟁사를 정의하는 것이 필요하다.

위 예시처럼 직접적인 경쟁사는 동일한 제품과 서비스를 제공하는 기업이다. 또한, 제품이나 서비스는 다르지만 같은 고객군을 갖고 있는 기업은 간접적인 경쟁사라고 부른다. 제품이나 서비스는 다르지만 같은 문제를 해결하며 고객의 요구를 충족시키는 기업이 있을 수 있다.

경쟁사를 분석하기 위해서는 우선적으로 직접적인 경쟁사와 간접적인 경쟁사 군을 나눠 명확히 정의한 후 하나씩 파고 들어야 한다.

2] 고객의 페인 포인트를 분석하라

경쟁사를 분석했다면, 이번엔 고객의 관점으로 접근해야 한다. 고객이 어떻게 문제를 느끼고 해결하고 있는지 고객의 입장에서 확인해야 한다. 또한 고객이 경쟁사 제품 혹은 서비스에 느끼는 문제점이 무엇인지 파악해야 한다. 이때는 고객 리뷰, 피드백 등을 통해 불편함이나 문제을 파악할 수 있을 것이다.

나아가, 문제점을 토대로 귀사만의 해결 방식을 모색해야 한다. 이것이 바로 귀사만의 차별화 포인트가 될 수 있다. 특히, 최대한 객관적인 데이터, 기관의 보고서나 기사, 연구 자료 등의 데이터가 뒷받침되면 심사위원 혹은 투자자의 신뢰를 더 많이 얻을 수 있을 것이다.

3] 경쟁사의 전체 시장을 이해하라

고객이 느끼는 기존 서비스의 문제점을 파악하고, 경쟁사까지 찾았다면 이번에는 경쟁사의 전체 시장 흐름을 파악해 보자.

경쟁사가 놓여있는 위치, 비즈니스 모델, 생태계, 마케팅 전략 등 경쟁사만의 생존하고 있는 방식이 있을 것이다. 이러한 전반 모두를 파악하고 이해해야 한다. 그래야 경쟁사의 약점과 강점, 그리고 우리의 약점과 강점을 발견할 수 있다. 이를 통해 약점을 보완할 수 있는 강점을 내세워 귀사만의 비즈니스 모델과 차별화 전략을 세울 수 있을 것이다.

4] 경쟁사를 분석해서 차이를 만들어라

경쟁사를 분석하는 가장 핵심은 무엇일까?

가장 중요한 포인트는 위의 세 가지 방법으로 분석한 경쟁사와 경쟁하는 것이 아니라는 것이다. 경쟁사를 깎아 내리는 것이 아닌, 귀사만의 다른 차이를 만들어 내는 것이 목표이다. 어떠한 차별점이 있는지 차별화 전략을 통해 경쟁 우위를 보여주어야 한다. 그래야 투자자나 고객에게 차별화와 성공 포인트를 효과적으로 전달할 수 있다.

스타트업이 흔히 범할 수 있는 오류가 경쟁사와 관련되어 있다. 대부분의 스타트업은 기존에 없는 새로운 제품이나 서비스를 창조한다. 이

전에 고객이 경험해 보지 못한 새로운 고객 경험을 제공함으로써 무(無)에서 유(有)를 창조하는 스타트업이 훨씬 많다.

이때 스타트업은 새로운 시장이기에 경쟁자가 존재하지 않을 것이라고 착각하기 쉽다. 그래서 앞서 필자가 이야기한 어떻게 보면 누구나 알 수 있는 뻔한 경쟁사 분석 이론과 경쟁사 분석 사례 등을 읽으며 헛웃음을 지을 수 있다. 또한, 자신이 생각해낸 아이디어의 가치를 떨어뜨린다는 사실을 인정하기 싫어서 경쟁 상대의 존재를 인정하지 않는 경우도 있다.

물론 필자도 십분 이해한다. 많은 스타트업을 만나면서 그들만의 가치와 혁신적인 기술력에 감탄하고 감탄한다. 그러나 간과하지 말아야 할 것은 이전에 존재하지 않은 제품과 서비스를 만들어 낸다고 하더라도, 경쟁자는 꼭 있기 마련이라는 것이다. 경쟁사가 귀사의 가치를 떨어뜨리는 존재는 아니라는 것이다.

IR(투자 유치) 현장에서 경쟁자 관련 질문을 받았을 때, 혹은 IR 발표를 할 때, "우리는 새로운 서비스라 경쟁자가 아직 없습니다"라고 답변했다고 생각해 보자.

이는 귀사의 훌륭한 서비스가 돋보이기 보다는 시장 조사를 하지 않았거나, 경쟁자가 유입되었을 때 전략이 없어 보일 수 있다. 아무리 세상에 없는 새로운 서비스라고 하더라도 추격자는 언제고 따라붙는다.

스타트업은 아무것도 확실한 것이 없다. 그래서 불확실하고 두렵지만, 그만큼 시행착오를 반복하며 신속하게 전략을 변경하고 수립할 수 있는 재미가 있지 않은가?

스타트업은 불확실한 상황에서 제품과 서비스로 고객을 사로잡아야 하는 두려움이 존재한다는 걸 누구보다 잘 알고 있다. 그러나 생각을 전환해보면, 무엇이든 시도해 보고 피봇팅 할 수 있는 기회를 갖고 있는 것 또한 스타트업의 장점이라고 할 수 있다.

　힘들겠지만, 차이를 만들어 생존할 수 있는 전략을 꼭 세워보시기 바라며, 이 책을 읽는 귀사가 만들어낸 '차이'가 한발 더 앞선 확장을 만들어 낼 수 있기를 응원한다.

리더를 돕는 리더

최성아

- 사단법인 한국초기투자기관협회주관 VC 심사역과정 VC Splint 6기 수료
- 서울 청년창업사관학교 IR 피치덱 멘토링
- 서울 신사업창업사관학교 IR 피치덱 멘토링
- 로컬 파이오니어스쿨 IR피치덱 멘토링/멘토링팀 최우수상 수상
- 서울창업허브(SBA) 딥테크허브배치 IR 피치덱 컨설팅
- KNOCK 스페셜라운드 x 콘텐츠 IP마켓 IR 피칭대회 참가기업 전원 컨설팅
- TBN 부산/창원교통방송 교통/기상캐스터
- 치과위생사/다수 치과 경영, HR, CS 총괄관리 및 교육, 컨설팅

11

사람의 마음을 움직이는 성과지표

IR(Investor Relations)은 스타트업의 비즈니스 모델, 사업성 등을 확인할 수 있는 자료가 된다. 때문에 투자 유치를 고려 중인 스타트업이라면 IR 덱 피칭은 창업자가 하게 될 대표적인 활동이 된다.

가끔, 아직은 투자 받을 계획이 없는데 꼭 IR 제작을 해야하냐는 질문을 받기도 한다. 하지만 정부지원 사업에서도 피칭을 하는 경우가 많기 때문에 IR 덱 작성을 필히 하는 것이 좋다. 오히려 사업 아이템이나 비즈니스 모델에 매력을 느낀 투자자가 역으로 투자 제안을 할 수도 있다. 이때 우리 회사의 IR 덱이 있다면 사업 방향성에 대해 좀 더 구체적으로 논의해 볼 수 있는 검토 자료가 되기에 미리 준비해두는 것이 좋다.

필자는 IR 덱 피칭 코칭을 하며 예비 창업자부터 엑싯 경험이 있는 창업자까지, 다양한 투자 라운드를 경험하는 창업자들을 만난다. 그때, 종종 듣는 이야기가 있는데, 코칭하는 사람마다 다르게 이야기를 해서 IR 내용에 무엇을 넣어야 할지, 뭐가 맞는지 모르겠다는 것이다. 이미 여러 번 IR 덱 피칭을 경험해 본 창업자들조차 이렇게 말을 하는데, 이제 막 사업계획서 작성을 끝마친 예비 창업자에게 IR 내용 구성은 더욱 어려운 일이다.

하지만 어떤 VC든 IR 덱 컨설턴트든, 성과장표의 중요성은 아무리 강조해도 과하지 않다는 것을 인정할 것이다.

이번 장에서는 창업자의 아이디어를 뒷받침하는 근거로 쓰이는 장표인 성과지표를 활용한 IR덱 구성 내용에 대해 설명하려 한다.

1. 먼저 움직여야 할 것은 바로 '관점'

첫 번째, 판매자의 관점을 버려라.

예비 창업자 혹은 초기 창업자와 만나 미팅을 하게 되면 대부분 우리 제품/서비스가 어떤 것인지, 얼마나 좋은 것인지에 대한 소개를 나열해 준비해오는 경우가 많다. 하지만 우리가 잊지 않아야 할 문장이 하나 있다. 바로, '고객의 입장에서 생각해야 한다'는 문장이다.

사실 너무 뻔한 이야기이다. 수많은 기업에서 고객 경험 이야기를 하며 늘 나오는 문장이 바로 고객의 눈으로 봐야 한다는 거다. 그런데 이 당연하다는 생각과 문장이 정말 신기하리만큼 내가 판매자가 되는 순간, 어려워지는 문장으로 돌변한다.

평소 우리는 창업자이기 전에 소비자였다. 이때는 우리가 실질적으로 고객이기 때문에 고객의 눈에서 상품/서비스를 바라본다. 예를 들어, 인터넷으로 옷 하나를 주문 하더라도 모든 사이트를 검색해가며 가격 및 디자인을 비교하고 구입을 결정한다. 물론 배달음식을 주문할 때도 마찬가지다. 장인이나 맛집이라는 문구에 현혹되지 않고, 평점이나 다른 고객들이 남긴 실질적인 후기를 보며 구매 결정을 하게 되는 경우가 많다.

하지만 내가 판매자가 되어보면 전혀 다른 이야기가 된다. 판매자가 되는 순간 고객의 눈으로 보려는 것보다 판매자의 입이 먼저 움직이게 된다.

두 번째, 나는 기업가의 관점을 가졌는가?

예비 창업가나 초기 단계의 창업자를 만나 대화를 하다 보면, 일반적인 소상공인과 스타트업 즉, 기업 경영에 대한 관점에서 착오를 하는 경우가 많다.(사업의 규모가 더 커지게 되면 창업가와 경영인의 개념은 달라지게 되긴 하지만 거기까진 들어가지 않겠다)

스타트업 역시 처음에는 작은 규모로 시작해 점점 성장해나가는 방식인 만큼 그 개념에 대한 차이를 혼동하는 경우가 왕왕 있는 듯하다. 하지만 일반적인 소상공인과 스타트업 경영자의 관점은 확연한 차이가 난다. 필자가 생각하는 가장 큰 세 가지 관점의 차이는 다음과 같다.

1) 현재 시장에서 찾지 못한 고객의 페인포인트(Pain point)를 찾고 해결할 수 있는가?
2) 그 문제를 해결하는 우리만의 하나의 뾰족한 아이템(솔루션)을 가지고 있는가?
2) J커브를 그리며 성장할 수 있는가?

특히 예비 창업가나 초기 창업가는 이 세 가지 질문을 정말 밀도있게 생각해야 한다.

　일반적인 소상공인의 사업은 내가 할 수 있는, 혹은 유행하는 사업 아이템을 가지고 시작할 수 있다. 예를 들어 치킨집이나 카페 같은 경우다. 하지만 이 치킨집이나 카페라도 현재 시장에서 해결하지 못하는 어떠한 고객의 페인 포인트를 해결할 수 있고, J커브를 나타내는 성장이 가능하다면 스타트업으로 성장할 수 있다.

　잠깐 설명을 하자면, 스타트업에서 빠질 수 없는 부분이 바로 이 'J커브'다. 스타트업 관련 저서나 강의를 보면 흔하게 나오는 말이라 이미 알고 있는 사람이 많겠지만 잠시 설명하고 넘어가겠다.

　J커브란, 미국 하워드 러브가 제시한 스타트업의 성장모형이다. 창업부터 수익창출의 과정을 6단계로 나누어서 정리한 것이다. 다음 그림을 보면 이해가 빠를 것이다.

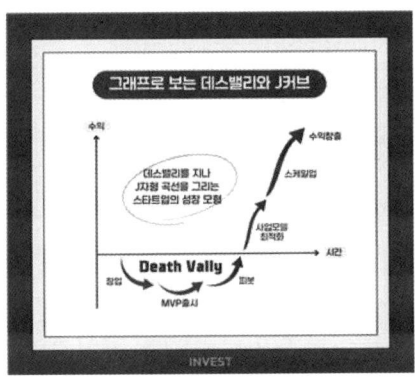

출처: 인베스트

　위 그림처럼 데스벨리를 지나 우상향 성장곡선을 그리는 것이 바로 스타트업의 성장 모습이다. J커브를 만들기위해서는 B2C(Business to customer) 전략만을 가지기보다는 수익화를 극대화시킬 수 있는 B2B(Business to Business) 전략이 있어야 하며 가능하다면 B2G(Business to Government) 전략도 필요하다.

대부분의 초기 창업자들은 B2C 전략으로 일반적인 판매전략만 생각하는 경우가 많다. 이럴 경우에는 판매량이 전보다 늘어나며 우상향 곡선을 그릴수는 있겠지만, J커브의 성장을 할 수는 없다. 때문에, 성과장표에서는 최소 투 트랙 이상의 전략이 보여야 하는데 뒤에서 좀 더 상세히 설명하도록 하겠다.

세 번째, 투자자는 우리의 고객이자 동반자이다.

앞서 언급했듯 우리는 고객의 관점에 가닿는 판매자가 되어야 한다. 특히 스타트업은 창업자들이 만난 문제점을 해결하기 위한 솔루션으로부터 시작된다. 그러다 보면 자연스럽게 창업자의 관점으로 자신의 아이템이 최고라는 점을 어필하게 된다. 물론 맞는 말이다. 극초기 창업자라면 이런 자신감을 장착해 밀고 나가는 힘이 필요하다.

하지만 잘 생각해 보자. 우리 제품이, 솔루션이 아무리 좋아도 설명할 수 있는 데이터가 없다면? 우리 회사가 제시할 솔루션의 성장 가능성을 보여줄 수 있는 데이터가 없다면 그저 창업자의 생각에 불과해진다.

이때 가져야 할 관점은 바로 투자자 역시 우리의 고객이 된다는 관점이다. 우리 제품을 시중에 판매할 경우 고객이 소비자가 된다는 건 당연지사지만 IR덱을 만들면서 많은 창업자들이 간과하는 것이 바로 투자자 역시 고객이 된다는 점이다.

판매자의 입장에서는 우리의 기술이 최고이며 누구도 범접할 수 없는 최고의 솔루션이기에 성공할 수밖에 없다. 하지만 명심하라. 이런 우리의 기술력과 시장성을 보고 투자하는 단 한 명의 투자자를 설득할 수 없다면, 실질적인 소비자들 역시 우리의 제품을 구입하지 않을 가능성이 커진다.

또한, 많은 창업자들이 투자자를 너무 어려워하는 경우가 많다. 하지만 창업자에게 투자자는 돈을 주고 지켜보기만 하는 갑의 존재가 아니다. 특히, 얼리 스테이지를 담당하는 곳일수록 스타트업에게 필요한 교육, 후속 투자를 위한 네트워킹, 팀원을 함께 찾아주는 역할까지 하며 동반자로 나아가는 역할로 함께 하고 있다. 게다가 창업 경험이 있었던 VC들도 많아 누구에게도 말할 수 없던 창업자의 고충을 함께 헤아려주며 멘토 역할을 해주는 곳도 많이 있다.

초기 창업자들이 잘 모르는 것 중 하나가 VC 심사역들도 우리 회사에 투자를 하기 위해 LP들을 설득하는 과정이 필요하다는 것이다. 창업자가 VC들에게 IR 피칭을 하며 설득하는 과정이 필요하듯, 심사역 역시 벤처캐피탈 내부의 사람들과 LP를 설득하는 과정이 필요하다. 그렇기 때문에 심사역이 우리의 아이템과 솔루션과 더불어 어떻게 성장할 것인지에 대한 이해도가 높아야 한다.

투자자를 너무 어려워만 하지 말고 함께 성장할 수 있는 동반자로 생각하며 피칭을 하고 네트워킹을 한다면 더 많은 것을 얻을 수 있을 것이다.

2. 투자자의 마음을 움직이는 성과지표

앞서 설명했듯, 스타트업은 데스벨리를 지나 'J커브'를 그리며 성장한다. 특히 데스벨리를 지나는 과정에서 대부분의 창업자는 투자를 결정하게 된다.

다시 한번 더 말하지만 IR(Investor Relations)은 투자자 관점에서 스타트업의 비즈니스 모델과 사업성 등을 확인할 수 있는 자료이다. '백문이불여일견(百聞不如一見)'이라는 말이 있듯, IR 구성에서 스타트업의 성장 가능성을 보여주는 성과지표가 있어야 한다. 사람과 기술, 시장에 대한 구체적인 성과나 수치가 함께 보여야 한다는 말이다.

성과지표를 나타내는 장표에서 "~할 것이다" 또는 "~할 예정이다"라는 예측성 말로 피칭할 경우 신뢰성이 떨어진다. 이렇게 이야기하면 대부분의 예비 창업자나 매출이 아직 없는 초기 창업자들은 오히려 반문한다. "아니 아직 아무것도 없는데 어떤 성과지표를 넣어야한다는 말인가요?"라고 말이다. 만약 아직 제품이 나오지 않았거나 유의미한 매출성과가 없다면, 앞으로 어떻게 할 것인지 그래서 어떻게 매출을 만들어낼 것인지에 대한 구체적인 액션 플랜을 보여주면 된다.

1] 의향서(LOI: Letter Of Intent)

"우리는 이런 좋은 아이템이 있으니 ~이런 매출구조를 만들 수 있습니다"라는 허울뿐인 말보다는 의향서를 이용해 실질적인 매출이 일어날 구조를 가지고 있다는 것을 확인시켜줘야 한다.

더불어 중요한 것은 꼭 장표를 따로 만들어야 한다는 점이다. 초기 창업자들이 대표 소개 장표나 팀원 소개 장표에 의향서 및 특허 출원을 추가하여 소개하는 경우가 많다.

초기 스타트업에서는 성과장표만큼이나 팀원 소개 또한 주요하게 설명되어야 할 부분이기에 장표를 따로 분리하여 만들길 추천한다.

의향서는 일반적으로 LOI(Letter of Intent)로 표기한다. LOI는 협상단계(정식계약체결의 이전단계)에서 합의사항을 확인하기 위해 문서로 작성하는 것이다. 쉽게 말해, 계약 진행에 대한 의지를 나타내는 문서가 된다.

대부분의 사람들은 의향서는 법적 효력이 없다고 생각하지만 세부 내용에 쓰인 말에 따라 달리 해석될 수 있기 때문에 사전에 검토가 중요하다. 단, LOC(Letter Of Commitment)는 확약서로 법적 효력이 발생된다는 점을 유념해야 한다.

1) 구매 의향서

고객 및 시장의 긍정적인 반응은 바로 '구매 의향서'로 나타낼 수 있다. 구매 의향서는 구매하고자 하는 상품이 있을 때 구매 의향을 밝힘과 동시에 안내를 받을 때 발송하는 문서다.

특히 초기 창업자는 아직 본격적인 제품이 출시되기 전인 경우가 많기 때문에 매출이 발생하기 어려운 구조다. 그럴 때는 장황하게 기술에 대한 이야기만 나열하는 것보다는 고객의 구매 의향서를 IR에 추가하여 수익구조가 발생될 수 있다는 점을 어필해야 한다. 구매 의향서의 양식은 자유이나 대부분 아래와 같은 내용이 포함된다.

- 구매하고자 하는 제품이나 서비스의 설명
- 구매 수량 및 가격 조건
- 구매 일정 및 결제 조건
- 기타 거래 조건 및 요구사항[14]

2) 투자 의향서

가끔 데모데이나 정부지원 사업에 참여하지 않았지만 투자자가 직접 찾아왔다는 창업자를 만나는 경우가 있다. 혹은 현재 사업 아이템이 매력적이거나 성장 가능성을 보이는 초기 창업자에게 투자자가 먼저 미팅을 요청하는 경우가 있다. 이럴 때는 미팅으로만 끝내지 말고 투자 의향서를 받아두는 것이 좋다.

투자 의향서는 투자자가 대상 기업에 대한 투자 의향을 밝히는 문서이다. 투자 목적으로 작성하기 때문에 투자 희망 금액, 주당 인수가액 등을 포함하여 경영 참여에 대한 여부, 투자 방법 등을 기재하게 된다. 더불어 투자 의향서는 차후 M&A에서 주요하게 작용되며 앞으로 진행

---

14) 드림스타트업, 2024-06-20, 구매 의향서(LOI)의 의미와 효력, 활용방법, https://dreamstartup.co.kr/insight/article/management/f8b4bf80

될 협상의 기초가 되기도 한다.

3) 협력 의향서

협력 의향서는 흔히 말하는 MOU(Memorandum Of Understnading)이며 '양해 각서'라고도 부른다. 보통 사업 목적을 위해 타사와 공동협력 및 전략적 제휴가 필요할 때, 본 계약이 진행되기 전, 체결하는 것이다. 특히 B2B 모델을 설명할 때 주요하게 작용되는 부분이다.

대부분 초기 창업자들 피칭에서 "거래를 할 대상 회사는 ~이다"라는 말을 많이 하게 된다. 사실 'J커브'에서 빠질 수 없는 부분이 바로 B2B 전략이다. 초기 스타트업이 수익의 극대화를 노리게 되는 부분이 바로 B2B 전략이기 때문이다.

말로만 하는 것보다 "저희 회사는 ○○회사와 MOU까지 체결되어 있습니다"라고 하며 MOU 체결 서류를 함께 보여주는 것이 훨씬 신뢰가 가는 IR 자료가 된다.

2] 산업 재산권

산업 재산권은 특허권, 실용신안권, 디자인권, 상표권을 총칭하는 개념이다. 특허청에 '출원' 후 '심사' 단계를 거쳐 '등록' 받으면 권리자에게 배타적 독점권이 부여된다.

생각보다 산업 재산권의 단어 정의 및 존속 기간이 복잡하고 어려워서 초기 창업자가 모르는 경우가 많다. 특허청 홈페이지에 아래 표 및 설명이 되어 있으니 찬찬히 살펴보길 바란다.

특히 기술 기반으로 성장하려는 창업가라면 더욱더 알고 있어야할 내용이다. 아무런 조사 없이 우리 회사가 찾아낸 솔루션 및 기술이 최초이자 독보적이라는 말을 한다면 시장조사를 전혀 하지 않은 창업가가 된다. 우리 회사와 같은 기술이 없는지 철저한 시장조사가 필요하며, 만약 정말 없는 기술을 만들어낸 거라면 특허출원을 하는 것이 좋다. 이미 했다면 시장에서 선점을 할 수 있는 기회가 되기 때문에 꼭 성과장표에 기록하는 것이 좋다.[15]

구분	특허원부	실용신안등록원부	디자인등록원부	상표원부
정의	자연법칙을 이용한 기술적 사상의 창작으로써 발명수준이 고도화된 것으로 특허를 등록하는 공적장부	자연법칙을 이용한 기술적 사상의 창작으로써 물품의 형상·구조·조합에 관한 실용신안을 등록하는 공적장부	물품의 형상·모양·색채 또는 이들이 결합한 것으로써 시각을 통하여 미감을 느끼게 하는 디자인을 등록하는 공적장부	타인의 상품과 식별하기 위하여 사용되는 기호·문자·도형·입체적 형상·색채·홀로그램·동작 또는 이들을 결합한 것하여 등록하는 공적장부
최대 존속기간	설정등록일~출원일 후 20년	설정등록일~출원일 후 10년 ※ 구법 적용분 1999. 7. 1. 이전 출원 건 : 15년	설정등록일~출원일 후 20년 (관련디자인권의 존속기간 : 그 기본디자인권의 존속기간 만료일까지) ※ 구법 적용분 1998. 3. 1. 이전 출원 건 : 10년 1998. 3. 1.~2014. 6. 30. 출원 건 : 15년	설정등록일로부터 10년마다 갱신 가능한 반영구적 권리

3] TIPS(팁스) 프로그램

기술 기반 스타트업이라면 TIPS 프로그램에 참여하여 선정되는 것도 성과장표에 들어갈 수 있다. 팁스 운영사는 투자(확약)한 창업 기업을 팁스에 상시 추천할 수 있다. 운영기관(한국엔젤투자협회)은 추천된 창업기업에 대해 사전 요건 검토 후 선정평가를 실시하여 최종 선정하게 된다. 팁스 지원 대상은 「중소기업창업 지원법」 제2조에 따른

---

15) 윤종환, 2024-04-12, 산업 재산권 등록제도-등록이란? 특허청. https://www.kipo.go.kr/ko/kpoContentView.do?menuCd=SCD0200199

창업기업 또는 예비창업자로, 팁스 운영사로부터 투자(확약) 및 추천을 받은 창업기업을 지원하고 있다.[16]

더 정확한 내용은 https://www.jointips.or.kr/about.php 팁스 코리아 홈페이지를 참고하자.

3. '보기 좋은 떡이 먹기도 좋다' 직관적인 성과지표

세계적으로 고금리 시대가 이어지면서 2023년은 대규모 투자가 급감했다. 더불어 스타트업 투자 시장도 혹한기에 접어들었다.

2024년부터 회복세를 보일 것으로 전망했지만 투자 혹한기 이후 흐름이 달라졌다. 이전에 비해, 매출과 같은 유의미한 성과가 더욱더 중요한 투자 요소로 등장하게 되었다. 하지만 숫자에만 매몰되어 표현하면 안 된다. 각 투자 시리즈 별 성과장표를 조금 달리 표현할 필요가 있다.

그전에 투자 라운드가 어떻게 구성되어있는지 먼저 간단히 설명하겠다. 앞서 설명한 'J커브' 그림을 기억하는가? 거기에 투자 라운드를 덧붙이면 아래와 같은 그림이 된다.

---

16) 팁스코리아, https://www.jointips.or.kr/about.php

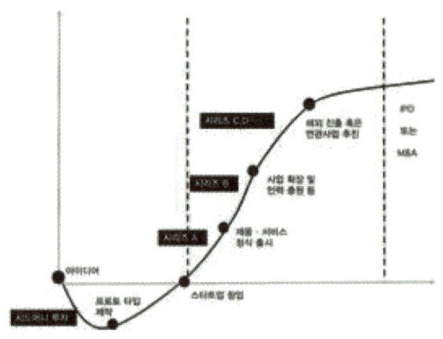

출처: 법무법인 별

위 그림에서 보듯이 스타트업 투자는 보통 '씨드 투자(Seed) - 시리즈 A(Series A) - 시리즈 B(Series B) - 시리즈 C(Series C)'로 진행이 된다. 각 라운드 사이에 Pre-A, Pre-B와 같이 중간단계의 라운드가 추가되기도 하며 대부분 EXIT을 고려하지만 하기 전까지 투자라운드 D, E, F까지 진행되는 경우도 있다.[17]

각 시리즈별 장표 구성은 다르고 준비해야 하는 것들도 다양하며 또 정해진 원칙은 없지만 필자는 크게 세 가지로 분류해서 설명하려 한다.

1] 씨드 단계

씨드(Seed) 단계의 투자를 받는 경우는 창업 극초반이기 때문에 안정적인 매출 구조가 나오기 어려운 상황이다. 물론 투자자 역시 알고 있

---

17) 법무법인 별. 스타트업 투자 단계 총정리(feat.스타트업 투자 라운드 개념), https://star-law.kr/knowledge/startup_investment_round/

다. 씨드 단계의 IR 자료는 초기 가설과 MVP 실험 결괏값이 주요하게 작용된다. 또한 사업 모델 검증 또는 매출을 낸 경험이 있다면 함께 강조하는 것이 좋다. 만약, 정부지원금을 받은 적이 있다면 성과에 들어갈 수 있다. 정부지원을 받았다는 것 자체가 아이디어 검증이 됐다는 의미이기 때문이다.

더불어 씨드 투자를 받고 운영비용을 어떻게 세팅시킬지, 그리고 상품의 객단가를 정해 대략적인 마케팅 전략을 세운 뒤 언제부터 매출을 만들어 낼지에 대한 현실적인 타임라인을 제시하는 것도 좋다. 여기에 좀 더 구체성을 가지는 B2C, B2B 전략까지 들린다면 금상첨화다. 스타트업의 창업자라면 J커브를 이해하고 있다는 것이기 때문이다.

추가적으로 정부지원 사업에 참가를 고려 중인 창업자라면 한 가지 알아야 할 팁이있다. 정부지원 사업은 해결하고자 하는 미션들이 있다. 특히 로컬 활성화 프로그램이라면 더욱 그렇다. 무작정 사업 아이템을 소개하고 어떻게 팔지에 대한 이야기를 하는 것보다 로컬의 문제를 어떻게 해결할 것인지에 대한 방안, 그리고 그 솔루션이 우리 회사의 아이템이 되어야 한다는 점을 잊어서는 안 된다.

2] Pre-A

Pre-A 투자는 시리즈 A 투자 유치를 준비하는 단계이다. 이 단계에서는 사업 모델을 검증하고 성장 잠재력을 보여야 한다. Pre-A는 어떤 활동을 통해 얼마나 더 성장할 것인지에 대한 내용이 포함되어야 한다. 여기서부터는 유의미한 매출 구조, 고객 확보의 데이터들이 나오기 때문에 창업자는 숫자를 리딩할 수 있는 능력을 키워야 한다.

대부분의 창업자는 이때부터 얼마나 많은 고객을 확보하였는가에 집중해서 IR 덱을 준비한다. 물론 고객의 모수가 늘어나는 건 아주 중요한 포인트이다. 하지만 투자자는 얼마나 많은 고객이 재구매를 하였는가를 더 유의미하게 본다. 결국 기업은 수익구조가 만들어져야 하기 때문이다.

수익을 늘리는 방법은 간단하다. 매출을 늘리고 비용을 감소시키는 것이다. 대부분 초기 창업자는 매출을 만들어야 한다는 생각으로 매출 증대 방안에만 포커싱을 하게 된다. 그래서 모객 확보에 대한 데이터를 주안점으로 두게 되는데, 수익 관점에서는 재구매 고객이 더 중요하다. 대부분의 업종에서는 초기 고객 유치 비용이 더 크기 때문이다.

이 부분은 창업자가 얼마나 경영적인 관점으로 데이터를 리딩하느냐에 대한 부분이기에 숫자에만 매몰되지 않고 숫자를 제시하고 흐름을 파악하여 피칭할 수 있어야 한다.

3] 시리즈 A ~ 시리즈 C

사실 시리즈 A부터 C까지 묶기에는 광범위하지만 공통적으로 성과장표에서 표현해야 하는 것들이 있다. 당연히 앞서 설명한 의향서나 팁스 선정 기업, 다양한 데이터들을 수집하여 리딩하는 능력을 보여줄 수 있어야 하는 것은 같다.

후속 투자를 받는 기업들은 이미 어느 정도의 검증 단계를 거친 스타트업이다. 그래서 성과장표에 이 투자 내용들을 함께 기록해야 한다.

더불어 투자받은 시점, BEP(손익분기점)달성이 되었다면 얼마만에 달성되었는가까지 보여줘야 한다. 아직 달성하지 못했다면 어떤 부분을 더 강화하여야 하는지 원인과 대책을 말할 수 있어야 하며 예상 시나리오를 만들어서 타임라인을 보여야 한다. 단순히 경기가 어려워서, 고객 확보가 되지않아서는 통하지 않는다. 때문에 라운드가 진행될수록 창업자는 하나의 포인트에 매몰되어 시야를 닫으면 안 된다. 전반적인 시장 흐름을 리딩하는 능력이 필요하다.

그래서 필자는 처음에 관점에 대한 이야기를 했다. 한 예로, 얼마전 미국 대선이 치러졌다. 미국 대선은 전세계의 경제 흐름을 움직이는 큰 이슈 중 하나이기 때문에 국내 시장에 집중하고 있는 단계라 할지라도 미국 대선 정책에 대한 이해를 하고 있어야 한다. 결국 성장전략에서 해외 진출을 해야 하기에 알아야 하는 것들이다.

또한, Exit 전략도 들려있는 타임라인이 보여야 한다. Pre-A부터는 후속 투자를 받을 시점까지 예상하는 타임라인과, 목표가 IPO인지 M&A인지에 대한 이야기도 함께 들려야 한다.

물론 이 모든 타임라인들이 예상과 맞게 흘러가진 않겠지만, 적어도 창업자가 얼마나 긴 호흡으로 이 시장을 바라보고 집념있게 우리 기업을 성장시킬 것인가 하는 관점을 엿볼 수 있기 때문이다.

3. "측정할 수 없으면 관리할 수 없다"

2024년 9월, VC 과정과 관련한 강의를 들으며 스타트업의 아버지인 권도균 대표님의 강연을 들은 적이 있다.

'스타트업 대표는 결과를 만들어내는 사람'이라고 했다. 경기가 어렵다, 이번 달 워킹데이가 짧아서 어렵다는 말은 통하지 않는다는 것이다. 그 말은 오로지 팀원만 할 수 있다고 했다. 명절 연휴는 수십 년 전에도 있었고, 명절이 있는 달은 워킹데이가 짧다는 것을 경영자는 이미 알고 있었다는 것이다. 따라서 핑계 뒤로 숨지말고 결과로 말하라고 했다. 눈이 오든 비가 오든, 날이 춥든 덥든, 모든 책임은 경영자의 몫이라고 했다.

스타트업에게 있어 속도는 굉장히 중요하기에 유의미한 데이터와 숫자들을 찾아내고 의사결정하는 것은 정말 중요하다. 그리고 IR은 비즈니스 모델, 사업성 등을 확인할 수 있는 자료이기 때문에 성과장표들이 보여지는 것은 당연한 이야기이다.

경영의 아버지인 피터트러커는 "측정할 수 없으면 관리할 수 없다"고 했다. 세계적인 품질관리학자로 알려진 에드워드 데밍은 "측정 가능한 모든 것을 측정하라. 그리고 측정이 힘든 모든 것을 측정 가능하게 만들어라"고 했다.

사실 성과장표에 가장 간단히 표현할 수 있는 것은 매출이라는 숫자다. 하지만 이 숫자가 나오기까지의 모든 흐름은 숫자가 아니다.

창업자의 깊은 고민에 고민이 더해진 인사이트로 나오는 것이 바로 숫자이다. 그 인사이트는 어떤 데이터들을 측정할 것인가에 대한 고민부터이며, 그 고민은 현재 시장에 대한 고민이고, 결국 그 고민은 왜 창업하게 되었냐는 본질적인 고민으로 들어가게 된다.

따라서 창업자는 측정할 수 있는 것들을 만들어내는 것이 너무 중요하지만, 역설적으로 숫자에만 매몰되어서는 안 된다고 말하고 싶다.

철학이 있는 스타트업을 투자하는

주진영

- 現)㈜탭엔젤파트너스(액셀러레이터) 부대표
- 現)단국대학교 벤처창업융합 전공 겸임교수, 창업학 박사
- 前)상상이비즈(액셀러레이터) 이사
- 前)삼성전자 독일법인 주재원
- 前)삼성전자 해외전략마케팅 차장
- 창업진흥원, 중소기업기술정보진흥원, 한국환경산업기술원, 과학기술사업화진흥원 전문위원

12

투자자가 듣고 싶어하는
비즈니스 모델/마케팅 전략

1. 시장과 비즈니스 모델의 궁합이 맞아야 한다
Market-BM Fit

몇 년 전, 미국의 유명한 벤처캐피탈인 '포인트 나인 캐피탈'의 파트너 역할을 하고 있는 크리스토퍼 잰즈(Christoph Janz)가 쓴 '1억 달러 비즈니스를 만드는 다섯 가지 방법 (Five ways to build a $100 million business)'라는 글을 감명깊게 읽은 적이 있다.

해당 글에 나오는 이야기이다. 아래 그림을 보면 Y축은 ARPA(Average Revenue per account)로 1명 고객당 발생하는 매출을 의미하며(쉽게 이야기하면 객단가), X축은 '# of customer'로 시장 수요로 해석하면 될 것 같다.

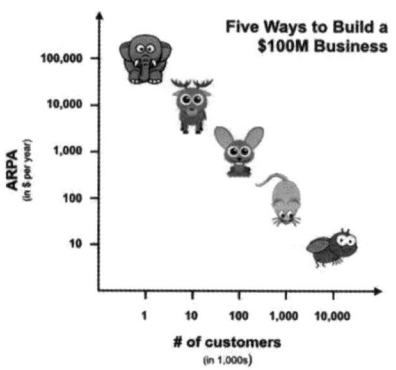

출처: 구글 블로그

위 내용을 좀 더 구체적으로 산업군 예시를 들어 정리하면 좀 더 이해가 빠를 것이다.

구분	주요 사례	산업군 예시	고객획득 비용(CAC)	객단가 (APRU)
코끼리 사냥	연간 1억 원 이상 지불하는 고객이 1천 개 있는 경우	대기업 솔루션	●●●●● (직접영업조직)	●●●●●
사슴 사냥	연간 1천만 원 지불하는 고객사가 1만 개 있는 경우	중견기업 솔루션	●●●● (직접+총판)	●●●●●
토끼 사냥	연간 100만 원 지불하는 고객이 10만 명 있는 경우	소기업 솔루션	●●● (총판)	●●●
쥐 사냥	연간 10만 원 지불하는 고객이 100만 명 있는 경우	B2C 솔루션	●●	●●
파리 사냥	연간 1만 원 지불하는 고객이 1천만 명 있는 경우	Platform	●	●

예를 들어, 대기업이 수억원 이상의 시스템을 도입할 때는 기업 내 수많은 이해관계자의 역학관계 속에 매우 촘촘한 의사결정 과정을 거칠 수밖에 없는 것은 당연하다. 분명 이들이 주변의 입소문이나 광고를 통해서 구매 확정을 할 리는 절대로 없다.

결론적으로 비즈니스 모델 수립에 있어서 가장 중요한 것은 시장 크기에 따라 Business Model(이하 BM)도 달라져야 한다는 것이 핵심이다. 제품을 구매할 사람이 많으면(즉 수요가 크면) 고객 한 사람이 일으키는 매출(즉 객단가)이 낮아도 괜찮지만, 제품을 구매할 사람이 시장에 적으면 객단가가 높아야 한다는 의미로 볼 수도 있다.

더 직관적으로 이야기하면 시장이 상대적으로 작으면 파리 사냥

(Platform)의 BM을 가져가면 많은 이슈가 있을 수 있다는 것이다.

내용의 이해를 더하기 위해 몇 가지 저자가 생각한 사례를 가지고 예를 들면서 설명해 보고자 한다.

#1. 요즘 MZ세대 중심으로 하나의 쇼핑 패턴 중 하나로 자리 잡은 크라우드 펀딩 시장은 크게 리워드형과 증권형으로 나뉜다(대출형도 있지만 좀 더 명확한 비교를 위해 여기서는 제외). 그 시장 구조 주요 현황은 아래와 같다.

[2020년 국내 크라우드 펀딩 시장 규모 및 Business Model 현황]

구분	사업 영역	2020년 시장 규모(추정)	연 참여 고객 수(추정)	고객 건당 지출 금액	주요 BM
리워드	제품 펀딩 (저관여)	약 5천억 원	최소 1천만 명 이상	2.5만 원	중개 수수료
증권형	기업 투자 (고관여)	279억 원	6.7만 명 (16~20년 누적)	약 300만 원	중개 수수료

*리워드: 필자 추정
**증권형: 크라우드넷 (crowdnet.net)

리워드 시장 규모는 2020년 5천억 원이 넘을 것으로 예상되고 연 참여 고객 수의 경우 최소 1천만 명이 넘을 것으로 예상된다. 2020년에 삼성전자도 와인, 화장품, 음료 등을 수납할 수 있는 소형 냉장고인 '큐브'를 리워드 크라우드 펀딩을 통해 런칭한 것을 보면, 현재 리워드 크라우드 펀딩 Platform의 파워를 가히 짐작할만하다.

현재 리워드 크라우드 펀딩의 핵심 수익모델은 약 10% 이상의 중개 수수료라고 알려져 있다. 예를 들어 전체 5천억 원 이상 규모의 거래가 이루어지면 실제 수익은 약 500억까지 가능한 시장이라는 이야기다.

더욱이 리워드 크라우드 펀딩에서 펀딩이 이루어지고 있는 제품은 대부분 전형적인 저관여 제품이다. 쉽게 말하면 이것저것 열심히 비교하고 따지면서 엄청난 고민 끝에 구매하는 제품이 아닌 침대에 누워서 심심풀이로 이것저것 구매할 수 있는 그런 아이템이라는 의미이다.

현재 리워드 크라우드 펀딩의 시장 성장세가 어마어마한데, 이러한 성장세 속에서 각 플랫폼 업체는 고객 유치를 위해 엄청난 광고비를 집행하고 있다.

[2018년 ~ 2021년 리워드 크라우드 펀딩 시장 규모 (예상)]

구분	18년	19년	20년	21년
시장 규모	1,600억	3,300억	5,000억	7,500억 (업계는 1조 예상)
전년대비 성장율	-	106% 성장	52% 성장	50% 성장시
광고촉진비 (추정)	100억 미만	200억 이상	500억 이상	1,000억 이상 예상

*저자 추정치

리워드 크라우드 펀딩 시장은 위에서 크리스토퍼 잰즈가 구분한 기준으로는 전형적인 '파리 사냥' 시장에 해당된다고 할 수 있다. 즉, 고객 획득 비용도 낮고 고객 객단가도 낮다(왜? 저관여 제품이기에…). 더욱

이 시장 성장세가 매우 크다. 따라서 중개 수수료라는(유통 업체와 유사한 형태) 수익모델은 리워드 크라우드 펀딩 시장 구조를 감안 시 어느 정도 적합(Fit)하다고 판단할 수 있다.

그렇다면 같은 크라우드 펀딩 중에 '증권형 크라우드 펀딩' 시장은 어떠할까? 운영되는 형태는 리워드 크라우드 펀딩 시장과 동일하지만 실제 그 속의 내용은 완전히 다르다고 할 수 있다. 리워드 크라우드 펀딩은 제품에 펀딩하지만 증권형 크라우드 펀딩은 기업에 펀딩하는 것이기 때문이다. 더욱이 증권형 크라우드 펀딩은 상장하지 않은 스타트업 중심으로 펀딩을 하게 되는데 스타트업 투자를 온라인을 통해 쇼핑하듯 할 수 있다라고 하면 쉽게 이해가 될 것이다.

증권형 크라우드 펀딩에 참여하는 고객은 마치 투자 심사역의 자세로 그 어려운 기업의 사업계획서, 각종 재무지표 등을 통해 펀딩 여부를 판단하고 참여해야 한다. 더욱이 참여 금액도 당연히 리워드 크라우드 펀딩 시장보다 훨씬 높다. 리워드 크라우드 펀딩은 개인당 펀딩 평균 금액이 약 2~3만원 정도이나 증권형 크라우드 펀딩의 경우 개인당 펀딩 평균 금액은 최소 200만 원 이상이 된다.

더욱이 전문가 정도 되어야 판단할 수 있을 정도로 어려운 것을 아무나 할 수 있을까? 당연히 참여하는 고객 수가 리워드 크라우드 펀딩에 비해 적을 수밖에 없다. 자동차, 아파트와 같은 전형적인 고관여 제품군이라고 할 수 있다.

그러나 현재 증권형 크라우드 펀딩 시장의 수익모델은 리워드 크라우드 펀딩 시장과 동일한 '중개 수수료' 모델이다. 위에 소개한 크리스토퍼 잰즈(Christoph Janz) 말대로 따지면 코끼리나 사슴 사냥을 해야 하는데 실제 방법은 파리 사냥으로 하고 있는 것 아닐까?

#2. 최근에 유학원 시장에 대해 살펴 볼 수 있는 기회가 있었다. 아래 표는 2013년부터 2019년까지 한국인이 국외로 유학을 나간 추이이다. 2019년 기준 약 22만 명의 한국인이 외국으로 유학을 갔고, 그중 가장 큰 수요는 '대학 및 대학원 학위' 수요였다. 국내 초중고 대학교 대학생 수 기준으로 보면 약 2.5~2.8% 수준이라고 할 수 있다. 향후 출생률 저하로 국내 초중고 대학생 수는 지속적으로 감소할 것으로 예상되고, 2030년 유학생 수는 전체 학생 수 대비 유학생 비중 약 3%를 감안하면 약 15만 명이 될 것으로 예상된다.

[2013~209년 국외 한국인 유학생 송출 현황]

		2013	2014	2015	2016	2017	2018	2019
한국인 유학생 총계 (국내 초·중·고·대학교 학생수) 유학비중 * 유학생 ÷ 학생수		239,500 (939만) 2.5%	230,450 (918만) 2.5%	224,625 (892만) 2.5%	232,651 (867만) 2.7%	248,716 (846만) 2.9%	229,822 (826만) 2.8%	222,077 (804만) 2.7%
시장별 유학생 현황	초등학교	5,154	4,455	4,271	3,796	4,103	4,103	4,399
	중학교	4,377	3,729	3,226	2,700	2,761	2,761	2,893
	고등학교	2,843	2,723	2,432	2,247	2,028	2,028	1,785
	대학(연수)	83,039	78,983	56,281	90,730	96,938	97,135	81,482
	대학(학위)	144,087	140,560	158,415	133,178	142,886	123,795	131,518
유학 연수 해외지급액 *		4.3조	3.7조	3.7조	3.6조	3.5조	3.6조	3.4조

* 유학 연수 해외 지급액 : 해외 교육기관에서의 소요된 학비 및 체류비 포함

출처: 한국은행 경제통계시스템, 한국교육개발원 교육통계

현재 유학원의 Business Model은 유학원이 연계한 외국학교에서 학생이 지불하는 학비의 커미션을 받는 형태이다. 국내 Top-Tier급의

유학원이 연간 연계하는 유학생 수는 약 3~4천 명으로 예상되고, 인당 객단가는 약 300~400만 원으로 추정되고 있으며 이 객단가는 지속 상승하고 있다. 추가로 국내 Top-Tier급의 유학원 임직원 수는 약 100~150명으로 대부분 컨설팅 인력이다.

이런 상황이라면 이 글을 읽고 있는 여러분들은 어떤 비즈니스 모델이 현실적으로 타당하다고 생각되는가?

유사한 사례로, 최근 강남 대치 일대 고가의 입시 컨설팅에 대한 문제가 드러났고, 이 문제를 해결코자 많은 스타트업이 창업을 진행 중이다. 문제의 핵심은 컨설팅의 비용이 비합리적으로 비싸서 합리적인 가격에 컨설팅을 제공하는 플랫폼을 탄생시키는 형태이다.

다시 말하면 현재 시장 구조의 적합한 비즈니스 모델은 '코끼리 사냥' 형태인데 대부분의 스타트업은 '파리 사냥'을 하려고 하는 우려가 있을 수 있다. 물론 고가의 컨설팅 자체에 대한 사회적 문제 인식은 완전히 공감하나, 비즈니스 모델은 철저히 시장구조와 궁합이 맞는 것으로 가야 하는 것은 다른 이야기 아닐까 한다.

2. 스크린 골프 vs. 스크린 야구?

비즈니스 모델을 고민하는데 있어서 또 하나의 중요한 것이 문제인식의 성격이다. 즉 고객이 가지고 있는 문제인식이 Serious한 것인지

Fun한 것인지에 대한 것이라고 나눌 수 있다. 이를 스크린 골프와 스크린 야구를 비교해서 한번 설명해 볼까 한다.

국내 스크린 골프 매장수는 약 8천~1만 개 수준으로 예상된다. 점유율은 골프존이 4,900개로 60%를, 카카오VX가 2,100개로 약 25%, SG골프가 1,110개로 약 13%를 점유해, Big Player 3개가 시장을 과점하고 있는 상황이라고 볼 수 있다.

골프는 코로나19로 수요가 급상승했다. 그 배경은 골프 특성상 코로나에 안전하다는 인식과 더불어 해외 출국 수요를 흡수한 구조적인 요인이 있다. 또한 수요 측면에서는 MZ세대와 여성 골퍼의 급신장이 가장 큰 이유라고 볼 수 있다.

[세대별 골프 소비액 추이]

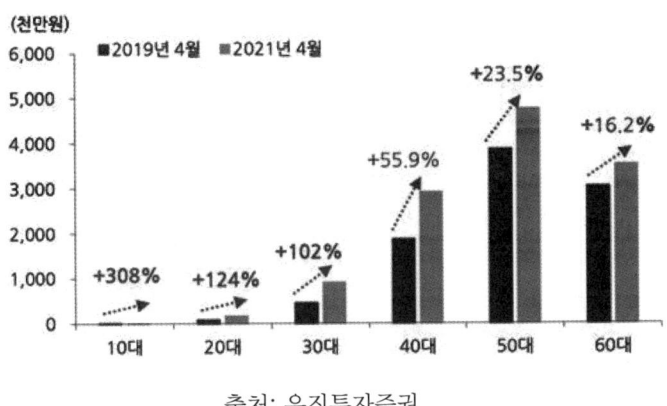

출처: 유진투자증권

또한 스크린 골프장 이용 건수 또한 20대와 60대 중심으로 급증가한 것을 확인할 수 있다.

[남성 스크린 골프장 이용 건수 증가율]   [여성 스크린 골프장 증가율]

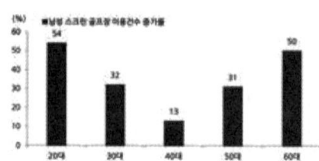 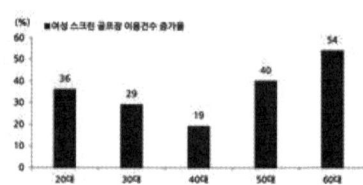

출처: 유진투자증권

**증가율 기준: 2019년 상반기 대비 2021년 상반기

　이렇게 골프 인구가 급증하다 보니 골프와 관련된 연관 산업도 커질 수밖에 없다. 골프웨어는 말할 것도 없고 관련 하드웨어 장비, 예를 들어 거리측정기 및 시뮬레이터 등 골프 IT 용품 시장 또한 급성장하고 있는 추세이다. 골프 분야에서 스타트업 창업이 가장 많은 분야인 거리 측정기의 경우 벌써 50만 대가 넘었다고 한다.

　그러면 이제 스크린 야구에 관련된 내용을 좀 살펴보고자 한다. 아래의 통계 데이터는 2018년 전자신문에 기재된 기사[18]에서 발췌한 것이다. 2017년 시장 규모 기준으로 스크린 골프는 1.5조, 스크린 야구는 5,000억 원 수준으로 예상되었다. 스크린 야구는 스크린 골프의 약

---

18) 강우성, 2018-07-10, 스크린스포츠 열기 고조, 싱크로율 얼마나 높은가, 전자신문, https://www.etnews.com/20180709000071

1/3 수준이라고 예상했고, 이후 스크린 야구 시장 또한 급격하게 성장할 것이라고 추정되었다. 즉, 2017년 당시 스크린 골프와 함께 스크린 야구도 급성장할 것이라 예상했던 내용이다.

스크린 스포츠 시장 규모		스크린 골프 시장 규모		스크린 야구 시장 규모	
연도	금액	연도	금액	연도	금액
2007년	100억 원	2006년	200억 원	2016년	2400억 원
2013년	1조 5000억 원	2015년	1조 200억 원	2017년	5000억 원
2017년	5조 원	2017년	1조 5000억 원	2020년	1조 원
종목: 골프, 낚시, 볼링, 배드민턴, 사격, 승마, 야구, 축구, 플라이밍, 컬링 등 20여 개 존재/자료 출처: 업계					

2017년 당시 스크린 야구 현황은 아래와 같다.

[국내 스크린 야구 시장 점유율 현황: 2017년 기준] [19]

	R사	S사	L사
매장 수	190개	108개	75개
점유율	51%	29%	20%

R사 및 S사 실적 추이를 살펴보면 2017년을 고점으로 하여 2018년 이후 하락 추세에 있으며, 무엇보다 특이사항은 스크린 골프와 달리 코로나19 이후 급격하게 하락하는 것을 확인할 수 있다. 즉, 위의 예측치와 결과는 달랐던 것이다.

---

19) 조은아, 2017-04-28, 투스트라이크 쓰리볼 야구게임시장, 실감나는 방망이로 홈런?, MTN뉴스, https://news.mtn.co.kr/news-detail/2017042817055267990

[R사 및 L사 실적 추이]

R사		2017년	2018년	2019년	2020년
R사	매출	185억	76억	43억	20억
	영업이익	-23억	-43억	-33억	-25억
L사	매출	270억	106억	107억	97억
	영업이익	-11억	-82억	-59억	-25억

출처: Job Korea 기업 정보

위에서 이야기한 관련 지표를 포함한 골프와 야구의 주요 지표를 정리하면 아래와 같이 정리할 수 있다. 적극적 인구수 기준으로 야구는 골프 인구의 10% 수준이고(사회인 야구 인구수 기준), 소극적 인구수 기준으로는 야구가 골프보다 오히려 1.3배 높다. 그러나 매장수 기준으로는 스크린 야구는 스크린 골프 대비 2%에 불과하며, 매출 또한 10%, 이익률은 거의 2배 이상 차이가 난다.

[골프 및 야구 주요 지표 비교]

	골프	야구	차이(골프 100기준)
인구수	약 600만 명	프로야구 관람객 800만 명 사회인 야구 인구수 60만 명	1.3배(관람객 기준) 10% (사회인 야구)
스크린 매장수	약 8천~1만 개	200개 미만 예상	2%
업계 1위 매출	약 6,000억 원	약 100억 원	16%
업계 1위 영업 이익률	약 25%	-25% 적자	100%
시장 속성	Serious	Fun	

하나 더 나아가면 배드민턴 인구수는 약 350만 명, 볼링 인구수는 약

500만 명, 테니스 인구수는 약 50만 명 등인데 실제 스크린 시장이 활성화 되어 있는 것은 유독 골프만이 유일하다. 도대체 왜 이럴까?

플레이 하는 환경의 기본적인 차이 등 수많은 이유가 있지만 시장의 본질 구조 측면에서 보았을 때 나의 의견은, 골프는 Serious Market, 야구는 Fun Market 특징이 있기 때문이라고 생각한다.

Serious Market의 특징은 해당 시장에 참여하는 참여자의 Needs가 매우 구체적이고 현실적이며 본인의 삶에 많은 영향을 끼치는 속성이 있다. 가장 대표적인 시장이 취업, 진학 시장이라고 할 수 있다. Fun Market 특징은 말 그대로 있어도 좋고 없어도 크게 본인의 삶에 큰 영향이 없는 시장이기도 하다.

예를 하나 더 들어 보겠다.

최근 한국어 교육의 열풍이 어마어마하다. 그중에는 단순히 한류의 팬이 되어 내가 좋아하는 셀럽의 언어를 배우고 싶은 사람도 있을 것이고, 일부는 한국에 유학을 와서 학위를 받거나 아니면 해외 현지에서 한국 회사에 취업하기 위해 공부하는 사람도 있을 것이다. 이 기준으로 보았을 때, 팬의 입장에서 단순히 배우고 싶은 정도는 Fun Market이라 할 수 있고, 한국 학위를 받음으로 본인의 커리어를 위해 공부하는 시장은 Serious Market이라 할 수 있다.

비즈니스 모델에서 보통 Serious Market의 경우 지불하고자 하는 객단가가 Fun Market보다 당연히 높을 수밖에 없고 Retention이 높다는 것이다.

스크린 골프에 가는 사람은 목적 자체가 매우 명확하다. 즉, 한 타라도 줄이고 싶은 매우 현실적인 목표가 있다. 이를 통해 본인의 사업 성과를 극대화하고 싶은 층도 있을 것이고, 남들에게 '난 이렇게 제대로 배우고 치는 사람이야'라는 것을 보여주고 싶은 매우 구체적인 과시 목표도 있을 수 있다. 목표 자체가 매우 Serious한 경우가 많다.

그러나 스크린 야구의 경우, 물론 나의 타격 실력을 올리고 싶어서 가는 경우도 있겠지만 대부분 회식 후, 야구를 좋아하는 동료들과 2차 등의 Fun 목적으로 가는 경우가 대부분이다.

쉽게 이야기하면 스크린 야구의 잠재적 경쟁자는 옆에 있는 호프집, 노래방, 요식업체라고 할 수 있다. 방문하는 목적이 비슷하다.

실제로 스크린 야구는 위 통계자료에서도 살펴보았듯이, 코로나19의 직격탄을 맞았다. 대부분의 고객이 회식 후 2차 등의 Fun목적으로 스크린 야구장을 방문하는데 코로나19 이후 영업시간 단축으로 직접적인 영향을 받았기 때문이다.

Serious한 시장이 좋고, Fun시장이 나쁘다는 의미가 절대 아니다. 우리가 진입하고자 하는 시장 구조의 본질적인 특성을 매우 객관적으로 이해하는 것이 중요하다. 단순히 시장이 크다는 양적 접근은 비즈니스 모델 수립에 있어서 가장 경계해야 할 포인트임도 기억하자.

12. 투자자가 듣고 싶어하는 비즈니스 모델/마케팅 전략 _235

스타트업의 성장 서사를 함께 만드는

도지은

- ㈜비드리머 수석 및 IR 피칭컨설턴트
- 적격엔젤 양성 교육 수료 완료(2024.08)
- SBS Biz 외신캐스터
- 서울경제TV 메인 앵커
- 삼성전자 A-lab sales PT 스토리 컨설팅
- 한국외대 서울시캠퍼스타운사업단 데모데이 심사역
- 인천콘텐츠코리아랩 콘텐츠스케일업 프로젝트 IR 피칭 심사역
- 저서: 성공하는 경쟁입찰 프레젠테이션 공동 저자

13

팀 소개

슈퍼맨 보다 어벤저스를 원한다

IR 발표 시간이 짧아지면 대표님들이 하는 질문이 있다.

"팀 소개 장표는 빼도 될까요?"

해당 기업이 어떤 컨셉 및 스토리 라인을 강조하는지에 따라 다르지만, 만약 예비 및 초기 스타트업이 그렇게 물어본다면 내 대답은 늘 'NO'이다. 다른 장표를 압축하거나 생략하는 한이 있어도 팀 소개 장표만큼은 들어갔으면 좋겠다고 제안한다.

스타트업은 대기업에 비해 돈, 시간, 인력 등 많은 부분이 턱없이 부족하다. 그럼에도 불구하고 빛나는 아이디어와 기술, 잠재력으로 세상을 긍정적인 방향으로 바꾸고자 노력하는 것 아닌가.

물론 대기업 대비 우위를 점할 수 있는 점도 분명히 존재한다. 그것은 바로 '속도'라고 생각한다. 빠른 의사 결정과 시도, 그리고 그것으로부터 도출된 결과를 다시 흡수해 발전할 수 있다는 점이 가장 큰 장점이다. 그 힘난한 과정에서 시간과 에너지를 조금이나마 줄여보고자 투자라는 선택을 필연적으로 하게 된다.

투자를 받기로 결심하였다면, 투자자의 구미를 당기게 할 수 있는 요소는 무엇인가를 고민해야 한다. 비슷한 아이디어, 훌륭한 제품과 서비스가 넘치는 시장에서 스타트업이 차별화 전략을 구사할 수 있는 방법은 그리 많지 않다. 더구나 IR 피칭 시간은 보통 한정적이기 때문에 우리 기업에 대해 알리고 각인시키기 위한 확고한 컨셉과 스토리 라인, 그리고 전략이 반드시 필요하다.

현실적으로 시장의 판도를 바꾸는 '게임 체인저', 혹은 새로운 시장을 만드는 '마켓 메이커'를 자처하기에는 도사리고 있는 현실의 장벽이 매우 높고 크다. 그러므로 한정된 발표 시간 안에 스타트업이 가장 중점적으로 강조해야 하는 것은 '시장과 해결책, 그리고 비즈니스 모델을 얼마나 논리적으로 잘 설명할 것인가'이다. 그리고 이것이 모두 가능한 이유이자 근거가 되어 주는 것이 바로 우리의 '팀 소개' 장표라고 할 수 있다.

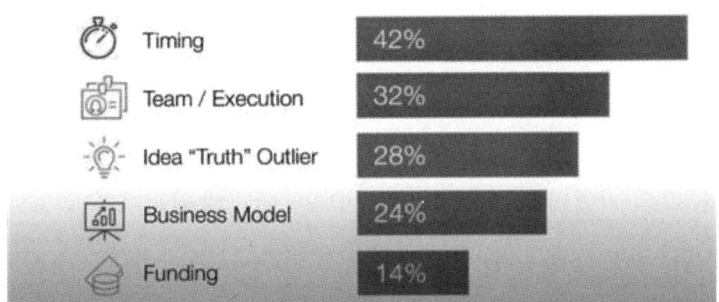

출처: 더스타트

팀 소개 장표는 형식적으로, 혹은 의례적으로 들어가는 장표가 아니다. 우리의 창의적인 해결책이 누구에게 필요한지(고객), 왜 지금이어야 하는지(타이밍), 우리의 시장은 어디이고 여기에 진입하기 위한 전략은 무엇인지(시장)를 설명한 뒤 그걸 할 수 있는 주체가 왜 반드시 우리여야만 하는지를 설득하기 위한 가장 중요한 장표이다.

만약 "카카오톡을 잇는 최고의 메신저 애플리케이션을 만들겠습니다"라고 발표했다고 치자. 우리 서비스에 대한 자세한 설명과 그간의 성과, 기술력에 대해 말을 한 다음 마지막으로 "저는 카카오 창업 멤버입니다"라고 말을 한다면? 저 사람 혹은 팀이라면 목표를 달성하기 위한 실력, 네트워크 등을 갖추고 있어서 가능할 것 같다는 생각이 절로 들 것이다. 이밖에 "이전에 성공적인 엑싯을 두 차례 경험한 바 있습니다" 등의 멘트를 통해 팀의 전문성을 강조하면 투자자에게 긍정적인 인상을 남길 수 있다.

일반적으로 발표 장표 흐름상 팀 소개 장표는 후반부에 위치하는데 논리적으로 튀지만 않는다면 어느 부분에 들어가도 사실 상관없다. 만약 우리의 핵심 경쟁력 중 하나가 인력구성이라 이를 강조하고자 한다면 가장 앞으로 해당 장표를 배치하는 경우도 있다(일례로 바이오 기업의 경우).

지금 우리 기업의 팀 소개 장표는 어디에 위치해 있는가. 그리고 그곳에서 강조하고자 하는 원 메시지는 무엇인가. 단순히 인원수가 많다든가, 대표인 나의 이력이 화려한 것에서 그치고 있진 않은가. 만약 다시 한번 팀 장표를 점검해봐야겠다는 생각이 들었다면 이후 이어질 다소 아쉬운 장표와 잘된 장표 사례를 통해 구체적으로 어떻게 발전시키면 좋을지 고민해 보고 우리의 IR 덱에 적용하는 기회로 삼아보길 바란다.

1. 팀 소개 장표 구성 시 유의할 점

사례 1) "제가 전부 다 합니다"

첫 번째 사례는 대표가 모든 분야를 맡고 있다고 강조하는 경우이다. 물론 대표의 개인 능력이 매우 뛰어나서 이를 강조하고 싶을 수 있다. 또 1인 기업이나 대표에 의존해 사업을 진전시키는 구조라면 그럴 수 있다. 그러나 일반 스타트업에서 기술 개발, 영업, 인사, 재무 그리고 마케팅까지 모든 것을 전부 대표가 홀로 맡고 있다고 하면 과연 투자자들은 무슨 생각을 할까? 당연히 의문을 가질 수 밖에 없다. 인간의 시간은 유한한데 만약 대표가 개인 사정이 생기거나 건강상의 문제가 생긴다면 저 기업은 멈추겠구나, 즉 '시스템적으로 움직이는 곳이 아니라 대표 홀로 끌어가는 자영업과 같구나'라는 생각을 하게 된다. 그리고 이건 기업의 발목을 잡는 요인이 된다.

출처: 슬라이드 멤버스/ CEO의 이력을 강조한 팀 소개 페이지

투자자는 스타트업의 대표와 충분히 의사소통을 하면서 방향성과 결이 맞는지 확인한 뒤 투자를 결정하곤 한다. 그래서 스타트업 대표의 의사소통 방식과 태도는 실제 투자에 많은 영향을 미친다.

물론 대표가 사업을 대하는 태도, 가치관 그리고 이력 등은 매우 중요하다. 다만 사업을 진전시키는 데 있어서 대표인 나의 어떤 부분이 가장 핵심 경쟁력인지 객관적으로 정리해줄 필요가 있다.

나의 모든 이력이 소중하고 그것이 곧 기업의 비전 및 역사와 맞닿아 있겠지만 사람이 모든 분야를 같은 수준으로 잘할 순 없다. 대표가 부족한 부분을 다른 팀원이 어떻게 보완하고 있는지, 그런 팀원들이 모여 어떻게 조직화 되고 안정적인 시스템으로 구축되고 있는지 팀 장표에서 확실하게 보여줘야 한다.

사례2) 모든 이력이 중요한 것은 아니다

그럼 우리의 출중한 팀원들의 이력은 어떻게 보여 주는 것이 좋을까? 모든 이력을 무한정 기재하기보다 각자 가장 특화된 분야가 어디인지 강조하고자 하는 부분을 1, 2개 정도로 압축하는 것이 가장 좋다. 한정된 발표 시간 안에 모든 내용을 전부 강조하는 것은 불가능하기 때문에 전략적으로 강조하고자 하는 부분을 가독성 높게 디자인하여야 한다.

혹은 짧은 키워드로 적는 것도 하나의 방법이다. #OO기술 최초 개발자 #2번의 엑싯 경험 등 핵심적인 이력 및 강점을 표현할 수 있는 방법은 매우 많고 다양하다.

대표를 포함해 핵심 팀원들의 이력이 가장 눈에 잘 보이도록 배치한 뒤 나머지 팀원들은 팀 단위로 하여 도식화하자. 어떤 방법이든 상관없지만 최소한 가독성이 좋지 않은 줄글로 길게 이력을 단순하게 나열하여 적는 것만큼은 피하자.

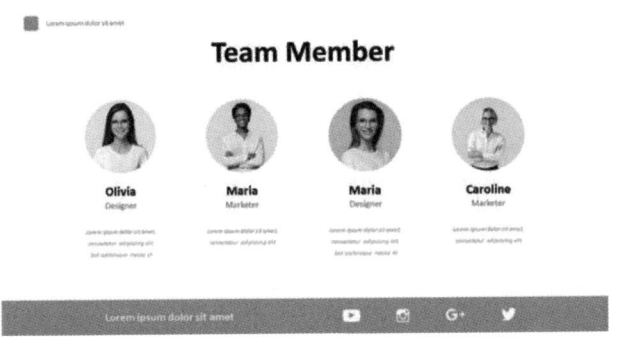

출처: 슬라이드 멤버스/ 핵심 구성원들을 함께 기재한 팀 장표 예시1

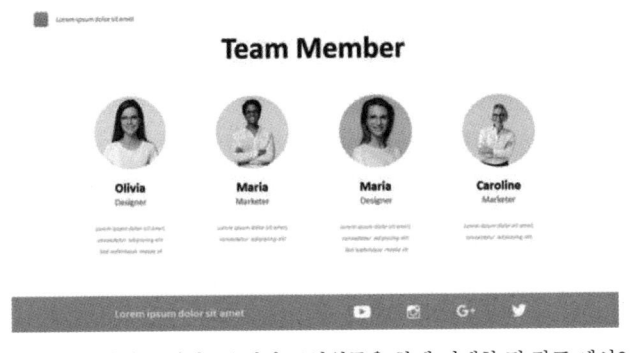

출처: 슬라이드 멤버스/ 핵심 구성원들을 함께 기재한 팀 장표 예시2

사례3) 1인 기업이라면

예비 혹은 초기 기업이라면 핵심 팀원 이외에 팀 구성이 완성되지 않았을 수도 있다. 특히 1인 기업의 경우 대표의 이력이 곧 팀 소개가 된다. 그렇다면 텅 빈 팀 장표를 어떻게 채워야 할까? 다시 한번 천천히 생각해 보자. 정말 사업을 '나 혼자' 하고 있나?

아직 모든 인력을 내재화시키지 못했더라도 자문 및 고문 위원 등 외부 인력으로 우리 팀의 경쟁력을 간접적으로 드러내는 것도 하나의 방법이다. 디자인, 영업, 개발, 노무 등 직간접적으로 우리 사업에 도움을 주고 있다면 팀 장표 내에 따로 영역을 구분하여 드러내자. 앞서 말했듯이 대부분의 일을 대표 혼자, 혹은 소수의 인원이 하고 있다면 그 또한 경영 리스크(risk)처럼 느껴질 수 있다.

2. 이상적인 팀 소개

정리하면 이상적인 팀 소개 페이지란,
1) 핵심 팀원들의 대표적인 이력을 한눈에 보여 줄 수 있는 장표
2) 앞서 설명한 솔루션이 성공할 수 밖에 없는 중요한 근거
3) 각 분야 최고의 팀원들이 얼마나 역할 분배가 효율적으로 되어있는지 알 수 있는 지표

위 세 가지 역할을 충실하게 수행하는 것이라고 할 수 있겠다.

3분 피칭을 하든 혹은 20분 넘게 투자 미팅을 하든 어느 자리에서나 빠지지 않는 필수 장표가 바로 팀 소개 장표이다.

우리 팀의 핵심 역량이 '대표 이력'인지, 팀원 간의 '관계성' 인지에 따라서 팀 장표의 템플릿은 조금씩 차이가 있을 수 있지만 '우리 기업을 가장 잘 드러낼 수 있어야 한다'는 본질적인 목표는 변하지 않아야 한다.

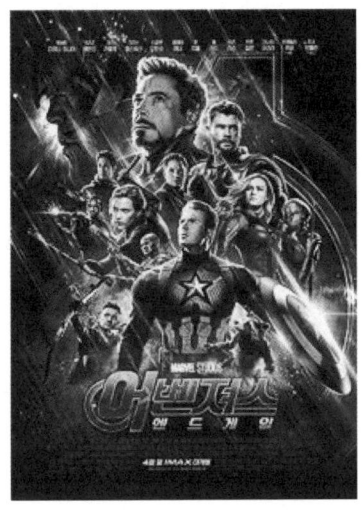

출처: 위키백과

마지막으로 투자자들은 투자 대비 큰 수익이 나는 것도 중요하지만 위험부담을 줄일 수 있는 방안도 함께 고려한다. 투자의 관점에서 대표 한 명이 슈퍼맨인 것보다 서로 부족한 점을 채워줄 수 있는, 그리고 그 관계가 매우 끈끈한 '어벤저스' 팀을 원한다는 것을 반드시 기억하자.

비즈니스 커뮤니케이션 전략가

박세인

- 슈퍼인스피치 커뮤니케이션 대표
- 고려대학교 언론대학원 언론학 석사 (논문: 라이브 커머스 쇼호스트의 언어적·비언어적 커뮤니케이션이 구매행동에 미치는 영향)
- 공공기관 및 기업교육 커뮤니케이션·스피치 전문 강사
- 창업진흥원, 청년창업사관학교, 창조경제혁신센터, 중소기업기술정보진흥원, 사회적기업진흥원 등 IR 피칭 멘토
- IR 피칭 컨설턴트, 강의 및 컨설팅 누적 150회 이상
- 대기업 사내 아나운서 및 부산MBC·복지TV 등 방송인 경력

14

비전으로 투자자의
마음을 사로잡아라

IR 피칭 중장기 전략과
완벽한 클로징 기술

2016년, 일론 머스크는 국제우주회의에서 인류를 화성으로 이주시켜 식민지를 만들겠다고 선언했다. 너무 비현실적이어서 많은 사람들이 조롱했다. 하지만 머스크의 이야기는 단순한 꿈이 아니었다. 전 세계 투자자들을 끌어들이는 강력한 비즈니스 비전이 되었다. 머스크는 단순히 기술을 개발하거나 로켓을 쏘겠다고 한 것이 아니라 인류의 거주지를 지구 밖으로 확장하겠다는 장기적 목표를 제시했다. 이 명확한 비전이 스페이스X라는 혁신적인 기업을 통해 실현되면서, 전 세계 투자자들의 신뢰와 자본을 이끌어냈다.

비현실적으로 보였던 비전이 현실이 되는 사례는 다른 분야에서도 찾을 수 있다. 한류 콘텐츠도 처음엔 주목받지 못했지만 지금은 세계가 사랑하는 문화 콘텐츠가 됐다. 낯선 땅에서 시작된 새로운 도전이었지만 'K-컬처'를 세계적 브랜드로 성장시키겠다는 명확한 비전과 전략이 있었기 때문에 성공할 수 있었다. 일론 머스크는 우주로 향했고 한류는 세계인의 일상 속으로 들어왔다.

'비전'은 시장의 인식을 바꾸고 투자자의 관심과 자본을 끄는 강력한 힘이다. 비전은 실현 가능한 변화에 대한 기대감을 준다. 특히 투자자에게는 이 회사가 어떤 시장을 열고 어떤 판을 바꿀 수 있을지를 구체적으로 상상하게 만든다.

여러분의 기업에는 비전이 있는가? 명확한 비전은 투자자에게 기업의 가능성을 믿게 하고 함께 그 꿈을 이루고 싶게 만드는 강력한 동력이 된다.

이 장에서는 IR 피칭에서 중장기 전략과 클로징을 통해 비전을 효과적으로 제시하는 방법을 다룬다. 비전은 단순한 슬로건이 아니다. 투자자가 궁금한 것은 '이 기업은 어떤 미래를 만들고자 하는가'이다. 그 질문에 대한 답이 곧 비전이자 투자자를 설득하는 핵심 메시지가 되어야 한다.

투자자는 단기 성과만 보고 투자하지 않는다. 장기적인 성장 가능성, 사업의 지속성, 그리고 기업이 구현하려는 미래상까지 고려한다. 따라서 중장기 전략 파트는 단순히 매출 목표를 제시하는 것을 넘어서야 한다. 기업이 나아가고자 하는 방향성과 이를 실행에 옮기기 위한 구체적 계획을 담아야 한다. 그리고 마지막 클로징은 전략과 수치로 설계한 모든 내용을 하나의 '비전'으로 응축해, 투자자의 이성과 감정을 동시에 움직일 수 있는 결정적 순간이 되어야 한다.

중장기 전략은 IR 피칭의 마지막 단계로서 피칭 전체의 마무리 이미지를 결정한다. 기업은 중장기 전략을 데이터에 기반한 명확한 근거를 바탕으로 제시해야 한다. 이를 기업의 비전과 자연스럽게 연결해 클로징까지 이끌어낸다면 투자자에게 강력한 인상을 남길 수 있다. 투자자의 관심을 끌고 투자하고 싶은 기업으로 인식되는 구체적인 중장기 전략 수립 방법을 함께 살펴보자.

1. 기업의 미래를 위한 로드맵, 중장기 전략에서 시작된다

중장기 전략은 기업이 일반적으로 3년에서 10년을 목표로 설정하는 지속적인 성장과 발전을 위한 실행 로드맵이다. 기업이 미래의 목표를 달성하기 위해 나아가야 할 방향을 구체화하는 과정이다. 이를 실현하려면 구체적인 목표와 실행 계획은 물론, 연차별 또는 단계별로 구성된 실행 타임라인과 성과 측정 기준이 반드시 포함되어야 한다.

중장기 전략은 기업의 현재 상태에서 미래 목표로 가는 체계적이고 장기적인 계획이다. 이를 통해 투자자에게 신뢰를 주고 회사의 비전 실현 가능성을 보여줄 수 있다.

중장기 전략에서 가장 중요한 요소는 기업이 지속 가능한 성장을 이룰 수 있는지에 대한 명확한 청사진을 제시하는 것이다. 투자자들은 기업이 현재의 성과에만 의존하지 않고, 장기적으로도 시장에서 경쟁력을 유지하며 확장할 수 있는 전략과 실행 능력을 갖추었는지를 확인하고 싶어한다. 따라서 기업은 시장 내 경쟁 우위 확보 방안, 변화 대응 전략, 확장 모델을 구체적인 데이터와 함께 제시해야 한다. 단순한 기대감이 아닌 실행 가능한 성장 전략을 통해 차별화된 미래 비전을 보여줄 수 있어야 한다.

따라서 IR 피칭에서 중장기 전략을 말할 때 단순히 "잘 성장하겠습니다", "더 커질 것입니다"라는 말로는 투자자를 설득할 수 없다. 투자자들은 구체적인 실행 전략과 그 전략이 실제 시장에서 어떻게 작동하는지 알고 싶어 한다. 따라서 '실현 가능한 성장 전략'을 제시할 때는 누구를 대상으로, 어떤 방식으로, 무엇을 확장하며, 그 결과가 어떤 성과로 이어지는지를 체계적이고 구체적으로 설명해야 한다.

시장, 고객, 기술, 확장 방향성 중 하나 이상을 명확하게 짚어줘야 한다. 투자자는 전략의 '그럴듯함'이 아니라 '실행력'과 '재무적 성과로의 연결 가능성'을 본다. 전략을 말할 때, 그 말이 곧 매출 그림으로 이어져야 한다.

중장기 전략에서 가장 경계해야 할 점은 근거 없는 매출 예측이나 과장된 비전 제시이다. 단순히 청사진을 크게 그리는 데 그쳐서는 안 된다. 각 연도별로 어떻게 목표를 실현할 것인지에 대한 상세하고 논리적인 계획이 필요하다. 예를 들어, 어떤 기술을 도입할지, 어떤 방식으로 제품을 개발할지 구체적으로 제시해야 한다. 또한, 어떤 채널을 통해 판로를 확대할지, 글로벌 시장 진출 전략은 무엇인지도 명료하게 설명해야 한다. 이러한 실행 계획은 '마일스톤(Milestone)', 즉 전략을 구성하는 주요 이정표로 정리되어야 한다.

마일스톤은 전략 전체를 의미하는 것이 아니라 실제 전략이 작동하기 위해 각 시점에서 도달해야 할 핵심 성과 지점을 뜻한다. 따라서 투자자에게는 이 마일스톤을 통해 기업의 실행력과 성장 경로를 직관적으로 제시할 수 있다. 이를 수립하기 위해서는 명확한 비즈니스 모델, 충분한 시장 이해도, 실행력 있는 마케팅 전략이 전제되어야 한다.

장기 전략에는 기업이 마주할 수 있는 잠재적 리스크를 예측하고 관리하는 계획도 포함되어야 한다. 위험 대응을 포함한 전략 설계는 투자자에게 기업의 안정성과 예측 가능성을 제시하며 투자 위험을 낮추는 핵심 요소로 작용한다. 또한 기업의 목표와 성장 방향을 구체적으로 보여줌으로써 향후 어떤 전략적 방향으로 나아가고 있는지를 명확히 전달할 수 있다. 이때 수립된 전략은 단순한 계획이 아니라 회사가 목표 달성을 위해 어떤 로드맵을 가지고 있는지를 나타내는 지표이다.

이러한 전략적 계획이 설득력을 가지려면 반드시 측정 가능성이라는 기준이 함께 뒷받침되어야 한다.

"측정하지 못하는 것은 관리할 수도 없다."

이 격언은 로버트 캐플란과 데이비드 노턴이 『밸런스드 스코어카드』에서 전략 실행의 출발점으로 강조한 핵심 경영 철학이다. 투자 가치 평가 분야에서도 애스워드 다모다란은 『내러티브&넘버스』를 통해 이 격언을 인용하며 숫자 기반의 스토리텔링의 중요성을 설명한다.

기업의 전략은 수치화되어야 실행 가능해지고 투자자에게도 설득력을 얻을 수 있다. 그 대표적인 도구가 바로 KPI(Key Performance Indicator), 즉 핵심성과지표다. 조직의 전략적 목표 달성 여부를 수치로 측정하는 지표다. KPI는 어떤 전략이 실행되고 있으며 그 전략이 실제로 성과를 내고 있는지를 보여주는 나침반 역할을 한다. 예를 들어 한 커머스 스타트업이 '월 매출 1억 원 달성'을 목표로 한다면 이에 해당하는 KPI로는 '온라인 스토어 일 방문자 수', '전환율', '평균 구매단가', '재구매율' 등이 설정될 수 있다. 이처럼 KPI는 기업의 실행 전략을 수치로 증명하고, 성과를 판단하는 핵심 기준으로 활용된다. 또한 이 수치들이 어떻게 매출로 이어지며, 궁극적으로 어느 수준의 영업이익을 창출할 수 있는지를 함께 제시해야 한다. 이처럼 KPI는 단순한 숫자가 아니라, 투자자에게 미래 성과를 예측 가능하게 보여주는 전략의 핵심 언어다.

중장기 전략은 기업이 지향하는 목표와 방향성을 구체적이고 설득력 있게 보여주는 수단이다. 많은 예비 창업가나 초기 스타트업은 아직 시장 반응이나 수익 구조가 명확하지 않기 때문에 중장기 전략을 수립하는 데 부담을 느낀다. 무엇을 기준으로 어떤 성과를 예상해야 할지 막막하기에 IR 피칭에서 단순한 비전 제시나 근거 없는 매출 추정으로 마무리되는 경우도 많다. 하지만 투자자는 단기 성과보다, 중장기적으로 얼마나 실행 가능한 전략을 갖추고 있는지를 중요하게 본다. 즉, '지금 무엇을 하고 있으며, 어떤 계획으로 성장해갈 것인지'를 수치와 흐름으로 보여주는 것이 필요하다.

예비 창업자라면 고객 인터뷰, 가설 실험, 피드백 수집 등의 실제 검증 과정을 전략 흐름으로 제시할 수 있다. 업력이 있는 팀이라면 매출, 성장률, 객단가, 전환율 등의 구체적인 수치를 기반으로 중장기 성장 로드맵을 구성해야 한다.

중장기 전략은 추상적인 미래가 아니라 지금의 실행을 기반으로 확장되는 논리여야 한다. 투자자는 '비전'을 넘어 그 비전이 어떻게 현실로 이어질지를 궁금해한다. 그 흐름을 설득력 있게 보여주는 것이 IR 피칭에서 가장 중요하다. 특히 초기 기업일수록 단기 성과에 집중하는 경향이 강하다. 그러나 명확한 장기 로드맵을 가진 기업은 그 자체로 확장 가능성과 잠재력에 대한 신뢰를 얻을 수 있다.

이 점은 인간관계에 비유하면 더욱 이해가 쉽다. 현재만 생각하는 사람보다 앞으로의 계획과 비전을 가진 사람에게 더 호감이 가며 신뢰가 생긴다. 사람도, 기업도 미래를 그리는 상대에게 자연스럽게 끌리기 마련이다. IR 피칭에서 중장기 전략은 단순한 미래 예측이 아니다. 스타트업에게 중장기 전략은 단기 성과(예: 1~2년 내 매출 증가, 고객 확보)를 넘어 지속 가능한 성장, 시장 내 포지셔닝, 그리고 투자금 회수(Exit)까지 포함한 실현 가능한 성장 시나리오다. 이는 투자자에게 '이 기업의 미래를 신뢰할 수 있는가?'를 판단하게 만드는 핵심 설득 도구이자 지속 가능성과 투자 안정성을 증명하는 마지막 무기가 된다.

2. IR 피칭에서 중장기 전략, 이렇게 구성하라

먼저, 중기와 장기의 기간을 구분해 이해해야 한다. 중기 전략은 보통 2~3년, 길게는 최대 5년까지를 기준으로 삼는다. 스타트업이나 신사업의 경우, 보통 2~3년 내 주요 마일스톤 설정을 목표로 한다. 이는 단기 목표(1년 이내)와 장기 목표(5년 이상) 사이의 전환 구간으로 핵심 성과의 기반을 다지는 시기이다. 반면 장기 전략은 5년 이상, 일반적으로 5~10년을 기준으로 한다. 이 전략은 기업의 비전, 미래 성장 방향, 핵심 역량 강화와 같은 장기적 방향성에 초점을 맞춘다.

이때 가장 중요한 것은 중장기 전략 기간 동안 달성해야 할 주요 성과

지표(KPI)를 명확히 제시하는 것이다. 예를 들어, 연 매출 성장률, 고객 수 증가, 시장 점유율 확대 등이 이에 해당한다. 또한 중기 전략이 어떻게 장기 목표로 연결되는지를 구조적으로 설명해야 한다. 이를 통해 투자자는 기업의 전체 성장 시나리오를 신뢰할 수 있다. IR 피칭에서 중장기 전략에 포함되어야 할 주요 항목은 다음과 같다.

- 비즈니스 모델의 진화 방향: 제품/서비스가 1년, 2년, 3년 차에 어떻게 발전할지, 새로운 시장 진출 또는 추가 수익원 확보 계획
- 시장 진입 및 확장 전략: 목표 시장의 정의, 시장 규모 추정, 점유율 확대를 위한 실행 방안
- 핵심 지표(KPI) 및 성장 목표: 매출, 고객 수, 견인지표 등 수치 기반 중기 성과 예측
- 경쟁력 및 차별화 요소: 팀의 역량, 기술력, 유사 경험 등을 통한 신뢰 확보 요소
- 자금 소요 및 조달 계획: 각 시기별 자금 사용 목적, 투자금 사용처와 기대 효과
- Exit(회수) 전략: M&A, IPO 등 투자 회수 방안
- 장기 비전: 5년, 10년 후 기업의 모습, 시장 내 위치, 기업가치

발표 시간은 제한되어 있기 때문에 위의 모든 요소를 IR 발표에 전부 담는 것은 현실적으로 어렵다. 따라서 IR 발표에서는 비즈니스 모델의 진화 방향, 핵심 KPI, 시장 진입 및 확장 전략 중심으로 내용을 압축하고 자금 계획, Exit(엑시트) 전략, 세부 재무 전망 등은 Appendix(부록)나 Q&A를 통해 보완하는 전략이 효과적이다. IR 피칭은 정보 전달의 자리가 아닌, 설득의 무대다. 정보의 완전성보다는 메시지의 선명함과 핵심 전략의 집중도가 더 중요하다. 따라서 발표는 핵심 전략 3가

지만 압축해 전달하고 나머지 내용은 자료로 준비해 상황에 따라 유연하게 대응하는 것이 가장 현명한 방식이다. IR 피칭에서 중장기 전략은 단순한 청사진이 아니다. 핵심 성과 지표(KPI)와 구체적인 계획을 바탕으로 실제 시장에서 어떻게 움직일지를 보여주는 실행 시나리오로 제시되어야 한다. 이러한 전략은 투자자에게 현실적인 성장 가능성과 관리 역량을 전달하는 중요한 판단 기준이 된다.

아래는 KPI를 중심으로 수치를 설계하고 전략을 설득력 있게 구성하는 예시다. 투자자가 기업의 실행력과 성장 가능성을 판단하는 데 핵심이 되는 KPI 항목들을 다음과 같이 정리해볼 수 있다. 그리고 이어서 이러한 KPI를 실제 IR 발표에 어떻게 반영할 수 있는지 사례를 통해 살펴보자.

IR에서 스타트업이 꼭 제시해야 할 핵심 KPI 5가지

구분	핵심 KPI 예시	이유
① 재무 성과	연 매출, 영업이익률	사업의 수익성과 지속 가능성을 보여주는 가장 강력한 지표
② 고객 확보	MAU(월간 활성 사용자 수), 누적 고객 수	성장 속도와 시장 반응을 직관적으로 보여줌
③ 수익 구조	CAC, LTV, Payback Period	수익 구조의 효율성과 장기 수익 가능성 판단
④ 전환율	세일즈 전환율, 리텐션율, 재구매율 등	실제 수요와 고객 충성도 확인
⑤ 시장 점유율 or 성장률	연간 성장률, 시장 점유율 변화	시장 내 포지셔닝과 확장 가능성을 나타냄

KPI를 기반으로 중장기 전략 발표 예시/ 친환경 에너지 스타트업

- 중기 전략 (3~5년)

"저희는 4년 안에 소형 태양광 발전 설비를 10만 가구에 설치하고, 연간 50만 톤의 탄소 배출을 절감하는 것을 목표로 합니다. 이를 위해 연간 설치 증가율 30%를 유지하며 5개 대형 건설사(S사, H사, D사, G사, E사)와의 협력 계약을 통해 새로운 주거 단지에 태양광 설비를 통합 설치하는 방안을 추진합니다. 이 전략을 통해 연간 약 2,000억 원 규모의 매출을 달성하고 설비 원가 절감 및 운영 자동화를 기반으로 영업이익률 18% 이상을 확보할 수 있습니다. 또한, 사용자 만족도(NPS) 90% 이상을 유지하고 IoT 기반 설비 관리 시스템을 도입해 설비 운영의 효율성과 신뢰성을 높이겠습니다."

- 장기 전략 (5년 이상)

"10년 내 전 세계 주거지의 20%가 친환경 에너지를 사용할 수 있도록 하는 시스템을 구축하는 것이 저희의 장기 목표입니다. 글로벌 에너지 기업 및 기술 표준화 기구와 협력하여 태양광 설비 기술의 국제 표준화를 선도하고 매년 주요 국가에 진출해 시장 점유율을 5%씩 확대함으로써 연 매출 1조 원 규모의 글로벌 친환경 에너지 플랫폼 기업으로 성장할 계획입니다. 설비 설치 1억 가구, 연간 탄소 배출 5억 톤 절감이라는 환경적 성과뿐 아니라 현지 맞춤형 에너지 솔루션 'SmartGrid Home' 시리즈를 통해 고정 수익 구조와 장기적 이익률 확보 기반도 마련하겠습니다."

이 중장기 전략은 단순한 비전의 나열이 아니라, KPI를 기반으로 한 수치화된 실행 계획이다.

① 재무 성과, ② 고객 성장, ③ 운영 효율성, ④ 시장 점유율 확대라는 핵심 축을 중심으로 설계되어 있다. 앞에서 살펴본 예시는 IR 피칭에서 중장기 전략을 어떻게 설계하고 표현해야 하는지를 잘 보여준다. 특히 중기 전략에서는 연 매출, 고객 수, 시장 점유율, NPS 등과 같은 정량적 KPI를 구체적으로 제시하는 것이 중요하다. 이러한 수치를 통해 실현 가능성과 투자 타당성을 입증할 수 있기 때문이다. 매출, 사용자 수, 객단가처럼 측정 가능한 지표를 중심으로, 단계별 성과 목표와 실행 계획을 보여주는 것이 핵심이다. 그래야 투자자는 '이 기업은 목표 달성을 위한 구체적인 전략을 갖추고 있다'고 믿게 된다.

그러나 장기 전략은 관점이 다르다. 아직 오지 않은 미래를 다루는 일이기 때문에 구체적인 수치보다는 '방향성'과 '가능성' 중심으로 설계되는 경우가 많다. 단순히 숫자를 나열하는 것이 아니라 기업이 장기적으로 만들어갈 변화, 확장성, 그리고 비전 중심의 메시지를 전달하는 것이 핵심이다. 물론 장기 전략에서도 KPI는 여전히 필요하지만, 중심이 아닌 보조 수단에 가깝다. 비전을 실현할 수 있다는 신뢰를 보완하는 역할을 하며 투자자 역시 장기 목표 수치를 '추정 가능한 청사진' 정도로 인식한다.

경영학의 대가 피터 드러커는 『프로페셔널의 조건』에서, 경영자는 '무엇을 기여할 것인지'에 집중해야 한다고 강조하며, 전략을 수립할 때는 방향성과 목표 설정이 우선되어야 한다고 주장했다. 또한, 『Good to Great』와 『Built to Last』로 잘 알려진 '위대한 기업' 연구의 대가 짐 콜린스는 BHAG 개념을 통해, 장기 목표는 단순한 수치가 아닌 비전 중심의 메시지여야 조직의 방향성을 강하게 이끌 수 있다고 강조한다. 즉, KPI는 장기 전략에서도 여전히 필요하지만 비전이라는 서사를 설득력 있게 뒷받침하는 '조력자'의 역할을 한다고 볼 수 있다.

IR 피칭에서 중장기 전략을 효과적으로 보여주려면 각 단계별 로드맵을 시각화하여 성과 목표, 필요 자원, 타임라인이 한눈에 들어오도록 구성해야 한다. 특히 중기 전략에서는 일정별 마일스톤과 KPI를 중심으로 구성하고 장기 전략에서는 기술 확장, 글로벌 진출, 생태계 전략 등 '큰 방향'을 강조하는 것이 효과적이다.

또 하나 중요한 전략은 '내 생각'을 말하는 것이 아니라 시장과 트렌드 위에서 내 전략의 타당성을 입증하는 것이다. 중기 전략에는 반드시 시장 환경 분석과 기회 요인을 담고 장기 전략에는 미래 산업의 변화와 그 안에서 우리 기업이 어떤 포지셔닝을 할 것인지 함께 제시해야 설득력이 생긴다. 명확한 중장기 전략은 단순한 로드맵이 아니라 숫자와 스토리, 전략과 비전이 조화를 이루는 투자 설득의 핵심 무기다. 구체적인 수치와 함께 기업의 변화 서사와 비즈니스의 진화 흐름을 함께 설계해야 진정한 '전략'이 된다.

■ IR 피칭에서 중장기 전략을 설계할 때 반드시 고려해야 할 4가지 핵심 기준

① 중기 전략은 정량적 KPI 중심으로 실현 가능성과 실행력을 입증해야 한다.

② 장기 전략은 방향성과 가능성 중심의 비전 설계가 핵심이다.

③ 전략은 숫자만이 아니라 '스토리'와 '맥락' 위에 설계되어야 한다.

④ 설득력 있는 전략은 '내 생각'이 아니라 시장 흐름과 트렌드에 기반해야 한다.

■ 장기 전략을 설계할 때의 네 가지 기준

장기 전략을 설계할 때는 아래 네 가지 기준을 참고하면 좋다. 이 요소들은 실행 가능한 비전을 구체화하는 데 중요한 기반이 된다.

1. 최종 비전을 선명히 그려라

장기 전략의 첫 번째 단계는 기업의 최종 비전을 명확히 전달하는 것이다. 최종 비전은 회사가 궁극적으로 이루고자 하는 목표와 사회적 가치를 포함해야 한다. 예를 들어, 한 친환경 에너지 스타트업의 비전은 '탄소 중립 사회 실현'이다. 이 비전은 단순히 매출 성장이나 시장 점유율 확보를 넘어서 회사가 해결하려는 사회적 문제를 중심에 둔다. 투자자는 이러한 비전을 통해 기업이 어떤 미래 가치를 실현할 수 있을지 구체적으로 판단하게 된다.

2. 시장 확장 계획을 구체화하라

장기 전략은 반드시 구체적인 시장 확장 계획을 포함해야 한다. 투자자들은 기업이 어떤 시장에 진출할 것이며 그 시장에서 어떻게 경쟁 우위를 확보할 것인지 알고 싶어 한다. 장기 전략 속 시장 확장 계획은 단계별로 현실성 있게 표현하며 시장 진입 방식과 확장 논리를 함께 제시할 때 투자자의 신뢰를 얻을 수 있다.

3. 기술 혁신과 제품 개발 로드맵을 포함하라

기술 혁신과 제품 개발 로드맵은 장기 전략의 핵심 요소다. 투자자는 단기 수익뿐 아니라 기업이 미래를 어떻게 준비하는지를 주의 깊게 본다. 기술 로드맵에는 개발 방향성과 단계별 목표, 제품·서비스 확장 계획이 포함되어야 한다. 이는 기업의 지속 가능성과 장기 경쟁력을 보여주는 중요한 자료다.

4. ESG(환경·사회·지배구조)와 지속 가능성을 강조하라

ESG는 이제 단순한 사회적 책임을 넘어 기업의 지속 가능성과 장기 성장 가능성을 평가하는 전략적 기준으로 자리 잡았다. 투자자들은 수익뿐 아니라 사회적 책임과 실행력을 함께 본다.

ESG는 기업 경쟁력, 브랜드 신뢰, 정책 리스크 대응에도 긍정적 영향을 미친다. 장기 전략 안에 ESG의 관점이 자연스럽게 녹아 있을 때 투자자는 기업의 비전과 지속 가능성에 더 깊이 공감하게 된다.

■ 중장기 전략을 설득력 있게 표현하는 핵심 요소 3가지

1. 시장 분석과 성장 방향을 제시하라

현재 시장 상황과 미래 전망을 기반으로 기업이 어떤 방향으로 성장할 것인지 설명해야 한다. 시장 규모, 성장률, 주요 트렌드, 고객 니즈를 분석하고 핵심 데이터를 포함하자. 기업이 시장 내 어떤 기회를 활용하며 경쟁 우위를 확보할 것인지 보여주자. 해외 진출 전략이나 수출 계획을 함께 제시하면 더욱 설득력 있다. 새로운 시장 진출 가능성이나 성장 잠재력이 높은 분야를 구체적으로 언급하는 것도 효과적이다.

2. 구체적인 목표, 성과 지표(KPI)를 제시하라

중기 목표는 3~5년 내에 달성할 수 있는 실현 가능한 계획이어야 한다. 매출 성장, 고객 확대, 제품 출시, 시장 점유율 확대 등으로 표현할 수 있다. 이를 수치화된 성과 지표(KPI)와 함께 제시하면 전략의 신뢰도를 높일 수 있다. 장기 목표는 기업이 5년 이상을 바라보며 도달하고자 하는 비전을 중심으로 구성한다. 이때 단순한 방향성만 제시하는 것이 아니라 그 비전을 실현하는 과정에서 어떤 변화가 언제 일어날지를 구체적으로 보여주는 것이 중요하다.

3. 차별화된 경쟁 전략을 보여줘라

경쟁사와 구별되는 기업만의 강점을 분명하게 설명하자. 특히 기술, 브랜드 파워, 유통 채널, 네트워크 효과, 가격 전략 등 경쟁 우위를 이끌 요소를 강조해야 한다. 장기적으로 어떤 포지셔닝을 구축하고 시장에서 어떤 위치를 점할 것인지도 함께 제시해야 설득력이 높아진다.

이 세 가지 핵심 요소는 중장기 전략을 효과적으로 표현하는 데 유용하다. 이를 활용하면 투자자에게 기업의 전략이 체계적이며 실현 가능하다는 인상을 줄 수 있고 미래 성장 가능성이 높은 기업으로 평가받을 수 있다. 이외에도 기술 또는 혁신 전략을 통해 회사가 중기적으로 어떤 기술 개발을 추진하고 장기적으로 산업을 어떻게 선도할 것인지 설명하는 방법도 있다. 기술뿐 아니라 기업의 규모, 투자 라운드, 글로벌 전략 등에 따라 재무 목표를 수치로 제시하는 것도 전략적으로 중요하다. 예를 들어 수익, 성장률, 시장 점유율 같은 지표를 활용해 실현 가능성을 구체적으로 보여줄 수 있다. 이는 자금 활용 계획이나 재무 구조를 설명해야 할 경우 특히 효과적이다.

IR 피칭에서 장기 전략은 투자자에게 회사의 미래를 선명하게 그려주는 도구다. 명확한 비전, 구체적인 실행 계획, 지속 가능성에 대한 메시지는 투자자에게 신뢰와 기대를 동시에 전달할 수 있다. 회사는 단순한 아이디어가 아니라 투자할 가치가 있는 성장 가능성을 가진 기업임을 증명해야 한다. 이를 위해 자본 활용 계획, 재무 목표, 리스크 관리 계획, 조직 관리 전략 등은 부록(Appendix) 형태로 정리해 투자자의 질문에 대비할 수 있다.

중장기 전략에는 시장 확장, 기술 혁신, 판로 확대, 지속 가능한 성장 방식, 글로벌 진출 전략 등이 포함될 수 있다. 하지만 발표 시간은 제한되어 있기 때문에 모든 전략과 수치를 일일이 설명하기보다는 핵심 KPI와 전략적 방향성 중심으로 간결하게 전달하는 것이 좋다. 세부 수치나 실행 계획은 슬라이드를 통해 시각적으로 보완하면 효과적인 전달이 가능하다.

지금까지는 중기와 장기 전략을 어떻게 수립하고 그 전략을 어떻게 설득력 있게 표현할 수 있는지에 대해 구체적으로 살펴보았다. 다음은 다양한 업종의 사례를 통해 실제 성장 전략이 어떻게 구성되는지 알아보자. 아래 사례는 데모데이 발표 내용을 바탕으로 일부 표현과 구성을 저자가 재구성한 것이다.

사례 1: 코스메틱 'A'기업

"저희 'A'기업은 데이터 기반 제품 기획과 출시 고도화를 통해 플랫폼 회사로 도약하고자 합니다. 현재 6개 제품 카테고리에서 연 매출 80억~90억 원을 기록하고 있습니다. 이를 2026년까지 탑3 제품(A, B, C)을 기반으로 연 매출 700억 원으로 확대할 계획입니다. 이를 위해 AI 기술을 활용한 고객 맞춤형 추천 시스템과 신제품 개발 프로세스를 도입하여 제품 출시 속도를 30% 이상 단축하고 시장 점유율을 확대할 예정입니다. 특히 국내 시장에서 2025년까지 매출 비중 60%를 유지하며 해외 시장 비중을 40%까지 끌어올릴 계획입니다. 저희는 이러한 목표를 달성하기 위해 글로벌 파트너십을 강화하고 마케팅과 유통 전략을 최적화할 예정입니다."

사례 2: 시니어 케어 서비스 'B'기업

"저희 'B'기업은 2021년 서울에서 시작한 돌봄서비스를 전국으로 확장해 연 매출 20억 원을 달성했습니다. 2022년에는 1만 5천 명의 돌보미를 육성해 오프라인 네트워크를 구축하고 노인용품과 식품, 보조기구 등의 커머스 사업으로 확장해 95억 원의 매출을 기록했습니다. 앞으로는 B2B 서비스를 통해 기업 고객을 확보하고 이를 기반으로 2024년에는 연 매출 200억 원, 2025년에는 전국 200개 요양 시설과 협력해 400억 원의 매출을 달성할 계획입니다. 또한, 커머스 영역에서는 고객 1인당 평균 구매액(AOV)을 현재 50만 원에서 2025년까지 70만 원으로 증가시키고 신규 고객 확보율을 연평균 20% 이상 유지할 것입니다. 이 모든 과정을 통해, 저희는 고객 중심의 통합 돌봄 서비스를 제공하는 시장 리더로 자리 잡겠습니다."[20]

해설: 해당 기업은 1인당 평균 구매액(AOV)과 신규 고객 확보율 등 구체적인 성과 지표를 제시해 전략의 실현 가능성을 높였다. 시장 데이터와 사업 확장 계획, 성과 측정 기준을 명확히 제시함으로써 투자자 신뢰를 강화한 점이 돋보인다. 또한 돌봄서비스 → 커머스 → B2B로 이어지는 단계적 성장 로드맵을 통해 점진적 확장의 논리와 흐름을 설득력 있게 보여주었다.

3. 투자자의 가슴에 새겨지는 임팩트 있는 클로징

IR 발표에서 클로징은 단순한 마무리가 아니다. 발표의 끝이자, 기억의 시작이다. 핵심 메시지를 정리하고 감성적으로 각인시키는 결정적인 순간이다. 사람은 논리로 판단하는 것 같지만 실제로는 감정에 의해 선택하는 경우가 많다. 투자자 역시 수치가 중요하지만 일단 마음이 움직여야 한다. 투자자의 마음을 끌어당기는 클로징에는 반드시 감정적 메시지가 담겨 있다. 그 감정은 우리 기업만의 철학, 가치, 그리고 사람을 위한 비전에서 비롯된다. 기술이나 제품만으로는 부족하다. 우리의

---

[20] 롯데벤처스.(2020.01.09.) L-CAMP 부산 1기 데모데이 피칭 - 케어닥 박재병 대표[동영상]. 유튜브. https://www.youtube.com/watch?v=e56qqLfaXtA

서비스가 어떻게 사람에게 이로우며 더 나아가 세상을 변화시킬 수 있는가를 설명해야 한다. 이타적인 관점에서 접근하는 기업은 인간적인 신뢰를 주고 투자자에게 '응원하고 싶은 팀'으로 각인된다. 이것이 바로 '윈-윈 전략'의 본질이다.

수 많은 스타트업들이 피칭을 한다. 그들 사이에서 기억되는 단 하나의 팀이 되기 위해서는 우리만의 스토리와 차별화된 가치가 필요하다. 발표의 마지막 한 마디는 단순한 클로징 멘트가 아니라 '왜 이 기업인가'에 대한 답변이자 기업의 존재 이유를 가장 명료하게 드러내는 순간이 되어야 한다. 그것이 바로 투자자의 선택을 이끌어낸다.

핵심 메시지를 각인시키는 전략

IR 발표자는 반드시 하나의 중요한 핵심 메시지(Key Point)를 설정해야 한다. 이 메시지는 발표 전체를 관통하는 서사의 축이 되어야 한다. 평균 7분 내외의 짧은 시간 안에 모든 정보를 전달하는 것은 현실적으로 불가능하다. 그렇기 때문에 발표는 핵심 메시지를 중심으로 구성해야 한다.

나는 IR 피칭을 교육할 때 항상 이렇게 강조한다. "영화 예고편을 만든다는 마음으로 IR 발표를 준비하세요."

실제로 우리는 2시간짜리 영화를 보기 전에 단 몇 분짜리 예고편을 보고 관람 여부를 결정한다. IR 피칭도 마찬가지다. 짧은 시간 안에 투자자의 머리가 아닌 '마음'을 사로잡는 강렬한 인상을 남겨야 한다. 특히 클로징에서는 핵심 메시지를 한 문장으로 압축해 발표 이후에도 투자자의 기억에 선명히 남을 수 있도록 해야 한다. 즉, IR 피칭은 정보를 모두 나열하는 자리가 아니라 필수 요소만을 압축해 전달력 있게 구성해야 하는 전략의 무대다. 클로징 마지막 문장은 단순한 마무리가 아니라 우리 기업의 방향성과 존재 이유를 응축한 '슬로건'이 되어야 한다. 이 슬로건에는 기업의 가치와 철학이 담겨야 한다. 표현은 참신하면서도 의미는 분명한 것이 좋다. 발표 전체에서 가장 기억에 남는 강력한 메시지를 심는다는 마음으로 마지막 클로징 문장을 준비하라.

전략과 비전의 조화, 클로징으로 우리 기업의 비전 제시하는 방법

IR 피칭에서 비전은 단순한 미래 계획이 아니다. 그것은 투자자에게 재무 수치를 넘어서는 철학과 방향성, 그리고 기업의 지속 가능성을 보여주는 핵심 메시지다. 투자자는 기업이 어떤 방향으로 나아가고자 하는지, 그 비전이 얼마나 강력하고 실현 가능성이 있는지를 알고 싶어 한다. 비전은 기업이 해결하고자 하는 문제와 목표를 넘어 세상을 어떻게 변화시키고자 하는지에 대한 구체적인 청사진이다.

예를 들어, 한 헬스케어 스타트업이 '기대수명과 건강수명을 동일하게 만드는 기술'이라는 비전을 제시한다면 투자자는 단순한 기술력이 아니라 사회적 문제 해결에 대한 철학과 의지를 발견하게 된다. 비전을 통해 기업의 가치관과 철학을 이해한 투자자는 그 가치를 공유할 수 있는 팀에 더 큰 흥미와 신뢰를 느낀다.

강력한 비전은 기업이 단기 수익에만 의존하지 않고 장기적으로 지속 가능한 성장을 추구하고 있음을 보여준다. 또한 비전은 경쟁사와의 차별화 요소가 되기도 한다. 같은 산업 내 수많은 기업들 중에서 명확한 비전을 가진 기업은 자사만의 고유한 목표와 방향성을 통해 경쟁사와 구별된다.

비전은 창업자와 경영진의 열정과 헌신을 보여주는 증거이기도 하다. 단순한 금전적 이익을 넘어 더 큰 가치에 대한 사명을 전달할 수 있다. 뿐만 아니라, 비전은 기업의 모든 의사결정을 이끄는 방향성이 된다. 기업이 성장하는 과정에서 어떤 전략적 선택을 할 것인지에 대한 힌트를 투자자들에게 전달한다. 또한 비전이 명확한 기업은 일관된 방향으로 성장할 것이라고 믿게 만든다. 예를 들어, 지속 가능한 기술 개발을 비전으로 삼은 기업이라면 투자자는 그 기업이 모든 의사결정을 단순한 수익 창출이 아닌 환경적 책임과 사회적 가치까지 고려하는 관점에서 내릴 것이라 믿게 된다.

따라서 IR 피칭에서 비전을 제시하는 것은 단순히 투자 유치를 위한 수단이 아니라 기업의 장기적인 가치와 성장 가능성, 철학, 브랜드 정체성을 보여주는 필수 전략이다. 비전은 투자자에게 '이 기업이 미래에 얼마나 큰 가치를 창출할 수 있는가'를 판단하게 만드는 중요한 기준이 된다. 이제 IR 발표의 클로징 멘트에서 비전을 어떻게 효과적으로 전달할 수 있을지 실제 사례를 통해 살펴보자.

■ 클로징 멘트에 비전을 제시하는 사례 1) 시니어 대상 서비스 제공 기업

"여러분, 이 세상 누구도 노인이 되는 것을 피할 수 없습니다. 저희 부모님은 10년간 할머니의 치매 간병을 하셨습니다. 하루 종일 할머니

옆을 지켜야 했던 부모님을 보면서 한국의 초고령사회로의 진입한 현실을 몸소 느꼈습니다. 할머니의 치매 간병을 하던 저희 부모님은 이제 75세의 노인이 되셨습니다. 언젠가 요양시설 돌봄 서비스를 이용하실 텐데요. 그때 저를 포함한 세상 모든 자녀들이 부모님을 안심하고 맡길 수 있는 세상, OOO이 만들겠습니다."[21]

이 클로징 멘트는 감정적 울림과 전략적 설득이 조화롭게 어우러진 좋은 사례다. 특히 "누구도 노인이 되는 것을 피할 수 없다"는 문장은 보편적 진리를 건드리며 전 세대에게 강한 공감대를 형성한다. 또한 창업자의 부모 간병 경험은 진정성을 부여하고 "이제는 부모님이 요양서비스를 이용할 나이"라는 전환은 청중의 감정을 자극하면서도 자연스럽게 시장 문제 인식과 비전 제시로 이어진다. 마지막으로 "저를 포함한 세상 모든 자녀들"이라는 표현은 창업자 개인의 이야기를 넘어 대중을 대표하는 입장으로 확장되며 공감과 설득의 폭을 넓히는 역할을 한다.

■ 클로징 멘트에 비전을 제시하는 사례 2) 디지털 헬스케어 솔루션 기업

"통계청 자료에 따르면 현재 우리는 기대수명 83.5년 시대에 살고 있습니다. 하지만 건강하게 살 수 있는 건강수명은 단지 66.3년이라고 합니다. 인생의 1/5, 17년을 질병의 고통 속에서 살아가고 있는 사람이 많

---

21) 롯데벤처스.(2020.01.09.) L-CAMP 부산 1기 데모데이 피칭 - 케어닥 박재병 대표[동영상].유튜브. https://www.youtube.com/watch?v=e56qqLfaXtA

습니다. 저희 서비스의 OOO 기술로 기대수명까지 건강하고 행복하게 살 수 있도록 만들겠습니다."[22]

해당 기업의 기대수명 '83.5년, 건강수명 66.3년'이라는 통계 수치로 시작하는 이 클로징 멘트는 사회적 문제를 명확히 수치화해 청중의 관심을 집중시키는 데 매우 효과적이다. 국민이 건강하고 행복하게 살 수 있는 미래를 제시하는 기업으로 느껴져 해당 기술에 대해 기대감을 품게 한다.

4. 비전을 제시하며 완벽한 클로징을 완성하라

IR 피칭의 마지막은 인사가 아니라 '메시지'다. 투자자에게 우리의 기업이 어떤 미래를 만들고자 하는지를 분명하게 보여줘야 한다. 이를 위한 핵심 전략 세 가지를 기억하자.

1. 비전을 서사로 담아라
'무엇을 할 것인가'보다 '왜 그것을 하는가'에 집중하라. 단순한 제품이나 기술 설명이 아닌, 창업자의 동기와 철학이 녹아든 이야기여야 한다. 비전은 숫자가 아니라 사람의 마음을 움직이는 이야기여야 한다.

---

22) 롯데벤처스.(2022.12.9.).롯데벤처스 L-CAMP 10기&부산 4기 DEMO DAY[동영상].유튜브.https://www.youtube.com/watch?v=HyfVzZKIh60&t=3986s

2. 기대감을 심어라

비전은 청중에게 '이 기업과 함께하면, 나도 의미 있는 미래에 동참하고 있다'는 기대를 심어줘야 한다. 투자자 입장에서는 단지 '좋은 사업'이 아닌, 함께하고 싶은 여정이어야 한다. 공감의 메시지와 실현 가능성이 함께 느껴져야 신뢰가 생긴다.

3. 사회적 가치와 연결하라

수익성과 실적도 중요하지만, 지속 가능성과 사회적 책임도 투자 판단의 핵심이다. 비전 속에 '세상에 꼭 필요한 변화'가 담겨 있어야 청중은 단순한 투자자를 넘어 동반자로 느끼게 된다. 공익성과 철학이 깃든 메시지는 기업의 브랜드 신뢰도까지 끌어올린다.

이처럼 세 가지 요소는 따로가 아니라 서로 유기적으로 연결되어야 한다. 비전이 기대감을 만들고 기대감이 사회적 의미로 확장될 때, 마지막 한 문장은 단순한 클로징이 아니라 기억에 남는 메시지가 된다.

■ 마지막 한 문장이 당신의 비전을 현실로 만든다

숫자로 이성의 문을 열었다면, 이제 감성으로 마음의 문을 닫을 시간이다. 비전은 설득이 아니라 진심이자 철학이다. 그리고 그 진심은 마지막 한 문장에 담긴다.

■ IR 발표 클로징, 진심으로 비전을 증명하라

IR 피칭의 마지막은 투자자에게 당신의 존재 이유를 증명하는 마지막 기회다. 수치와 논리를 넘어 창업자의 진심과 철학이 한 문장에 응축되어야 한다. 예를 들어, "교육은 기회가 되어야지, 출발선이 되어선 안 됩니다. 기술로 교육의 장벽을 허물고 한 아이의 인생을 바꾸겠습니다." 이 문장은 단순히 교육 서비스를 설명하는 데 그치지 않고, '이 기업은 사람을 바꾼다'는 믿음을 심어준다. 투자자는 결국 숫자보다 사람이 만드는 미래에 투자한다. 따라서 마지막 문장은 메시지를 전달하는 수준을 넘어 감정을 흔들고 공감을 이끌어내는 한 줄의 '확신'이 되어야 한다. 당신의 비전을 현실로 만드는 출발점, 그것이 바로 클로징이다. 마지막 한 문장이 투자자의 마음을 움직이고 기업의 철학을 오래도록 기억에 남게 만든다.

■ 당신의 비전이 투자자의 마음을 움직인다

비전은 단순한 투자 유치 수단이 아니다. 그것은 기업의 존재 이유이자 창업자가 세상에 던지는 메시지이며 약속이다. 스타트업에게 비전은 생존을 위한 '산소'와도 같다. IR 피칭은 단순한 발표가 아니다. 이 순간은 투자자에게 '왜 이 기업이 존재하는가'를 각인시키는 결정적인 기회다. 중장기 전략을 통해 이성적인 수치와 데이터를 기반으로 성장 가능성을 제시했다면 이제 마지막 클로징에서는 그 전략을 '비전'으로 응축해야 한다. 이때 비전은 단순한 수익 창출을 넘어서, 세상을 어떻게 바꾸고 싶은지에 대한 약속이 되어야 한다. 단순히 '무엇을 할 것인가'를 말하는 건 누구나 할 수 있다. 투자자의 마음을 움직이려면, '왜 그것을 하는가'에 대한 깊은 이유와 그것이 만들어낼 변화에 대한 강렬한 상상을 전달해야 한다. 신뢰는 데이터에서, 공감은 스토리와 진심에서 비롯된다. 아래는 에듀테크 스타트업이 클로징 멘트에서 비전을 스토리로 전달한 예시다.

예) 에듀테크 스타트업 – 저소득층 아동 교육 플랫폼

"제가 어린 시절, 학원 대신 도서관을 전전하며 혼자 공부해야 했던 기억이 있습니다. 그래서 저는 알고 있습니다. 교육이 기회가 되어야지 출발선이 되어서는 안 된다는 것을. 이제는 저처럼 불평등한 환경에 있는 아이들이 꿈을 포기하지 않도록, 기술로 교육의 장벽을 허물겠습니다. 우리는 2030년까지 디지털 교육 접근성을 전국 100만 명의 아이들에게 확대하고 그중 절반 이상이 실제 학습 성과 향상을 경험할 수 있도록 설계된 플랫폼을 만들고 있습니다. 한 아이의 인생을 바꾸는 기술, 기회의 격차를 없애는 새로운 교육의 시작을 열겠습니다"

투자자의 마음을 움직이는 감성적 메시지가 필요하다. 숫자로는 담기지 않는 기업의 진심을 보여줌으로써, 이 기업과 함께하면 의미 있는 미래를 만들 수 있다는 믿음을 준다. 투자자가 당신의 미래에 투자하고 싶게 만드는 것이다. 비전을 제시하고 기대감을 불러일으켜라. 사회적 가치를 통해 투자자의 마음을 사로잡아라. 마지막 한 문장이 투자자의 마음을 움직이고 당신의 비전이 현실이 되는 순간을 만들어낼 것이다. 여러분의 기업이 세상을 더 나은 방향으로 이끌어가고, 그 비전을 실현할 수 있기를 진심으로 응원한다.

스타트업을 위한 법률 전문가

안희철

- 법무법인 디엘지 파트너 변호사
- 포항공과대학교 산업경영공학과 겸직교수
- 한국엔젤투자협회 이사
- 2023년 한국액셀러레이터협회장상(액셀러레이터산업 전문가 기여상) 수상
- 2022년 엔젤투자 유공자 중소기업벤처부장관상 수상
- 저서: 2024년 스타트업법률가이드 3.0(안희철 외 공저, 박영사) 2022년 투자계약서 가이드북(안희철 외 공저, 스타트업얼라이언스)
- 주요분야: 스타트업, 투자, M&A, 기업·금융, 블록체인

15

법률 상식과 사례

스타트업이 많이 실수하는
법률 상식과 사례

1. 스타트업 설립 및 동업 시의 주의사항
- 정관, 지분 구조, 동업자 계약의 중요성

스타트업 설립 시 정관의 중요성

1) 스타트업에서 정관의 중요성

스타트업을 설립할 때, 정관은 회사의 기본 운영 방침과 규칙을 명시하는 마치 회사의 헌법과 같은 규정이다. 창업 초기에는 단순한 법적 형식으로 간주되기 쉽지만, 성장 과정에서 정관은 투자 유치, 지분 구조, 의사결정 등에 중요한 역할을 하게 된다. 스타트업이 빠르게 성장하면서 다양한 상황에 직면하게 되면, 제대로 된 정관이 작성되지 않은 경우 예상치 못한 법적 분쟁이나 투자 유치 지연 등의 문제가 발생할 수 있다. 따라서 초기 설립 시부터 철저한 정관 작성이 필수적이다.

2) 정관 기재 사항

정관에는 법적으로 반드시 포함되어야 하는 절대적 기재사항이 있다. 여기에는 회사의 상호, 목적, 본점 소재지, 1주의 금액, 회사가 발행할 주식의 총수, 발기인의 성명 및 주소 등이 포함된다. 이러한 절대적 기재사항이 누락되면 상법에 위반되므로 법적 효력이 발생하지 않으며 이는 회사 운영에 심각한 문제를 초래할 수 있다.

상대적 기재사항은 정관에 포함하지 않아도 법적으로 문제는 없지만, 이를 포함해야만 회사 운영에서 효과를 발휘하는 내용을 말한다. 예를 들어, 스톡옵션 부여 조항, 우선주 발행 조항, 주식 양도 제한 조항 등이 이에 해당한다. 스타트업이 초기 성장 단계에서 투자 유치나 인재 확보 전략을 원활히 진행하려면 이러한 상대적 기재사항을 미리 포함해 두는 것이 좋다. 이를 미리 준비하지 않으면 나중에 추가적인 법적 절차와 비용이 발생할 수 있다.

3) 정관 작성시 반드시 고려해야 하는 사항

- 소규모 회사 특례 반영

자본금 10억 원 미만의 소규모 회사는 상법에 따른 다양한 특례를 받을 수 있다. 예를 들어, 일반 회사는 이사를 3명 이상 둬야 하지만, 소규모 회사는 1명 또는 2명만 둬도 운영이 가능하다. 주주총회의 소집 통지 기간도 2주에서 10일로 단축되며, 서면 결의로 주주총회 결의를 대체할 수 있다. 이러한 특례를 활용하기 위해서는 반드시 정관에 이를 반영해야 하며, 그렇지 않으면 특례 적용이 불가할 수 있다. 스타트업이 초기 자금이 적을 때 이러한 특례를 활용하면 경영의 유연성을 높일 수 있다.

- 상환권, 전환권, 우선권이 있는 주식 발행 조항

스타트업은 투자 유치를 위해 종종 보통주 이외의 다양한 종류의 주식을 발행한다. 상환권, 전환권, 우선권이 있는 주식을 발행하려면 정관에 해당 조항이 명시되어 있어야 한다. 이는 투자자와 회사 간의 이해관계를 조정하는 중요한 수단이며, 주식 발행 시 혼란을 방지하기 위해 필수적이다. 예를 들어, 투자자는 보통주보다 더 높은 우선권을 가진 주식을 통해 자본금을 회수하거나 추가 지분을 확보하려 할 수 있다. 이러한 주식을 발행하지 못한다면 투자 유치 과정에서 불리해질 수 있다.

- 주식매수선택권(스톡옵션) 부여 관련 조항

스타트업은 우수 인재 유치 및 임직원의 동기 부여를 위해 주식매수선택권(스톡옵션)을 부여하는 경우가 많다. 이때 스톡옵션을 발행하려면 정관에 스톡옵션 부여 관련 조항이 포함되어 있어야 한다. 특히 벤처기업육성특별법에 따라 임직원 외에도 외부 전문가나 투자자에게 스톡옵션을 부여할 수 있는 근거를 정관에 명확히 명시해야 한다. 상법상 임직원만을 대상으로 스톡옵션을 부여하는 것과는 달리, 벤처기업은 보다 유연한 인재 확보 전략을 구사할 수 있으므로 이를 정관에 반영해야 한다.

4) 정관 개정을 위한 절차: 주주총회 특별결의

정관을 변경하기 위해서는 주주총회 특별결의를 거쳐야 한다. 특별결의는 출석한 주주의 3분의 2 이상의 찬성과 발행 주식 총수의 3분의 1 이상의 동의가 필요하다. 이 과정은 다소 복잡하고 시간이 걸리며, 매번 변경 시마다 주주총회를 소집해야 하기 때문에 불필요한 비용이 발생할 수 있다. 따라서 스타트업은 설립 초기부터 정관을 철저히 작성해 여러 번의 개정을 최소화하는 것이 바람직하다. 정관 변경의 효력은 주주총회에서 해당 안건이 결의된 시점부터 발생한다.

스타트업의 정관은 단순한 법적 형식 문서가 아닌, 회사의 운영 원칙을 규정하고 투자 유치, 지분 구조, 의사결정 등의 내용을 포괄하여 정하고 있는 중요한 문서이다. 스타트업이 초기 단계에서 제대로 된 정관을 작성하는 것은 회사의 성공적 성장을 위한 기초가 된다. 또한, 정관은 회사의 전략적 목표에 맞게 작성되어야 하며, 법률 전문가와 협력하여 회사 맞춤형 정관을 준비하는 것이 필요하다.

스타트업 설립 시 지분 구조 및 창업자간 동업 계약(주주간 계약)

1) 지분 구조 및 동업 계약

스타트업을 설립하려는 창업자에게 가장 많이 듣는 질문은 "창업자들이 모두 동일한 지분을 갖고 시작해도 되느냐"는 것이다. 초기 창업자들은 각자 본인의 기여를 인정받고 평등한 관계를 유지하기 위해 동일한 지분을 갖고 싶어하는 경우가 많다. 그렇지만 창업자들이 동일한 지분을 갖는 경우 스타트업이 성장하는 과정에서 교착 상태를 초래할 수 있고, 투자 유치 및 경영의 안정성에도 좋지 않은 영향을 미칠 수 있다.

2) 스타트업 지분 구조의 중요성

스타트업에서 지분 구조는 단순한 소유권 분배 이상의 의미를 지닌다. 지분은 회사의 의사결정 구조, 권력 관계, 그리고 경영에 대한 책임과 역할을 반영한다. 초기에는 창업자들이 각자의 전문성과 기여도를 기반으로 1/N의 지분을 나누고 싶어할 수 있다. 특히 창업자들 간의 역량이 유사하거나 서로의 역할이 동등하게 중요하다고 생각될 때, 평등한 지분 분배가 공정하다고 느껴진다. 그러나 회사가 큰 결정을 내려야 하는 중요한 순간에 창업자 간의 의견 차이 및 동일한 지분 구조로 인해 의사결정이 지연되거나 분쟁이 발생될 경우 회사의 성공 가능성은 급격히 낮아진다.

일반적으로 스타트업에서는 대표이사가 최소 70% 이상의 지분을 보유해야만 신속한 의사결정과 경영의 안정성을 유지할 수 있다. 대표이사의 지분이 과도하게 희석될 경우, 회사 운영에 대한 실질적인 통제력이 약해지고, 이는 투자 유치에도 큰 장애물이 될 수 있다. 특히 초기 투자 라운드에서 창업자 지분이 희석되기 시작하면, 창업자는 점차 회사에 대한 지배력을 잃게 되므로 이를 미리 고려한 지분 구조 설정이 필수적이다.

3) 스타트업의 바람직한 지분 구조

스타트업이 성장함에 있어서 가장 이상적이거나 바람직한 지분 구조라는 것은 사실 없다. 스타트업의 성격, 비즈니스 모델, 각 창업자의 성향과 기여도, 능력 등에 따라서 달라지기 때문이다. 다만, 가장 일반적으로 바람직하다고 생각되는 구조, 또는 투자자가 문제를 제기하지 않는 지분 구조는 대표이사(또는 중심이 되는 창업자)가 약 70~90%의 지분을 보유하고, 나머지 창업자들이 함께 10~30% 정도의 지분을 보유하는 형태이다. 이는 대표이사가 충분한 의사결정 권한을 행사할 수 있도록 하면서도, 나머지 창업자들이 창업 초기의 기여를 공정하게 인정받을 수 있는 구조이기 때문이다.

만일 위와 같은 지분 구조를 갖지 않고 창업자가 유사한 정도의 지분을 보유하고 있다면, 나머지 창업자들이 대표이사에게 의결권을 위임하는 방식을 고려할 수 있다. 그러나 이러한 방식은 단기적 해결책일 뿐, 장기적인 투자 유치와 경영의 안정성을 담보하기 어렵다.

4) 스타트업 설립 시 동업자 계약의 중요성

스타트업 설립 초기의 동업자 간 신뢰는 회사의 성공에 중요한 요소이다. 그러나 회사가 성장하면서 창업자들 간의 관계는 변할 수 있고 심하면 큰 갈등이 생길 수 있다. 그러므로 창업자들은 이에 대비하여 필수적으로 동업자 계약(주주 간 계약)을 체결해야 한다. 동업자 계약에 반드시 포함되어야 하는 조항으로는 근속 의무 조항, 퇴사 시 주식 처분 조항, 경업 금지 및 겸직 금지 조항 등이다.

- 근속 의무 및 퇴사 시 주식 처분 조항

동업자 간 계약에서 가장 중요한 요소 중 하나는 근속 의무이다. 대부분의 창업자는 상대방이 적어도 일정 기간 동안 함께 일하면서 회사를 운영할 것이라고 기대한다. 일반적으로 근속 의무 기간은 5년 정도로 설정되며, 그 기간 이내에 퇴사하는 경우 퇴사자의 지분을 나머지 창업자들에게 양도하도록 규정한다.

퇴사 시 주식을 양도하는 방식은 재직 기간에 따라 달라질 수 있다. 예를 들어, 재직 기간이 짧을수록 더 많은 지분을 양도하게 하거나, 특정 기간 내에 퇴사하는 경우에는 보유 지분 100%를 반환하도록 설정할 수 있다. 반면, 예컨대 5년 이상 재직한 창업자는 퇴사하더라도 보유 지분을 유지할 수 있도록 할 수 있다. 또한, 동업자가 자신의 지분을 제3자에게 처분할 경우, 나머지 창업자들이 우선적으로 지분을 매수할 수 있는 우선매수권을 설정하는 것도 중요하다.

- 경업 금지 및 겸직 금지 조항

경업 금지와 겸직 금지 조항도 필수적이다. 이는 동업자가 회사에 전념하고 경쟁업체에서 일하지 않도록 보장하기 위한 것이다. 스타트업의 특성상 빠르게 성장하는 시장에서 경쟁업체로부터의 위협은 치명적일 수 있다. 따라서 창업자 간 협력과 집중을 유지하기 위해 이와 같은 조항을 포함해야 한다.

'구글'의 래리 페이지&세르게이 브린, '애플'의 스티브 잡스, 스티브 워즈니악, '우버'의 트레비스 칼라닉과 개럿 캠프, 모두 동업을 통해서 세계적인 스타트업을 만들어 냈다. 이처럼 세계적으로 성공한 많은 스타트업들은 한 사람의 힘만이 아니라 여러 창업자들의 동업으로 시작된 경우가 많다. 그러나 창업자들 간의 관계가 끝까지 유지되는 경우는 그리 흔하지 않다. 그러므로 스타트업 설립 시 초기 창업자 간의 지분 구조를 설정하고 동업자 계약 체결하는 것은 너무 중요하며 백번 강조하여도 부족함이 없다. 이를 통해 창업자들은 회사의 비전을 실현하고, 창업 초기의 열정을 오랫동안 유지할 수 있을 것이다.

2. 투자 유치 시 주의해야 할 점
– 창업자의 책임 및 스타트업 가치 하락 시의 투자 계약상 대응 방안

투자 계약 체결 시 이해관계인(창업자 등)의 책임

1) 투자 계약의 당사자와 이해관계인에 대한 이해

계약서를 작성하거나 검토하는 과정에서 가장 기본적이고 중요한 사항은 바로 계약의 당사자를 확정하는 것이다. 계약의 당사자가 된다는 것은 해당 계약서에서 규정하는 권리와 의무를 직접 부담하는 주체가 되는 것을 의미하기 때문에, 누구를 계약의 당사자로 포함시키느냐는 매우 중요한 문제다. 이를 강조하는 말로, '좋은 계약은 좋은 관계를 만든다'는 말이 있다. 이는 특히 스타트업 투자 계약에서 매우 유효하다. 스타트업은 불확실성 속에서 빠르게 성장해야 하기 때문에 명확한 계약과 책임 분배가 없을 경우, 투자자와 창업자 간의 갈등이 쉽게 발생할 수 있다.

스타트업 투자 계약에서 가장 기본적인 당사자는 바로 스타트업(법인)과 투자자다. 스타트업은 신주를 발행하고, 투자자는 그 신주를 인수

하는 방식으로 투자가 이루어진다. 이때 투자자는 그 대가로 투자금을 스타트업에 지급하며, 스타트업은 이를 사업 운영 및 성장을 위해 사용한다. 즉, 투자 계약은 '스타트업이 신주를 발행하고 투자자가 이를 인수하는' 구조를 기본으로 한다. 그렇기 때문에 당사자는 당연히 스타트업과 투자자가 되는 것이다.

그런데 실제 투자 계약서에는 스타트업과 투자자 외에도 '이해관계인'이 계약 당사자로 포함되는 경우가 많다. 여기서 이해관계인은 보통 창업자나 10% 이상의 지분을 보유한 자 등 스타트업에 실질적인 영향력을 갖는 임직원이 되는 경우가 많다. 표면적으로는 스타트업과 투자자만으로 계약이 성립될 것처럼 보이는데, 왜 굳이 이해관계인을 계약 당사자로 포함시키는 것일까?

2) 투자 계약서 당사자에 이해관계인이 포함되는 이유

투자자는 스타트업에 투자하여 일정 비율의 지분을 획득하지만, 단순히 지분을 보유하는 것만으로 회사 경영에 직접 관여할 수 있는 권리를 얻는 것은 아니다. 이는 주식회사의 소유와 경영이 분리되어 있기 때문이다. 주식회사의 경영은 이사회와 경영진이 주도하며, 지분을 가진 주주는 회사의 소유자일지언정 경영에 직접적으로 관여할 권한이 없다.

투자자는 당연히 자신이 지급한 투자금이 어떻게 운용되고 있는지를 확인하고, 경영 리스크를 통제하기를 원한다. 이를 위해 스타트업의 대표이사나 주요 경영진을 계약 당사자인 이해관계인으로 포함시킨다.

'WeWork'는 전 세계적으로 공유 오피스 사업을 성공적으로 확장했지만, CEO였던 아담 뉴먼(Adam Neumann)이 경영권을 남용하고 모럴 해저드 문제가 발생하면서 큰 경영 위기에 직면한 사례가 있다. 당시 뉴먼은 WeWork의 지분을 대규모로 매각하며 개인적으로 큰 수익을 챙겼으나, 이는 회사의 가치를 훼손하고 투자자들에게 큰 손해를 입혔다. 이러한 문제는 스타트업의 경영진과 투자자 간 명확한 계약과 책임 분배가 이루어지지 않았을 때 발생할 수 있는 위험을 잘 보여주는 사례다.

3) 투자 계약상 이해관계인의 주요 책임

이해관계인은 투자 계약의 당사자로서 스타트업 경영에 대한 책임과 의무를 부담하며, 주요 책임과 의무로서 주식 처분 제한, 경영사항에 대한 동의 의무, 재직 의무 및 경업금지 의무, 손해배상 및 위약벌에 대한 책임, 투자자의 주식매수청구권 행사에 따른 책임 등을 부담한다.

일반적으로 이해관계인은 투자를 받는 경우 투자 계약상 본인의 주식을 자유롭게 처분할 수 없고 투자자의 동의를 받고 주식을 처분할 수 있다. 이는 이해관계인이 회사의 주식을 처분할 때 발생할 수 있는 투자자의 불이익을 방지하기 위함이다.

또한, 중요한 경영 결정을 내릴 때 투자자의 동의를 받도록 규정하는 경우가 많다. 이를 통해 투자자는 간접적으로라도 경영에 참여할 수 있게 된다. 예를 들어, 대규모 자산 매각이나 새로운 사업 진출 등의 결정은 투자자의 동의 없이 이루어질 수 없도록 한 것이다.

투자 계약상 일반적으로 이해관계인은 일정 기간 동안 회사에 재직해야 하며, 재직 기간 중 경쟁업체에서 근무하거나 유사한 사업을 운영할 수 없다. 이는 경영진이 회사를 떠나거나 다른 곳에서 경쟁력을 발휘하는 것을 방지하고, 회사에 대한 기여를 보장하기 위함이다.

이해관계인이 투자 계약상의 의무를 위반하거나 경영을 제대로 하지 않아서 회사 또는 투자자에게 손해를 입힌 경우, 투자자는 이해관계인에게 위약벌을 청구하거나 손해배상을 요구할 수 있다. 또한, 이런 경우 투자자는 이해관계인에게 본인이 투자를 통해 인수한 회사의 주식을 강제로 매각할 수 있다. 이러한 투자자의 권리를 주식매수청구권(Put option)이라고 한다. 투자자가 이해관계인에게 손해배상이나 위약벌, 주식매수청구권 등을 행사하도록 한 것은 회사 경영에서 발생할 수 있는 여러 리스크를 줄이고, 투자자의 권리를 보호하기 위한 것이다.

4) 변화하는 이해관계인의 책임 - 고의 또는 중과실에 따른 책임 제한

최근에는 이해관계인의 책임을 보다 구체적으로 제한하는 방향으로 변화하고 있다. 즉, 이해관계인에게 회사 경영을 잘못한 것에 대해 고의 또는 중과실이 있는 경우에 한해 투자 계약상 책임을 부담시키는 방식으로 이해관계인의 책임이 제한되고 있다. 이는 이해관계인 개인에게는 본인에게 명백한 위법행위나 중대한 과실이 있을 경우에만 부담시키는 것이 보다 적절하다고 보기 때문이다.

특히 「벤처투자 촉진에 관한 법률」 및 「벤처투자조합 등록 및 관리규정」 등 관련 법령에 따르면 벤처투자조합이 스타트업에 투자할 때 특정 경우를 제외하고는 이해관계인에게 연대책임을 지우지 않도록 규정하고 있다.

구체적으로 투자 계약에서 정한 선행조건이 충족되지 않았음에도 불구하고 투자금을 납입하게 함으로써 투자의 효력을 발생하게 한 경우, 투자 계약에서 정한 진술과 보장 사항이 거짓으로 확인된 경우, 투자금의 사용 용도를 위반한 경우, 투자 계약에 반하여 이해관계인이 주식을 처분한 경우를 제외하고는 이해관계인에게 투자 계약상 연대책임 의무를 부담시키지 않도록 하였다. 이는 이해관계인에 대한 무분별한 연대책임 부과를 방지하고, 스타트업 경영진의 부담을 완화하기 위한 것이다.

투자 계약에서 이해관계인을 당사자로 포함시키는 것은 투자자에게 경영 리스크를 줄이고, 회사 경영의 투명성을 확보하는 효과적인 방안이다. 이해관계인은 계약상의 권리와 의무를 부담하며, 스타트업 경영진이 도덕적 해이를 방지할 수 있도록 견제하는 역할을 한다. 특히, 경영진이 단기적 이익을 우선시하거나 회사에 손해를 끼치는 행동을 하지 못하게 함으로써, 투자자의 이익을 보호할 수 있다. '계약이란 두 마음 사이의 신뢰를 보호하는 방패'라는 말처럼, 이해관계인의 책임을 명확히 하고 이들을 계약 당사자로 포함시킴으로써 투자자와 창업자 간의 신뢰를 굳건히 할 수 있다.

투자 계약상 전환가격 조정

1) 후속 투자와 지분희석 방지조항의 필요성

2022년 말부터 스타트업 투자 생태계의 혹한기가 시작되면서 많은 스타트업이 자금 조달에 어려움을 겪고 있다. 스타트업 투자 생태계가 좋지 않게 되면서 스타트업이 후속 투자를 유치하는 과정에서 회사의 가치가 대폭 낮아지는 상황이 빈번하게 발생하고 있다. 이는 투자자와 창업자 모두에게 새로운 도전 과제를 안겨주고 있으며, 특히 투자 계약서의 투자 조건 중에서 전환가격 조정 조항 등 지분희석 방지 조항(Anti-dilution provision)이 투자 계약 체결 시 가장 중요한 조건 중 하나로 고려되게 되었다.

투자자들은 스타트업에 투자할 때, 회사의 가치가 지속적으로 상승할 것을 기대한다. 그러나 기대와 달리 후속 투자가 이루어질 때 회사의 가치가 낮게 평가되는 경우에 기존 투자자들은 자신이 보유한 지분이 과도하게 희석되는 문제가 발생한다. 이 문제를 해결하기 위해 투자 계약서에 전환가격 조정 조항이 포함된다. 이 조항은 후속 투자 시 피투자회사의 가치가 하락할 경우, 기존 투자자가 보유한 주식의 전환 가격을 조정하여 희석화를 방지하는 역할을 한다.

전환가격 조정 조항은 전환권이 있는 주식[전환우선주(Convertible Preferred Stock, CPS) 또는 상환전환우선주(Redeemable Convertible Preferred Stock, RCPS)]이나 전환사채(Convertible Bond, CB) 등의 투자에서 투자자가 전환권을 행사할 때 전환가격이 조정되는 방식으로 투자 계약서에 포함된다. 조금은 복잡할 수 있는 내용이지만, 스타트업이 투자를 받는 과정에서 반드시 이해하고 정확히 확인해야 하는 가장 중요한 투자 조건이다.

2) 전환가격 조정 방식의 종류

전환가격 조정 조항은 크게 두 가지 방식으로 나뉜다. Full Ratchet 방식과 Weighted Average 방식이다. 각 방식은 전환가격을 조정하는 기준이 다르며, 투자자와 피투자회사에 미치는 영향도 다르다.

- Full Ratchet 방식

Full Ratchet 방식은 기존 투자자가 보유한 주식의 전환 가격을, 흐속 투자에서 새로 발행된 주식의 가격과 동일하게 조정하는 방식이다. 이 방식에서는 후속 투자의 주당 가격이 기존 투자자가 투자한 주당 가격보다 낮을 경우, 기존 투자자의 전환가격을 후속 투자 주당 가격으로 낮춰 준다. 즉, 기존 투자자가 전환권을 행사할 때 후속 투자자와 동일한 가격으로 주식을 전환받을 수 있어, 지분 희석을 최대한 방지할 수 있다.

[Full Ratchet 방식 예시 조항]

> 본건 종류주식의 전환 전에 회사가 발행할 신주의 발행가액, 전환사채의 전환가액, 신주인수권부사채의 신주인수권 행사가액이 그 당시 본건 종류주식의 전환가액을 하회하는 경우, 본건 종류주식의 전환가액은 그 하회하는 가액으로 조정한다.

Full Ratchet 방식의 장점은 투자자 입장에서 매우 유리하다는 것이다. 후속 투자에서 발행된 주식의 가격이 아무리 낮아지더라도, 기존 투자자는 동일한 조건으로 전환할 수 있기 때문이다. 그러나 이 방식은 피투자회사와 창업자에게는 상당히 불리할 수 있다. Full Ratchet 방식은 주식의 전환이 이루어질 때, 기존 투자자의 주식 수가 과도하게 증가할 수 있으며, 이는 창업자나 다른 주주의 지분 가치를 크게 감소시키는 결과를 초래할 수 있다.

- Weighted Average 방식

Weighted Average 방식은 전환 가격을 후속 투자의 주당 가격뿐만 아니라 발행된 주식 수량까지 고려하여 조정하는 방식이다. 이 방식은 기존 투자자의 주당 가격과 신규 투자자의 주당 가격, 그리고 후속 투자로 발행된 주식 수를 모두 반영하여 전환 가격을 계산한다. 이를 통해 기존 투자자의 지분 희석을 완화하면서도, 피투자회사와 창업자의 지분 가치가 지나치게 감소하지 않도록 조정한다.

[Weighted Average 방식 예시 조항]

> 본건 종류주식의 전환 전에 회사가 발행한 신주의 발행가액, 전환사채의 전환가액, 신주인수권부사채의 신주인수권 행사가액이 그 당시 본건 종류주식의 전환가액을 하회하는 경우 아래 산식에 따라 전환가격이 조정된다.

조정 후 전환가격 = 조정 전 전환가격 × {기 발행주식수 + (신 발행주식 수 × 신 발행주식 1주당 발행가격/조정 전 전환가격)}/(기 발행주식수 + 신 발행주식수)

Weighted Average 방식의 장점은 Full Ratchet 방식에 비해 보다 합리적이라는 점이다. 후속 투자로 발행된 주식 수가 많을수록 전환 가격이 더 많이 조정되지만, 발행 주식 수가 적을 경우 조정 폭도 적다. 이 방식은 투자자에게 어느 정도 보호를 제공하면서도, 피투자회사와 창업자에게 불리한 영향을 덜 미치는 균형 잡힌 방식으로 평가된다.

한국에서는 Full Ratchet 방식이 더 자주 사용되지만, 실리콘밸리와 같은 미국의 스타트업 생태계에서는 Weighted Average 방식이 더 널리 사용되고 있다. Weighted Average 방식은 특히 스타트업이 후속 투자를 유치하는 과정에서 창업자의 지분 가치를 지나치게 희석시키지 않으면서도, 투자자를 보호하는 균형 잡힌 방식으로 평가된다.

전환가격 조정 조항은 후속 투자 시 기존 투자자의 지분 희석을 방지하는 중요한 장치이다. 그러나 이 조항은 단순히 투자자를 보호하는 역할을 넘어, 스타트업의 경영 안정성과 창업자의 장기적 동기 부여에도 영향을 미친다. 따라서 투자 계약을 체결할 때, 전환가격 조정 조항의 조건과 방식을 신중하게 협상하고 조정할 필요가 있다. 특히 후속 투자를 받는 과정에서 피투자회사와 창업자가 예상치 못한 불이익을 겪지 않도록, 적절한 전환가격 조정 방식을 선택하는 것이 중요하다.

3. 스타트업 계약 체결 & 스톡옵션 계약 체결 시 유의점

스타트업 계약 체결 시 주의사항

1) 계약 체결 시 법률 검토의 중요성 및 적절한 계약 당사자 확정

스타트업이 계약을 체결할 때 주의해야 할 사항은 매우 다양하다. 계약은 사업의 중요한 부분으로, 각 계약에는 당사자의 권리와 의무가 규정되고 이를 이행하지 않을 경우 법적 분쟁으로 이어질 수 있다. 특히 스타트업은 상대적으로 작은 규모와 제한된 자원을 바탕으로 사업을 운영하기 때문에 계약을 신중하게 체결해야 한다. 사소한 실수도 큰 리스크로 이어질 수 있다.

스타트업이 계약 체결 시 주의해야 할 주요 사항들을 정리해 보았다.

첫 번째 중요 사항은 계약 당사자를 적절하게 확정하는 것이다. 계약을 체결하는 주체가 누구인지 정확하게 기재해야 하며, 이를 통해 계약 상의 권리와 의무가 누구에게 귀속되는지 명확히 할 수 있다. 계약서의 내용에 계약의 당사자가 아닌 제3자에 대한 권리나 의무를 규정하였다 하더라도, 제3자가 계약 당사자가 아닌 이상 계약 당사자들의 의도에 관계 없이 위 제3자에게는 계약 내용의 구속력이 없다고 보아야 한다. 그러므로 당사자를 정확히 확정하여 계약의 효력이 미치는 범위를 명확히 해야 한다.

만약 계약 당사자가 법인일 경우, 법인의 명칭과 주소, 대표자의 이름을 정확히 기재하고 법인 인장을 사용하는 것이 중요하다. 즉, 계약서에 '주식회사 ○○○○/ 주소/ 대표자 ○○○'이라고 명시하고 법인 인장을 사용해야 한다. 만약 개인 인장을 사용하거나 법인명을 생략하고 대표자 개인의 이름만 기재한다면, 계약의 주체는 대표자 개인으로 해석될 수 있으며, 법인이 아닌 개인이 모든 법적 책임을 져야 할 수 있다. 따라서 계약서 작성 시 법인과 개인의 구분을 철저히 하고, 인장 및 서명을 정확히 하는 것이 필수적이다.

2) 계약 내용, 권리와 의무의 명확성

계약 체결 시 각 당사자의 권리와 의무를 명확히 기재해야 한다. 계약 체결 시 구두로 합의한 내용만을 기반으로 진행하게 되면 나중에 분쟁이 발생할 가능성이 높다. 따라서 계약서에는 6하 원칙에 따라 계약의 내용과 범위, 합의하고자 하는 권리와 의무의 내용을 명확하게 적어야 한다. 예컨대, 용역계약을 체결할 때는 용역의 내용, 용역을 완료할 기한, 용역 대가 등의 사항을 구체적으로 명시해야 한다. 단순히 용역을 제공한다고만 기재하면 나중에 용역의 세부사항에 대해 분쟁이 발생할 수 있다. 또한, 의무의 이행 시기 및 방법과 관련하여, 각 당사자가 언제, 어디서, 어떤 방식으로 의무를 이행할 것인지 명확하게 명시해야 하며, 이에 대한 모호한 부분이 없어야 한다.

3) 위약금, 손해배상 예정, 위약벌, 지체상금 조항의 중요성

계약이 체결된 후 상대방이 의무를 이행하지 않거나 계약을 위반하는 경우, 법률적 표현으로 상대방이 계약상 채무를 불이행(채무 불이행)했다고 표현한다. 이때 손해배상을 청구하려면 손해배상을 청구하는 당사자가 본인에게 발생한 손해액을 입증해야 한다. 손해액을 입증하지 못하는 경우, 상대방이 계약을 위반하였음에도 불구하고 손해배상을 받지 못할 수 있다. 손해액을 입증하기 어려운 경우에 대비하여 계약서에 손해배상 예정이나 위약금 또는 위약벌 등을 정할 필요가 있다.

손해배상 예정이란 계약 위반 시 발생할 손해액을 미리 정해 두는 것으로, 상대방이 위반했을 때 예정된 금액을 지급하게 된다. 이는 손해액을 입증하는 과정에서 발생할 수 있는 불확실성을 줄여준다. 계약서에서 위약금을 명시하면, 상대방이 계약을 위반했을 때 해당 금액을 배상받을 수 있다.

위약금은 일반적으로 손해배상액으로 간주되며, 손해 발생이 없더라도 이를 청구할 수 있다. 위약벌은 손해배상과 상관없이 계약의 이행을 강제하기 위해 설정된 금액이다. 추가적인 손해배상 청구가 가능하며 손해액을 입증하지 못하더라도 위약벌을 청구할 수 있다.

한편, 위와 별개로 지체상금을 정할 수도 있다. 지체상금은 계약 당사자가 정해진 기한 내에 의무를 이행하지 못할 경우 지연에 따른 손해를 보상받기 위해 정하는 금액이다. 예를 들어, 용역계약에서 용역이 기한 내에 완료되지 않을 경우 발생할 수 있는 지연 손해를 산정하는 것은 매우 어려울 수 있다.

이때 지체상금 조항을 설정하여 지연된 기간에 따라 일정 금액을 청구할 수 있도록 하면, 분쟁을 줄이고 금전적 보상을 받을 수 있다. 지연된 기간에 대해 총 용역대금의 1/1,000에서 3/1,000 비율로 금액을 정하는 것이 일반적이다. 이를 통해 의무 이행 지연으로 인한 금전적 손해를 배상받을 수 있다.

4) 이행보증보험 제도의 이용

스타트업이 계약을 체결할 때는 위와 같은 사항에 대해서 주의해야 한다. 한편, 계약 당사자가 계약을 이행하지 않는 경우를 대비하여 계약상 의무가 있는 자에게 이행보증보험을 교부 받는 것도 분쟁을 사전에 예방할 수 있는 좋은 방법이다.

이행보증보험증권은 계약 체결 후 일방의 당사자가 채무를 불이행하거나 기타 문제가 발생할 경우 채무를 이행하지 아니한 자 또는 불법행위를 한 자가 상대방에게 손해배상책임을 진다는 것을 약속하는 보험증권을 말한다.

추후 증권을 발급받은 당사자가 실제로 의무를 이행하지 못하게 되면 상대방은 계약을 해제하면서 보증보험회사에 이행보증보험증권상의 금액을 청구하고 이렇게 손해배상을 받을 수 있다.

이행보증보험은 계약 금액의 15~20% 범위에서 정해지는 경우가 일반적이다. 보증보험회사는 보증금을 배상한 후, 보증보험증권을 발급받은 당사자에게 구상권을 행사해 금액을 청구한다. 즉, 이행보증보험을 활용하여 계약 이행에 대한 보장을 강화하고 만일 상대방 당사자가 계약상 의무를 이행하지 않는 경우 이행보증보험을 통해서 손해배상 등을 받을 수 있으므로, 이 제도를 잘 활용할 필요가 있다.

주식매수선택권(스톡옵션) 부여계약 체결 시 유의점

1) 스톡옵션의 법적 요건과 절차

주식매수선택권(스톡옵션)은 스타트업이 임직원에게 제공하는 중요한 인센티브 중 하나다. 이는 회사의 성장을 함께할 임직원에게 장기적 동기 부여를 제공하며, 회사의 가치를 높이는 데 크게 기여한다.

스톡옵션을 통해 회사는 임직원에게 주식을 일정 기간 후에 미리 정해진 가격으로 매수할 수 있는 권리를 부여한다. 특히 스타트업의 경우, 한정된 현금 자원을 효율적으로 관리하면서도 인재 유치와 유지가 중요한 과제가 되는 만큼 스톡옵션은 매우 유용한 도구이다.

스톡옵션을 부여하기 위해서는 몇 가지 법적 요건과 절차가 필요하다.

첫째, 정관에 스톡옵션 부여와 관련된 규정을 포함해야 한다. 여기에는 주식매수선택권의 행사 시 교부할 주식의 종류와 수, 부여받을 자의 자격요건, 행사기간 등이 명시되어야 한다.

둘째, 스톡옵션 부여에 대한 주주총회 특별결의가 필요하다. 스톡옵션을 부여하려면 주주총회에서 부여받을 자의 성명이나 명칭, 행사 가격, 행사 기간 등을 명확히 하여 주주총회 결의를 진행해야 한다. 주주총회 결의 후 회사는 피부여자와 스톡옵션 부여 계약을 체결하고, 벤처기업법상 벤처기업은 스톡옵션을 부여한 것을 중소벤처기업부에 신고해야 한다. 위와 같은 절차를 지키지 않으면 피부여자에게 부여한 스톡옵션은 무효로 해석될 수 있다.

2) 스톡옵션 부여 방식 및 부여 한도

스톡옵션을 행사할 때, 주식을 부여하는 방식은 크게 세 가지로 나뉜다.

- 신주발행형: 회사가 새로운 주식을 발행하여 임직원에게 제공하는 방식이며, 이는 스타트업에서 가장 많이 사용되는 방식이다.
- 자기주식 교부형: 회사가 보유한 자기주식을 임직원에게 제공하는 방식이다.
- 차액정산형: 스톡옵션 행사 시 시가와 행사가액의 차액을 현금으로

지급하거나 그 차액만큼의 주식을 제공하는 방식이다.

스톡옵션을 부여할 때에는 법에서 정한 한도를 준수해야 한다. 상법에 따르면, 비상장 주식회사는 발행주식 총수의 10% 이내에서만 스톡옵션을 부여할 수 있고, 상장기업의 경우에는 발행주식 총수의 15%까지 부여할 수 있다. 그러나 비상장 벤처기업의 경우에는 벤처기업법에 따라서 그 한도가 발행주식 총수의 50% 이내로 넓게 허용된다. 다만, 비상장 벤처기업의 경우에도 내부 임직원이 아니라 외부 전문가에게 스톡옵션을 부여할 때에는 발행주식 총수의 10% 이내로 제한된다.

3) 스톡옵션 행사와 베스팅 조항

스톡옵션을 행사하기 위해서는 적어도 2년 이상 회사에 재직하거나 기여를 해야 한다. 스톡옵션 행사와 관련하여 베스팅(Vesting) 조항을 둘 수 있는데, 베스팅 조항은 스톡옵션의 효력이 발생하는 시점을 규정하는 조항으로, 일정 조건이 충족되면 임직원이 스톡옵션을 행사할 수 있다. 베스팅 조항은 크게 두 가지 방식으로 나뉜다

- **성과연동형**: 회사의 성과나 임직원의 기여도에 따라 스톡옵션을 행사할 수 있도록 설정된다.
- **기간연동형**: 임직원이 일정 기간 재직한 후 스톡옵션을 행사할 수 있도록 하는 방식이다.

일반적으로는 재직 기간에 연동한 베스팅 조항이 많이 사용된다. 예를 들어, 임직원이 2년 이상 3년 미만 재직하는 경우 총 부여한 스톡옵션의 50%를 행사할 수 있게 하고, 3년 이상 4년 미만 재직하는 경

우 추가로 25%를, 4년 이상 재직하는 경우 남은 25%를 행사할 수 있게 할 수 있다.

4) 스톡옵션의 행사 가격

스톡옵션을 행사할 때의 행사 가격은 스톡옵션을 부여할 때 핵심적인 요소이다. 스톡옵션의 행사 가격은 임직원이 스톡옵션을 행사하여 주식을 매수할 때 적용되는 가격으로 법적으로 정해진 기준에 따라 정해야 한다. 행사 가격은 스톡옵션을 행사할 때 임직원이 회사의 주식을 얼마나 저렴하게 매수할 수 있는지를 결정하는 중요한 요소이다. 비상장 주식회사, 벤처기업, 상장회사 모두 법적으로 행사 가격에 대한 요건이 다르게 적용된다.

스타트업은 원칙적으로 스톡옵션의 행사 가격을 주식 '시가' 이상의 가격으로 정해야 하고, 예외적으로 벤처기업의 경우 액면가 이상 시가 이하의 가격으로도 정하도록 하고 있다. 다만, 액면가 이상 시가 이하의 가격으로 정하는 경우 조세특례가 적용되지 않는다.

여기서 말하는 스타트업의 '시가'란 「상속세 및 증여세법」 제60조에 따른 가격을 말하며, 구체적으로 ① 평가기준일 전 6개월 이내에 이루어진 매매 가격(단, 특수관계인간의 거래는 제외)을 우선적으로 적용하되, ② 이러한 가격이 없는 경우 보충적 평가방법 등을 적용하여 산정한다(「상속세 및 증여세법」 제60조, 동법 시행령 제49조).

벤처기업이 저가 발행 특례를 활용할 경우, 스톡옵션 행사 가격이 시가보다 낮게 설정될 수 있지만, 이에 따른 법적 요건을 충족해야 하며,

과도하게 낮은 행사 가격으로 설정되는 것을 방지하기 위한 규제도 존재한다. 따라서 저가 발행 특례를 적용하기 위해서는 회사의 성장성과 기술력, 자금 조달 상황 등을 종합적으로 고려해야 한다.

5) 스톡옵션의 취소 사유

회사는 스톡옵션 부여 계약에서 회사와 피부여자가 정한 취소 사유가 발생한 경우 회사의 이사회 결의를 통해서 피부여자에게 부여한 스톡옵션을 취소시킬 수 있다. 일반적인 취소 사유는 퇴사, 고의 또는 중대한 과실로 인해 회사에 손해를 발생시킨 경우, 회사의 파산 또는 해산 등이 있다. 또한, 이사의 충실 의무를 위반한 경우, 예컨대, 이사회 승인 없이 경업이나 겸직을 하거나 회사의 기회를 유용한 경우에도 스톡옵션을 취소한다고 정하는 경우가 일반적이다.

기업의 멘탈 관리 파트너

명현아

- (주)비드리머 교육팀 팀장
- 창업기획자 전문인력 양성과정 수료(초기투자엑셀러레이터협회)
- 스타트업 IR피치마스터자격증 1·2급
- 심리상담사 1급(한국심리교육협회)
- 리더십지도사 1급(한국평생교육인증원)
- 중앙대학교 산업디자인 학사
- 공기업 및 지원사업 IR 피칭 교육, 컨설팅, 데모데이 기획 및 운영 PM 다수
- 액셀러레이터 2세경영자교육 기획 PM

16

무너지지 않는 리더의 마인드셋

모두가 몸도 마음도 평화롭고 행복하기 위해 창업을 시작한다.
　호기롭게 창업을 시작했지만, 3년간 무너지지 않고 버티기 위해선 앞서 말씀드린 많은 것들이 필요하다. 현실적으로 안정성 있는 수익구조를 만들어가는 전략이 필요하고, 시대 흐름과 운과 변하지 않는 가치 등 모두 다 중요하다. 그러나 가장 중요한 건 어떤 고비가 와도 위기를 기회로 만들며 포기하지 않고 견디는 마음의 힘이다.

　무너지지 않는 리더는 어떤 교육을 받고 어떤 말을 들으며 어떤 마인드로 자라났기에 지금의 성공에 이르게 되었는지, 성공한 사업가들의 사례를 통해 살펴보려고 한다. 그들의 성장 과정을 돌아보며 무너지지 않는 리더십과 성공하는 리더의 마인드셋에 대하여 이야기 나눠보자.

1. 무너지지 않는 마인드 셋 세우는 순서

나 자신의 마음 리드하기 from 불안

　괜찮아지란다고 괜찮아지는 마음이면 좋겠지만, 창업자의 마음에는 하루에도 수십 번 씩 다양한 사건 사고와 불안들이 몰려온다. 그럴 때

내면의 중심을 잡는 것이 중요함을 말해주는 한 마디가 있다. 공자의 명언 중 '수신제가치국평천하'라는 말이다. 이는, 먼저 자기 자신의 몸과 마음을 닦아 수양하고 집안을 가지런하게 한 후, 나라를 다스리고 천하를 평안하게 한다는 뜻이다.

즉, 평화의 순서가 나 자신 → 가정 → 나라 → 천하인 것이다. 나 자신의 마음부터 리드를 할 수 있어야, 회사도, 가정도 더 큰 일까지도 도모할 수 있다는 의미이다.

가족/친구 마음 리드하기 from 불안+부담

스스로의 마음에 확신과 중심을 세운 창업자라면, 사업의 길에서 넘어야 할 또 하나의 산을 마주하게 된다. 바로 가까운 사람들이다. 나 자신을 설득시키는 산을 넘었으니, 이젠 주변 사람들도 설득시킬 수 있어야 한다. 그래야 주변 사람의 도움으로 투자가 이어질 수도 있고, 또는 설득하는 과정에서 스스로의 논리와 방향도 구체화 된다.

모두가 날 지지하고 응원만 해주면 좋겠지만 그렇지 않다. 특별히 가까운 사람들, 사랑하는 가족이나 신뢰하는 친구들 중 큰 걱정을 하며 새로운 시작보단 안정적인 기존의 일을 하길 권유하기도 한다. 그럼에도 마음을 다잡고, 주변의 사랑하는 이들에게 당신의 선택이 옳았음을 증명하기 위해, 잠을 줄이고 비용도 아껴가며 사업에 몰입하면 할수록 자신도 모르게 부담은 커지게 된다.

이 부담을 줄이려면 먼저는 처음에 언급한, 자기 불안 먼저 안정화 되어야 가능하다. 자기 자신의 감정조차 제대로 인식하지 못하고 불안정하여 스스로 설 수 없다면, 절대 타인에게 신뢰를 주는 사람이 될 수 없다.

더욱 큰 문제는, 나로부터 시작된 이 불안한 감정은 어떤 모양으로든지 팀원들이나 투자자에게도 전달이 된다는 것이다. 그러니 먼저는 자신의 감정에 솔직해져야 하겠고, 사랑하는 이들에게 어떤 마음으로 이겨내고 있는지 솔직한 소통을 해야 한다. 얼마나 이 사업에 진심으로 임하고 있는지, 또 잘 될 수 밖에 없는 근거를 하나씩 둘씩 구체화 하다 보면 스스로 논리가 정리 될 것이다. 이 과정은 본인 스스로에게도 끊임없는 동기부여가 될 것이며, 주변 사람들에게도 당신의 진심이 전해져 당신을 진심으로 응원하며 기다려줄 것이다.

설령 주변 사람들이 믿어주지 않는다고 하더라도 이 한 가지는 잊지 않았으면 좋겠다. 영원히 당신의 곁을 떠나지 않고 당신을 지지해 주는 존재는 바로 당신이란 것을. 그러니, 자기 자신과 소통하기를 어색해 말며, 당신의 진심을 아끼는 사람들에게 진심을 표현하기를 망설이지 말며, 모든 짐을 혼자 짊어지지 않기를 바란다.

주변의 걱정과 염려의 단계를 뛰어 넘어 사업을 시작한 당신 스스로 자신을 힘껏 응원해야 한다.

실제 사업을 시작하고 수익이 창출되어 투자 자본의 순수익이 발생하기까지 견디고 사업을 안정화시키는 데까지 대체로 3년의 기간을 넘기 힘든 구간이라 '죽음의 계곡'이라 칭하기도 한다.

출처: 스타트업 투자토크콘서트

    자금 부족의 문제, 유저 분석의 실패로 시장과 고객이 없거나 적합하지 않은 제품을 출시하는 문제, 경쟁 실패, 잘못된 비즈니스 모델, 규제와 법적인 이슈 등의 여러 문제로 3년을 채 넘기지 못하고 폐업에 이르는 대표들이 많은데, 이런 현실 앞에서 객관적인 분석을 통해 현실적으로 어떻게 해결해 나갈지, 그리고 마주한 현실 앞에 지쳐버린 마음이 먼저 무너져서 포기하려는 것은 아닌지를 돌아볼 필요가 있다.

    내가 아무리 노력해도 바꿀 수 없는 부분이라면 자문도 구해 보며 피봇을 하거나 사업의 방향성을 다시 생각해 볼 문제겠지만, 만약 먼저 져버리는 마음이라면 아직은 질 때가 아니란 걸 알았으면 좋겠다.

    다른 사람들은 봄에 꽃을 멋들어지게 피우지만 당신의 꽃이 봄에 피우지 않는다 하여 꽃이 아닌 것은 아니다. 다만 당신은 춥고 모진 눈보라와 거센 추위도 이기고 피어 내고야 말, 세상 누구보다도 아름답게 꽃 피울 수 있는 사람일 뿐. 그러니 다른 꽃이 언제 피는가보다 더 중요한 것은, 당신이란 꽃이 어떤 꽃인지, 지금은 어떤 계절인지를 아는 것이 중요하다.

직원의 마음 리드하기 from 교만

자기 자신과 가족과 지인의 마음에 평화를 찾을 수 있다면, 조직관리 및 리더십도 연장선 상에 있다. 결국 소통이 중요한데, 이때 유의할 것은 리더의 마음은 말을 통해, 행동을 통해 상대방에게도 그대로 전달된다는 것이다.

때로는 리더십 있게 단호한 결정을 하고, 효율적 업무를 위해 지시도 하지만, 내가 생각한대로 직원들이 따라주지 않을 때가 너무나 많다. 답답함과 조급함과 속상함 등의 여러 감정들이 복합적으로 얽혀서 직원들에게 의도치 않게 상처를 주는 경우도 있을 것이다. 그럴 때 상대방을 인격적으로 존중하는 겸손한 마음이라면 어떤 행동을 할까? 직책의 고하를 막론하고 '의도치 않게 상처를 주어 미안하다'고 말할 수 있어야 한다. 미안하다고 말한다고 나의 자존감이 떨어지는 것이 아니다. 오히려, 자존감이 높은 경우엔 '미안하다', '고맙다', '잘했다' 등의 표현을 잘하며 상대방을 배려하고 존중한다. 그렇게 리더의 눈과 마음이 높아지지 않고 오히려 직원들의 눈높이에 맞추어준다면 직원들도 그 진심에 마음이 열려 더욱 머리를 맞대고 어려움을 헤쳐나갈 팀이 되어줄 것이다.

조직을 몸으로 비유해 보자. 손이 머리가 마음에 안 든다고 무시하거나 제멋대로 움직이고, 머리는 손이 마음에 들지 않는다고 일을 제대로 안 주거나 괴롭힌다면 어떨까. 한 손으로 조직이 잘 굴러간다는 것은 이치에 맞지 않는다. 모든 구성원이 같은 방향을 보고, 각자의 자리에서 자신의 역량을 잘 발휘할 수 있도록 구성원들을 돕는 것이 리더의 역할이자 조직이 잘되는 방법이다.

직원은 한 배를 탄 소중한 한 명의 구성원이란 사실을 잊지 말자. 일만 시키고 직원을 갈아서 회사를 돌리고자 하는, 하나의 수단으로만 생각한다면, 그들은 회사에 충성하지 않고 회사는 더 이상 성장하지 못한다. 그만큼 리더의 마음 자세가 너무나 중요하다. 많은 배신을 당해서 직원을 믿지 못할 수도 있다. 그러나, 내가 그들을 믿어주지 않는다면 그들도 절대로 당신을 믿을 수 없다.

그럼 어떻게 이들에게 신뢰를 주는가? 바로 말과 행동을 통해서이다. 리더로서 앞서 뛰며, 선배로서 아는 것을 공유하라. 우린 앞으로 이런 방향성과 가치관에 맞추어 함께 가면 이런 결과가 있을 것이며, 당신의 미래에 이런 도움이 될 것이라고, 직원들의 머릿속에 구체적인 그림을 그려주라.

감사의 표현도 아끼지 말라. 함께 애써줘서 고맙다고 구체적으로 말로 표현하라. 그 누구도 말하지 않는데 믿고 이해하고 따라줄 수 없다. 말 속에 감정과 가치관이 다 담기고 전달된다는 것을 잊지 말자. 그러니 바빠도 서로 존중하며 솔직하게 소통하는 것이 너무나 중요하다.

투자사의 마음 리드하기 from 경쟁

많은 VC 및 심사역분들과 소통해 본 결과, VC사나 투자자들은 대체로 대표자의 마인드와 미래 성장 가능성을 보고 투자를 결정한다. 그만큼 기업 대표자의 마인드와 가치 PR이 너무나 중요하기에 앞 챕터들에서 IR 덱과 IR 피칭을 통해 투자 받는 전략들을 소개했다.

투자자들이 선택하는 가치판단 기준은 사람마다 분야마다 상이하겠으나 변하지 않는 기준들은 존재한다. 우리는 시대를 따라, 국가 정세를 따라, 시대의 혁신들을 따라, 빠르게 변화하는 시대를 살아가고 있다. 그래서 시대를 읽는 눈과, 변하지 않는 가치를 깨닫는 지혜와, 자기 자신이 할 수 있는 영역 및 강점과 약점을 잘 알고 사업 방향에 활용하는 것이 필요하다. 아는 만큼 적용하고 기회로 만들어갈 수 있으며, 투자자의 마음에도 투자 하면 뭐라도 해 내겠다는 그림을 그려줄 수 있다.

고객의 마음 리드하기 from 무관심

모든 고객들은 처음 보는 제품에 기본적으로 의심을 갖거나 무관심하기 마련이다. 기존 제품들보다 매력적인 무언가가 있지 않다면 기존 제품의 Fan들은 기존 제품을 그대로 이용한다. 이전 제품을 사용하던 Fan이 나의 제품을 사용하는 Fan이 되게 하기 위하여 여러 마케팅 및 홍보를 진행한다. 그러면 소비자가 제품에 관심을 조금씩 보이며 첫 구매 및 사용이 진행된다.

시작이 반이라고 하니 이 정도 왔으면 잘 왔다고 칭찬하고 싶다. 그러면 이젠 진정성이 필요하다. 진정성과 정성. 제품 및 서비스의 품질 및 디자인, 편리성 등도 고객의 마음을 얻는 기본 조건 값이 되겠으나 이들이 한 번 이후 재구매율까지 고려한다면, 정성도 너무나 중요하다. 변함없는 친절함은 고객으로 하여금 장기 고객 및 충성고객으로 남게 한다.

이때 주의할 것은, 지키지 못할 약속은 하지 않는 것이다. 잠시 제공하고 말 친절이나 서비스라면 처음부터 하지 않는 것이 낫다. 회사 이미지와 가치에 따라 주가가 달라지는 만큼, 무관심보다 안티가 더 무서운 영향을 주기 때문이다. 어떠한 서비스를 시작했다면 끝까지 변하지 않고 제공되어야 초심을 잃었다거나 변했다거나 하는 오해를 사지 않을 수 있으니 유의하자.

2. 자신의 마음 리드하기

비바람에 흔들려라 그럼에도 불구하고, 뿌리를 깊이 내려라

사업의 향방을 정하고 창업을 시작한 이래로 금전적 부담감, 직원들 월급에 대한 부담감, 건물 유지비, 법정 소송 등 여러 어려움에 봉착할 수 있다. 그럼에도 불구하고 사업을 지속하기 위해선, 확실하고 흔들리지 않는 삶의 목적이 있어야 한다. 가급적이면 사업의 목적과 삶의 목적이 같은 맥락상에 있기를 추천한다. 이는 뿌리를 깊이 내리는데 도움이 되도록, 딱딱한 땅에 뿌리가 깊이 잘 내려가도록 밭을 갈고 돌맹이를 제거함과 같은 역할이 되어줄 것이다.

혹자는 마음이 여러 개라 할 수도 있겠지만, 일반적으로 사람의 마음은 하나라서, 마음이 두 갈래 길로 갈라지면 버틸 수 있는 힘도 절반이 될 수밖에 없기 때문이다. 그것이 비바람이 아무리 몰아쳐도 절대 뽑히지 않는 뿌리 깊은 나무가 되게 해 줄 것이다.

다만, 목적이 있다고 힘든 마음이 견뎌지는 건 아니다. 괜찮아지라 한다고 괜찮아지고, 불안해하지 말란다고 불안해지지 않는 것도 아니다. 누군가를 좋아하는 마음도, 싫어지는 마음도, 내 마음이라 하나 내 마음대로 되지 않는다. 아쉽게도 사람의 마음은 그렇게 단순하게 구성되지 않았다. 내 마음이 마음 먹은 대로 된다면 누구나 다 열심히 공부해서 성공하고, 현대인의 흔한 마음의 질병인 우울증이나 공황장애는 존재하지 않을 것이다.

사람은 이성적이라 하나, 감정과 무의식에 끌려 다니는 경우가 훨씬 많다. 뿌리는 내 마음 깊숙이 내리는 것이 필요하다. 그러기 위해서 먼저는 내 마음부터 다스릴 수 있어야 한다. 내 마음의 주인을 세상 사람들의 시선이나 가족, 인정 받고 싶은 그 누구에게도 넘겨주지 말자. 스스로가 자신의 주인이 되어야 외부의 어떤 비바람에도 뿌리를 깊이 내릴 수가 있다.

말과 습관 바꾸기

내 마음을 지키고 주인이 되는 방법에는 여러가지가 있겠지만, 본 글에선 두 가지만 다뤄보려고 한다. 바로, 말과 습관이다.

첫째, 어린시절부터 들어온 말.

둘째, 그 말로 인해 구성된 생각의 습관. 그리고, 그 습관으로 인해 형성된 행동의 습관.

① 나 자신을 구체적으로 알기

실천이 쉬운 사람이 있고, 완벽한 준비와 마음의 준비가 필요한 사람이 있다. 이처럼 리더는 자기 성향의 장단점을 잘 알고 활용할 수 있어야 한다. 사람의 성향을 명백하게 규격화 시킬 순 없겠지만, 장단점을 확인할 수 있는 방법(여러 진단검사지를 활용하더라도)을 통해 자신의 성향을 알고 활용하는 것은 꼭 필요하다.

자신을 잘 어필할 줄 알고 포장할 줄 아는 사람들이 결국 자신의 사업도 자신의 제품도 잘 포장하여 브랜딩 및 마케팅을 할 수 있는 것이다.

근거 없이 세워진 믿음은 모래 위에 세운 성과 같이 한순간의 파도에도 무너진다. 하지만 튼튼한 골조를 세우고, 단단한 반석 위에 세워진 집은 무너지지 않는다.

창업자에게 필요한 골조가 되는 것은 자신과 자신을 둘러싸고 있는 세상에 자신이 어떤 모양으로 서 있는지를 아는 것이다. 자신을 이해하고 세상이 뭐라 하든지 자신을 믿는 믿음이 바탕이 되어야 한다. 더불어 세상의 흐름을 읽어야 하고, 그 바람에 돛을 펼치고 출항하는 배처럼 자신의 사업이 흘러가는 방향을 알아야 한다.

창업을 시작한 배의 경우, 어느 정도 해왔고 노력을 했고, 물적 시간적 투자를 아낌없이 해왔음에도 눈에 띄는 성과가 눈에 보이지 않거나 산 너머 산이라는 말과 같이 간신히 하나의 산을 넘으니 또 산이 있고,

이 반복 속에 자금은 넉넉지 않고, 직원들이 있는 경우 더욱 책임질 인원들에 대하여 마음은 조급해지고 막막해지니 더 이상 견딜 수 있을지 스스로 더 작아지고 좌절하는 마음을 극복하는 것이 가장 큰 숙제가 될 것이다.

② 올바른 신념 세우기: 말과 생각을 필터링하고 선택하기

그렇다면 먹구름이 몰려와 비바람이 치고 파도가 불어올 때, 어떤 마음의 기둥을 세워야 흔들리지 않을까?

먼저는, 변하지 않는 올바른 신념 위에 나란 사람을 세우는 것이 필요하다. 그 기준을 글로나 말로 표현할 수 있도록 구체적으로 정립하는 것이 우선 되어야 한다. 더 나아가 나라는 사람이 옳은 가치관과 세상을 위한 담대한 발걸음을 시작했다면 절대로 그 초심을 잃지 않는 것이 중요하다.

이 사실을 잊지 말기를 바란다. 정말 옳은 신념과 가치관이라면 온 세상이 작게든 크게든 당신의 손을 함께 잡아줄 것이다. 결과와 상관없이 당신이 옳은 가치관으로 세상을 변화시키고자 하는 그 마음을 자신만의 가치관으로 키워드화 시키고 끝없이 되뇌어라. 그리고 될 때까지 포기하지 않는다면 당신의 꿈은 더 이상 뜬구름 같은 판타지가 아닌, 조금씩 당신의 눈앞으로 다가와 손에 만져지는 실체가 될 것이다.

인생은 영화나 드라마와 다르다. 다만, 마인드만큼은 드라마나 영화 주인공에게 배워도 좋을 것 같다. 어느 주인공도 하다가 포기하고, 나중으로 미뤘다가 실천하고, 누가 밟으면 밟히고 주저앉는 그런 주인공은 없다. 밟으면 잡초처럼 더 끈질긴 생명력으로 다시 살아나고, 도전하고 또 도전한다. 넘어져도 다시 일어난다.

실패하면 그 속에서 배움을 얻어서 왜 나에게 이런 일이 생겼을까, 이 안에서 내가 배울 점은 무엇일까 생각하며 끊임없이 삶 속에서 성장한다. 어떤 작은 사람을 만나도 배우고, 세상에서 끊임없이 배우고 또 다시 일어나는 그런 겸손하고도 끈질긴 생명력으로 자신을 믿어주고 사랑해주길 바란다.

오스트리아의 심리학자인 빅터 프랭클은 1946년 〈죽음의 수용소에서〉라는 책을 썼다. 아우슈비츠 강제 수용소에서 홀로코스트 동안의 기억들을 종합하여 본인이 겪었던 처참한 비인간적 대우 속에서도 살아서 나아올 수 있었던 심리적 방법을 심리학자이자 의사의 입장에서 기록했다. 빅터 프랭클은 어느 날 작은 감방에 홀로 발가벗겨진 채로 있을 때 '나치들도 빼앗아 가져갈 수 없는 인간이 가진 가장 마지막의 자유'라고 명명한 상태를 자각하게 되었다. 나치들이 그의 주변 환경 전체를 통제하고, 원하는 대로 그의 육체를 다룰 수 있었지만, 그 모든 일로부터의 영향을 받고 안 받고의 여부는 그가 자기 마음대로 결정할 수 있었던 것이다.

"자극과 반응 사이에는 공간이 있다.
스스로 반응을 선택하는 우리의 힘이 그 공간에 있다.
그리고 우리의 성장과 자유는 그 반응에 달려있다."
-빅터 프랭클-

즉, 어떤 자극이 와도 자아라는 공간을 거쳐 어떠한 반응이 일어나기에, 그 자아의 공간은 스스로 변화시켜 갈 수 있고 스스로 선택해 나갈 수 있다는 것이다.

위와 같이 자신의 자아를 단련시키는 방법은 그동안 들어온 말을 분석하여 본인이 변화되고자 하는 방향으로 듣는 말을 바꾸고 생각의 패턴을 바꿈으로서 가능해진다. 다만, 이를 적용하고 변화되기까지 셀 수 없는 시도와 변화의 과정을 겪어야 하기에 오랜 시간이 필요하다. 자신이 원하는 자신의 자아로 변화될 수 있음을 의심하지 말고, 도전하며, 근본적으로 변하지 않는 신념을 가지는 것이 중요하다.

그것을 누군가는 사명이라 부르고, 누군가는 가치관이라 부르며, 누군가는 소명이라 부른다. 브랜딩 솔루션 중 하나인 이키가이를 활용하여 스스로의 사명과 이키가이를 찾아보는 것도 좋은 방법이다. 그러나 본인의 이키가이를 아무리 스스로 찾아봐도 찾기 어려운 경우, 퍼스널 브랜딩, 기업 브랜딩 등 컨설팅을 받아보는 것도 좋은 방법이다.

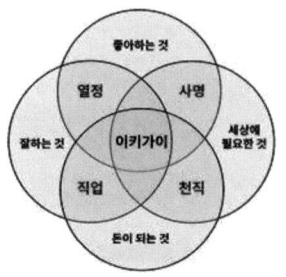

*이키가이: 좋아하는 것, 잘하는 것,
　세상에 필요한 것, 돈이 되는 것의 교집합

③ 용기와 실행

트랜드, 사람들의 마음, 흐르는 세월, 사람들의 모습은 모두 다 바뀌지만, 세상의 이치는 변하지 않는다. 그 변하지 않는 이치를 깨달고자 많은 사람들이 인문학과 철학에 관심을 가지는 것이다.

세상에는 좋은 말이 많다. 그러나 그것이 남의 말이 된다면 아무 소용이 없다. 어느 한 마디를 듣더라도 내가 실천하고 내 경험으로 만드는 것이 중요하다.

사과가 5개가 있다. 2개를 먹었다면 사과가 몇개가 남아있는가? 많은 사람들은 당연하다는 듯 3개가 남았다고 답한다. 과연 그럴까?

누군가 와서 남은 세개의 사과를 먹는다면? 나는 2개를 먹은 것이 된다. 결국 내가 먹고 내 피가 되고 살이 되어야 내 것이 되는 것이다. 그 누구도 나 대신 밥을 먹어줄 수도, 대신 살아 줄 수도 없다. 내 경험이 된 것만이, 그게 실패건 성공이건 다음 도약을 위한 발판이 되어준다.

어디선가 한 번은 들어봤을 유명한 자산가이자 사업가인 제프 베이조스, 빌 게이츠, 워렌 버핏. 이들의 공통점은 누구나 안 된다고 할 때 도전하는 용기를 가진 것이었다.

세상을 바꾸는 리더들도 한 번쯤 마주하는 것이 세상 사람들의 걱정과 차가운 시선이었다. 그러나 주변 누구의 인정보다 세상을 바꾸는 원동력이 된 것은 실패하면 어떻게 하지? 하는 걱정과 불안을 딛고 일어나 생각한 것을 행동으로 옮겨 실현 시키는 것이었다.

좋고 안정된 환경이 되어서야 시작할 수 있는 것이 아니며, 성공하는 생각의 습관은, 실패하지 않는 것이 아니라 실패해도 다시 일어나는 것이다.

여기서 질문.

그들은 어떤 말을 들어왔기에 용기를 가지고 실행으로 옮길 수 있었을까?

그 답은 서두에 언급했던 성공한 사업가들이 살면서 어떤 교육을 받고 어떤 말을 들으며 어떤 마인드로 자라났기에 지금의 성공에 이르게 되었는지 그들의 성장 과정에서 답을 찾아보며 마무리 지어보고자 한다.

3. 성공한 사업가들의 말과 생각의 습관

대표적인 위 세 명이 성공하는 데 밑바탕이 된 부모님의 말의 영향, 독서 습관으로 형성된 사고 습관, 그렇게 형성된 가치관을 정리하면 아래와 같다.

1] 제프 베이조스

인터넷 쇼핑은 생각도 못하던 시절, 인터넷 쇼핑의 대중화를 이끈 세계 최대의 온라인 쇼핑몰 아마존 CEO 제프 베조스.

◆ 부모님이 어려서부터 해온 말

베이조스의 부모님은 그에게 "탐구심을 가져라"와 "모든 것을 깊이 고민하라"는 가르침을 주었다. 그의 어머니는 베이조스가 항상 새로운 것을 시도하려는 열망을 지지하며, 실패를 두려워하지 말고 그것을 배움의 기회로 삼으라고 격려했다. 이러한 가르침은 그로 하여금 아마존이라는 거대한 실험을 성공으로 이어나가는 데 중요한 초석이 되었다.

◯ 독서 습관

베이조스는 어린 시절부터 다양한 책을 탐독하여 방대한 지식의 기초를 쌓아갔다. 그는 과학 소설과 같은 창의적이고 미래 지향적인 장르를 특히 좋아했으며, 이를 통해 혁신적 사고와 상상력의 한계를 넓혔다. 이러한 독서 습관은 그가 새로운 사업 모델을 구축하고, 비즈니스의 경계를 확장하는 데 도움을 주었다.

◯ 사고하는 습관

베이조스는 분석적이며 장기적인 사고 방식을 강조했다. 그는 '거꾸로 발명하는 방식'을 통해 고객 경험으로부터 출발하여 모든 비즈니스 프로세스를 설계했다. 베이조스는 본질적인 문제를 정의하고, 그것을 뒤집어 생각하며, 기존의 제한을 넘어서 혁신적인 해결책을 찾는 데 집중했다.

◯ 형성된 가치관

베이조스는 '고객 중심주의'라는 강력한 가치관을 형성했다. 그는 고객에게 최고의 가치를 제공하는 것을 비즈니스의 중심에 놓으며, 이를 통해 지속적인 성장을 이루어 나갔다. 또한, 그는 실패를 발전의 필수 과정으로 인정하고, 위험을 감수하더라도 혁신을 추구하는 방향을 지향했다.

결국, 제프 베이조스의 성공은 그가 성장 과정에서 배운 교훈들과 이를 사업에 적용한 능력의 결합이라 할 수 있다. 이러한 배경은 그가 세계 최대의 온라인 쇼핑몰인 아마존을 창립하고, 뉴 프론티어에 도전하는 원동력이 되었다.

그는, 실패를 두려워하지 않는 사업가로 유명하다. 그는 '실패는 성공의 어머니다(Failure is the mother of success)'라는 말을 종종 인용하며, 실패를 겪는 과정에서 중요한 교훈을 얻을 수 있다고 말한다. 그리고 성공을 이루기 위해서는 자신의 열정과 목표를 향해 항상 노력하고, 결코 포기하지 않아야 한다고 이야기한다.

> "앞으로 나아가는 데 가장 중요한 것은 문제에 직접 부딪히다가
> 실패를 경험하고, 그 다음 잠시 물러났다가 다시 시도하는 것입니다.
> 지혜로운 사람은 관습에 얽매이지 않고
> 항상 자기 자신을 새롭게 창조하려 합니다."
>
> - 제프 베이조스 -

2] 빌 게이츠

세계 최대 소프트웨어업체 마이크로소프트를 세운 빌 게이츠. 그는,

1955년 10월 28일 시애틀 지역 손꼽히는 명문가 집안에서 태어났다. 그의 아버지는 변호사, 어머니는 금융기업과 비영리단체의 이사였다.

◐ 부모님이 어려서부터 해온 말

빌 게이츠의 부모님은 그에게 "호기심을 잃지 말고 항상 새로운 것에 도전하라"는 가르침을 주었다. 그들은 그가 다양한 분야를 탐구하고, 실패를 두려워하지 않도록 격려했다. 이러한 환경은 게이츠로 하여금 혁신을 두려워하지 않고, 항상 더 나은 것을 추구하게 만들었다.

◐ 독서 습관

게이츠는 일찍이 독서를 통해 방대한 지식을 쌓기 시작했다. 그는 책을 통해 다양한 시각과 아이디어를 접했고, 이는 그가 문제를 해결할 때 기존의 틀에 얽매이지 않고 새로운 접근법을 시도하도록 했다. 독서는 그의 창의적 사고를 확장 시키고, 기술 발전에 대한 깊은 이해를 가능하게 했다.

◐ 사고하는 습관

게이츠는 구조적이고 전략적인 사고를 중요하게 여긴다. 이를 통해 그는 복잡한 문제를 세분화하고, 각 부분을 이해한 후 전체적인 해결책을 찾아가는 방법을 고수했다. 그는 또한 데이터를 기반으로 한 결정의 중요성을 강조하며, 모든 의사결정 과정에서 이를 실천했다.

◯ 형성된 가치관

빌 게이츠는 그의 사회적 책임을 중요하게 생각하며, '기술을 통해 세상을 더 나은 곳으로 만들자'는 가치관을 갖게 되었다. 이는 마이크로소프트를 운영하는 방식에 반영되었으며, 또한 그의 자선 활동을 통해 실현되고 있다. 그는 성공을 단순히 개인적인 성취에 그치지 않고, 사회에 환원하는 것을 중요한 목표로 삼았다.

이처럼 빌 게이츠의 성공은 다층적인 요소들이 결합하여 이루어진 것으로, 그의 가치관과 사고방식은 여전히 많은 이들에게 영감을 주고 있다.

3] 워렌 버핏

'20세기 100년동안 가장 탁월한 투자자'이며 '세계 경제를 움직이는 큰 손'이자, 세계적으로 존경받는 부자의 대명사인 워렌 버핏은, 자신의 인생관에 가장 영향을 끼친 것은 부모님으로부터 받은 무조건적인 사랑이었다고 한다. 그러면서 말하길, "만약 모든 부모가 자녀가 아주 어릴 때부터 많은 시간을 함께 보낸다면, 자녀는 '더 나은 사람'으로 성장할 수 있을 것"라고 강조했다.

그는, 증권 중개인이자 훗날 공화당 하원의원을 지낸 하워드 호만 버핏의 아들로 넉넉한 환경의 덕을 보며 성장했다.

◯ 부모님이 어려서부터 해온 말

버핏은 부모님으로부터 "절약하고 신중하게 생각하라"는 가르침을 들으며 자랐다. 이 말은 그의 인생 철학의 기초가 되었으며, 투자 활동 전반에서 신중함과 장기적 투자의 중요성을 강조하는 태도로 이어졌다. 부모님의 이런 가르침 덕분에 그는 위험을 관리하고 기회를 포착하는 데 필요한 냉철함을 배울 수 있었다.

◎ 독서 습관

버핏은 독서를 통해 폭넓은 지식을 쌓았으며, 이는 그의 투자 전략에 큰 영향을 미쳤다. 그는 어렸을 때부터 다양한 책을 읽었으며, 특히 금융과 경제에 관한 책들을 통해 깊이 있는 이해를 발달시켰다. 이러한 독서 습관은 그가 복잡한 정보를 분석하고 통찰력을 얻는 데 많은 도움을 주었다.

◎ 사고하는 습관

버핏은 분석적이고 논리적인 사고를 중요시했다. 그는 어떤 결정을 내릴 때 감정에 치우치지 않고 데이터와 사실에 기반한 판단을 내리도록 훈련되었다. 이러한 사고방식은 그가 투자에서 성공을 거두는 데 핵심적인 역할을 했다. 그는 복잡한 문제를 간단하게 풀어내는 능력을 통해, 다른 이들이 놓칠 수 있는 기회를 발견해 왔다.

◎ 형성된 가치관

버핏은 자신의 행동이 사회에 미치는 영향을 중요하게 생각한다. 그는 단순히 돈을 버는 것을 넘어서, 부의 사회 환원과 같은 더 큰 목적을 추구한다. 이러한 가치관은 그의 투자 철학에도 반영되어 있으며, 그는 장기적인 관점에서 지속 가능한 가치를 창출하는 것을 목표로 한다.

결국, 워렌 버핏의 성공은 이처럼 다각적인 요소들이 함께 작용한 결과이며, 그의 인간적 면모와 사회적 책임 의식은 여전히 많은 이들에게 귀감이 되고 있다.

"인생의 성공은 자기가 원하는 것을 갖는 것이고
인생의 행복은 자기가 가진 것에 만족하는 것이다."

- 워런 버핏 -

이 밖에도 세상을 바꾼 수많은 기업가들에겐 공통점이 있다.
1) 독서의 습관화가 되어있다(꼭 독서가 아니어도 새로운 인사이트를 통해 깊이 사고하는 습관).
2) 장기적인 가치를 보는 안목을 가지고 있다. 변하지 않는 가치를 중요시 여기며, 더 나은 세상(발전된 미래)을 만들어가고자 하는 뜻을 품고 이루어 간다.
3) 실패를 두려워하지 않으며, 실패의 과정을 성공의 기회로 삼는 마인드를 가지고 있다.
4) 자신의 열정과 목표를 믿고, 항상 노력하며, 결코 포기하지 않는 끈기를 가졌다. 그 결과, 세상을 바꾸는 사람들이 되고 있다.

세상을 바꾸는 천재적인 기업가들, 자본가들은 굉장히 많다. 그 가운데 위 몇 사람을 선정한 이유는 그들의 삶의 방식과 가치관에 있다. 그 가치관은 대개 어린 시절 부모님으로부터 들은 말과 행동을 통해 형성되곤 한다. 그동안 어떤 말을 들었는지는 지금 현재의 자신의 가치관과 사고의 패턴을 결정한다.

그러나 꼭 그 가치관과 생각의 습관과 패턴대로만 살아가는 것은 아니다. 어떤 것을 보고 듣고 자기 자신에게 어떤 말을 해 주느냐에 따라서 앞으로 당신의 미래의 습관과 패턴이 형성될 수 있다. 그러니, 현재 자신의 생각과 말의 구성요소를 확인하며 자신에 대한 이해를 하고, 현재 자신의 상태와 변화될 목표를 설정하여 원하는 사고방식으로 변화되면 된다.

위 성공한 기업가들도 어느 시점엔 실패하기도 하고, 어느 시점엔 좌절하기도 했다. 그러나, 잊지 않으면 좋을 것은 본질적 가치를 보는 눈을 가지는 것이다. 자기 자신을 이해하며, 자신의 사업과 세상이 필요로 하는 사업의 방향이 맞는지 돌아보며, 시선의 차원을 넓고 높게 가져보길 바란다. 자신의 현재 위치와 미래의 방향성을 돌아보며, 나의 어떤 기질을 잘 쓰고 있고, 못 쓰고 있는지 확인하고, 올바른 방향이 맞는지 다시 한번 확인하고, 포기하지 않고 끝까지 성공에 이르는 대한민국 경제혁신의 주역인 창업가가 되시길 응원한다.

여러분의 꿈에 '함께' 하는

김태희

- ㈜비드리머 기업교육회사 강사
- 청운대,명지전문대/디지털서울문화예술대학 교양학부 외래교수
- 서울청년창업사관학교 IRDECK제작 컨설팅/신사업창업사관학교 IR 교육
- 로컬 파이오니어스쿨 후속지원 IR/홍릉이노폴리스 IR 피칭 멘토링
- 강한 소상공인 성장지원사업 IR 피칭데이 보이스피칭/사후점검 온라인 멘토링
- 한국피칭문화협회 피칭 일반반/강사반 과정 개발 및 교육 진행
- 저서: 디지털 커뮤니케이션(2022) 소통메이트, 관계를 잇는 소통의 세계(2021)

17

흥하는 사업을 위한
캐주얼 네트워킹 매너

이 글을 읽을 때쯤이라면, 우리 사업을 잘 표현할 서류는 물론 발표와 같은 공식적인 자리에서의 요령은 많이 익혔을 것이다. 특히 IR 피칭 데모데이 등의 발표는 어떻게 표현해 주어야 더 효과적일지 잘 배웠을 것이고, 준비한 만큼 충분히 보여주면 된다.

하지만 스타트업 대표로 자리하는 곳은 이외에도 너무나 많을 텐데, 이럴 때의 요령은 우리가 배운 적이 있을까?

그중에는 공식적인 상황 외에 커피챗, 식사 자리 혹은 술자리까지도 이어진다. 그럼 이런 자리에서는 어떤 애티튜드(attitude)를 지녀야 할까? 기존과 동일한 스탠스(stance)를 유지하며 어필하여도 충분할까?

지금부터 커피챗이나 식사 자리, 술자리 등의 비공식적인 자리를 통칭하여 캐주얼 네트워킹 상황이라고 표현, 캐주얼 네트워킹[23]에서의 적절한 태도를 살펴보자.

---

23) 캐주얼 네트워킹: 본 챕터에서 이르는 말로 스타트업 대표들이 공식적인 자리가 종료되고, 커피나 식사, 술자리로 이어지는 비공식 네트워킹 자리를 칭하는 표현이다.

1. 스타트업 네트워킹의 시작, combine한 CEO!

당신은 스페셜리스트(Specialist)인가요? 제너럴리스트(Generalist)인가요?[24]

언뜻 생각했을 때는 대부분 스페셜리스트를 떠올리며, 스페셜리스트가 되는 것이 특별하고 특수할 것이라 생각한다. 이 두 용어는 다른 직업이나 역할을 나타내는 말로, 스페셜리스트란 특정 분야나 주제에 대하여 특화된 지식과 기술을 가진 전문가를 말한다. 특정 분야에서 깊이 있는 전문 지식을 가지고 있으며 이에 대한 문제를 해결하고 관련 업무를 수행하는 데 유연하다는 것을 의미한다. 즉, 한 직장에서 본인의 직무를 오래 갈고닦은 만큼 그 분야의 전문가가 되기에 상대적으로 유리할 수 있기 때문에 스페셜리스트가 되고자 노력하며, 스페셜리스트가 되어야만 할 것 같다고 생각한다.

그럼 제너럴리스트는 좋지 않은 것인가?

여기서 우리가 흔히 말하는 좋다 나쁘다의 의미가 아닌 '다름'의 차이를 이해해야 한다. 즉, 제너럴리스트는 다양한 분야나 주제에 대한 일반적인 지식을 가진 사람을 말하며 스페셜리스트와는 다른 스타일을 보여준다. 이들은 여러 가지 주제에 대하여 폭넓은 이해를 가지고 있으며, 이로 인해 다양한 상황에서 각 상황에 맞는 적절한 역할들을 다양하게 수행할 수 있는 사람임을 의미한다.

---

24) 김승호 인사혁신처장, 2023-12-15, 제너럴리스트와 스페셜리스트, 매일경제, https://www.mk.co.kr/news/contributors/10899716

스페셜리스트와 제너럴리스트는 서로 다른 역할과 스킬을 가지고 있으며, 조직의 특성이나 프로젝트의 필요 혹은 맡은 역할을 고려하여 적절한 유형의 전문가를 선택하는 것이 중요하다.

포털 사이트에서 스타트업 대표의 자질 혹은 스타트업 대표가 갖추어야 할 자세 등에 대한 기사를 찾아보면 한결같이 '올-라운더(all-rounder)'가 되라고 말한다.[25]

바로 앞서 이야기한 스페셔리스트/제너럴리스트로 구분하자면 제너럴리스트가 되라는 말이다. 특히 한결같은 이야기는 스타트업 대표라면 빠르게 변화하는 시장에서 유연하게 대응하여 새로운 사업을 만들어내는 위치이기 때문에 더욱 요구된다는 것이다.

올-라운더라 함은 모든 영역, 다양한 분야의 일에서 그 역할을 톡톡히 해내는 사람을 일컫는다. 초기 스타트업 대표의 경우 자금 운용이 원활하지 못하거나 지원을 받아야 하는 상황이 대부분이기에 사업을 꾸리는 데 있어 최소한의 비용으로 최대의 효율을 끌어내는 능력이 요구된다.

스타트업 대표는 올-라운더로서 모든 영역의 일을 할 줄 알아야 할 뿐 아니라 직원이 맡은 역할도 두루 알고 있어야 한다. 흔히 알고 하는 것과 모르고 하는 것의 차이가 있듯, 직원에게 시키더라도 직원이 담당하는 업무를 알고 맡기는 것과 모른 채 맡겨두는 것은 엄청난 차이가 있는 법이다. 직원이 되었든 아르바이트생이 되었든 아웃소싱

---

25) 권영설, 2002-09-15, [권영설 전문 기자의 '경영 업그레이드'], 제너럴리스트, 스페셜리스트, 한국경제, https://n.news.naver.com/mnews

(outsourcing)을 하게 되더라도 대표가 알고 있어야 제대로 일을 맡길 수 있고, 담당자 또한 허술하게 할 수 없게 되는 것이다.

  IR 피칭을 위한 발표 자료만 보아도 알 수 있다. 보통 사업계획서를 바탕으로 발표 자료를 준비하고 데모데이 등을 위한 피칭 자료를 발전 보완시켜 나간다. 이 자료 중 한 페이지를 장식하는 것 중 하나가 바로 우리 사업을 이끌어가는 멤버 구성도이다. 흡사 회사의 조직도와 같달까. 대부분의 스타트업 대표들은 이 페이지를 가득 채우기가 어렵다. 혹은 대부분 대표자 1인의 자기소개 페이지에 가깝다.

"(1인 대표인 경우) 저희는 아직 초기라 실제로 직원이 없어요."

"(2인이 공동대표인 경우) 우리는 대표가 두 명이라 안정될 때까지 인건비를 최소화시킬 거예요. 역할이 확실하게 구분되어 있어요."

  실제로 이런 사례는 너무나 흔하게 볼 수 있다. 스타트업 대부분 1인 혹은 한 자릿수의 직원으로 사업을 꾸려가고 있는 것이다. 이러한 상황은 사업 초창기 누구나 겪을 수밖에 없는 상황으로 잘못되었다고 말하는 것이 아니다. 이러한 표현도 조금은 다르게 해볼 수 있다는 마음으로 접근해 보자는 것이다.

  직원 수가 전무한 1인 기업일 수도 있고, 공동대일 수도 있다. 직원 수가 어느 정도 있다고 하더라도 안정적인 일반 기업들처럼 운영되기는 어렵다. 그럼에도 현재 이 사업을 운영할 능력이 있고 운영하고 있기에 이를 선보이는 게 아닌가. 그렇기 때문에 외부에서 보았을 때 우리 사업의 불안 요소를 최소화시켜주는 것이 필요하다.

　1인의 자기소개에 그치는 것이 아닌, 1인이지만 현재 올-라운더 대표로서 꼼꼼하게 확인하며 운영하고 있다는 것을 보여주고, 나아가 자금이 잘 운용된다면 우리는 안정적으로 A, B … 분야의 직원을 고용하여 더욱 탄탄하게 확장시킬 것을 드러내주어야 한다.

　그럼 다음과 같은 소개는 어떠한가?

김OO 대표	마케팅 업무 전반
박OO 대표	6년차 디자인 경력자 디자인 컨설팅 다수

　요약하는 것으로 본다면 요약 정리가 아주 잘 되었다고 볼 수 있다. 그런데 이 두 대표들, 어떻게 보이는가? 어딘가 경력자인 것 같은데 얼마나, 어떻게 일을 담당했는지는 정확한 파악이 어려우며, 그래서 얼마나 신뢰할 수 있을지에 대한 궁금증이 생기기도 하는 소개로 보인다.

　물론 이 역시 나쁘다는 것이 아니다. 표현법을 달리해 주면 어떨까 하는 말이다. 이 사례 역시 아직은 우리가 초기 사업자로 보일 수밖에 없는 객관적인 사실이지만 현재 충분히 대응하고 있고, 앞으로 잘 대응하여 확장시킬 수 있다는 확신을 심어주자는 것이다.

　김OO 대표는 마케팅 경력을 가진 대표로서, 마케팅 분야의 스페셜리스트라고 할 수 있다. 하지만 이제는 한 사업을 이끌어가는 대표자로 제너럴리스트의 모습을 같이 정리해 주자.

한 직장에서 마케팅 분야의 업무를 오래 갈고닦은 만큼 마케팅 분야의 전문가로 스페셜리스트의 모습을 갖추었다. 하지만 한 분야에만 특화되어 있으면 모든 직무를 관리하고 직접 수행하기도 해야 하는 스타트업 대표로 자기 사업을 성공시키기는 어렵다. 따라서 내 사업을 성공시키기 위해 그동안의 스페셜리스트 모습에 제너럴리스트의 면모 또한 담아주어야 할 것이다. 대신 여기서 필요한 것이 단순 나열을 피하고, 전반, 다수와 같은 두루뭉술한 표현보다는 구체적으로 작성하되 마지막은 요약 및 정리를 해주어야 한다.

박OO 대표를 예로 보면, 디자인 컨설팅을 많이 했기에 '다수'라는 표현으로 정리했지만 주로 어떤 기업들 혹은 어떤 특성이 있는지 요약해보는 것이다. 이때 많이 했다고 하여 무작정 모든 경험을 나열하지 말고, 그 경험들의 공통점 혹은 특성을 발견하여 이렇게 많이 했지만 주로 경험이 많은 것을 보일 수 있게 정리해 보자.

실제로 우리 사업의 불안 요소를 줄이고, 스타트업 대표로서의 역할을 줄여주는 것이 곧 대표자가 어떤 자세를 취해야 하는가를 바로 알 수 있다.

스타트업 대표로 수많은 자리에서 우리 사업을 소개하고, 알리려 노력할 것이다. 그런 자리는 무궁무진할 것이며 언제, 어떻게, 어떤 상황으로 우리에게 다가올지 알 수 없다. 즉, 그 상황이 무엇이 되었든 스타트업 대표로 우리 사업을 잘 운영해갈 수 있다는 자세를 취하고 있는 것이 기본이다.

일반적으로 스타트업의 사업 아이템은 대표자의 경험 속에서 발견

되는 경우가 많다. 간혹 전혀 새로운 아이템이 나타난다 할지언정 이를 위해 다시금 그 분야를 공부하거나 그 분야의 전문가와 함께 하게 된다.

이 말은 곧 대부분의 스타트업 대표들은 그 분야의 전문가, 스페셜리스트로 시작한다는 것이고 대부분 스페셜리스트로 시작하기 위해 노력하는 경우가 많다. 하지만 이제는 하나의 사업을 이끌어가는 대표자로 사업 운영에 필요한 다양한 분야를 섭렵하는 제너럴리스트가 되어야 한다.

결국 사업 아이템에는 능수능란한 전문가의 면모를 보이면서 사업 전반을 만들어가는데도 문제가 없는 올-라운더의 모습을 보이면 된다. '스페셜한 제너럴리스트'가 되어, 이러한 모습을 직접 보여주기도 해야겠지만, 문서 자료 곳곳에도 드러내주기를 바란다.

이제부터는 스페셜함과 제너럴한 모습이 더해진, Combine 한 CEO가 되어 보자.

2. 적절한 포:즈로 홈런 치는 4번 타자!

스타트업 대표로 'IR 피칭'이라는 말은 너무나 많이 들어보았을 것이다. 원래 피칭은 야구에서 투수가 공을 던지는 행위이다. 여기서 피칭은 상대에게 아이템을 던진다는 의미로 투자를 유치하기 위한 발표로 사용되고 있다. 그만큼 우리가 수많은 자리에서 사업 아이템을 보여주고 있는데, 이왕이면 잘 넘겨줘야 할 것 아닌가!

야구를 잘 모르는 소위, '야알못'도 4번 타자가 가장 잘 치는 사람이라는 것은 알 것이다. 그리고 가장 대표적인 4번 타자 하면, '조선의 4번 타자'로 불리는 야구선수 이대호를 떠올릴 것이다.

왜 4번 타자가 가장 잘 치는 선수일까? 이론상으로 보자면 사실 3번 타자가 점수를 뽑아내야 하지만 스포츠는 '끝날 때까지 끝난 게 아니다'라는 말처럼 마지막까지 알 수 없는 것이기에 최대한 주자를 가장 많이 모을 수 있는 자리로 4번을 보는 것이다. 즉, 4번 타자가 타석에 들어섰을 때 1번부터 3번 타자 중 안타를 쳐 주자가 쌓여 있는 경우가 많은데 이렇게 많은 주자가 쌓여 있는 상황에서 타점을 극한으로 뽑아낼 수 있는 자리, 그 자리가 바로 4번 타자인 것이다. 그래서 장타 혹은 홈런을 가장 많이 칠 수 있는 선수가 4번 타자에 배치된다.

이처럼 야구에서는 안타가 계속해서 나와줘야 득점할 수 있고 결국 승리로 이어지는 구조이다.

우리 사업으로 보면 어떨까? 스페셜한 제너럴리스트인 대표자가 '4번 타자'가 되어 안타도 쭉-쭉 쳐주고, 홈런도 빵-빵 날려준다면 우리 사업은 승승장구할 것이다.

그럼 사업에서 안타에 홈런까지 잘 치려면 어떻게 해야 할까. 그중에서도 우리가 다루고 있는 파트인 쉬우면서도 의외로 미리 준비하지 않는 캐주얼 네트워킹의 자리에서는 어떨까.

스타트업 대표들이나 이 대표들을 컨설팅하는 코치들의 이야기를 종합해 보면, '적절하게 들어가라'고 조언한다. 적당한 쉼, 잠시 멈추고 여유있게 커뮤니케이션하라는 것이다.

통상적으로 대표님들 중에는 회사 자랑, 아이템 자랑, 내(?) 자랑이 많은 편이다. 물론 그 마음을 이해할 수는 있다. 내 자식처럼 소중하고, 예쁘게 잘 키운 사업이기에 마치 도치맘이 되어 누구라도 만나면 선보이고 싶고 자랑하고 싶기 때문이다.

그래서 많이 하는 태도 중에 하나가 바로 '쏟아내는 것'이다. 최대한 많이, 누구든 붙잡고 들려주고 싶다. 그 마음이 너무 큰 나머지 앞만 보고 '일단' 들려주기 시작한다. 이렇게 들려준 우리의 이야기는 과연 잘 들릴까? 투자자들에게는 매력적으로 다가갈까?

다음 중 어떤 글이 더 잘 읽히는지 살펴보자.

A

이글을읽을때쯤이라면우리사업을잘표현할서류는물론발표와같은공식적인자리에서의요령은많이익혔을것이다특히IR 피칭데모데이등의발표는어떻게표현해주어야더효과적일지잘배웠을것이고준비한만큼충분히보여주면된다하지만스타트업대표로자리하는곳은이외에도너무나많을텐데이럴때의요령은우리가배운적이있을까그중에는공식적인상황외에커피챗식사자리혹은술자리까지도이어진다그럼이런자리에서는어떤애티튜드(attitude)를지녀야할까기존과동일한스탠스(stance)를유지하며어필하여도충분할까지금부터커피챗이나식사자리술자리 등의비공식적인자리를통칭하여캐주얼네트워킹상황이라고표

현 캐주얼 네트워킹에서의 적절한 태도를 살펴보자

B

  이 글을 읽을 때쯤이라면, 우리 사업을 잘 표현할 서류는 물론 발표와 같은 공식적인 자리에서의 요령은 많이 익혔을 것이다. 특히 IR 피칭 데모데이 등의 발표는 어떻게 표현해 주어야 더 효과적일지 잘 배웠을 것이고, 준비한 만큼 충분히 보여주면 된다. 하지만 스타트업 대표로 자리하는 곳은 이외에도 너무나 많을 텐데, 이럴 때의 요령은 우리가 배운 적이 있을까? 그중에는 공식적인 상황 외에 커피챗, 식사 자리 혹은 술자리까지도 이어진다. 그럼 이런 자리에서는 어떤 애티튜드(attitude)를 지녀야 할까? 기존과 동일한 스탠스(stance)를 유지하며 어필하여도 충분할까? 지금부터 커피챗이나 식사 자리, 술자리 등의 비공식적인 자리를 통칭하여 캐주얼 네트워킹 상황이라고 표현, 캐주얼 네트워킹에서의 적절한 태도를 살펴보자.

C

  이 글을 읽을 때쯤이라면, 우리 사업을 잘 표현할 서류는 물론 발표와 같은 공식적인 자리에서의 요령은 많이 익혔을 것이다. 특히 IR 피칭 데모데이 등의 발표는 어떻게 표현해 주어야 더 효과적일지 잘 배웠을 것이고, 준비한 만큼 충분히 보여주면 된다.
  하지만 스타트업 대표로 자리하는 곳은 이외에도 너무나 많을 텐데, 이럴 때의 요령은 우리가 배운 적이 있을까?

그중에는 공식적인 상황 외에 커피챗, 식사 자리 혹은 술자리까지도 이어진다. 그럼 이런 자리에서는 어떤 애티튜드(attitude)를 지녀야 할까? 기존과 동일한 스탠스(stance)를 유지하며 어필하여도 충분할까?

지금부터 커피챗이나 식사 자리, 술자리 등의 비공식적인 자리를 통칭하여 캐주얼 네트워킹 상황이라고 표현, 캐주얼 네트워킹에서의 적절한 태도를 살펴보자.

눈치가 빠른 사람은 알겠지만 A, B, C 글은 모두 동일한 글이며, 이 챕터의 오프닝이다. 내용도 내용이지만 여기서 말하고자 하는 것은 표현의 영역이다. 왜냐하면 우리는 충분히 검증한 사업 아이템이 준비되어 있는, 즉 내용은 완성되어 있다는 전제가 충족되었기 때문이다. 그렇다면 같은 내용도 어떻게 풀어내느냐에 따라 조금 더 잘 들리고 전달될 수 있다는 말인데, 하나씩 분석해 보자.

A는 열심히 준비한 내용을 쉴 틈 없이 쏟아내고 있다. 마치 누가 쫓아오기라도 하는 듯 말이다. 이보다 준비한 내용이 더 많았다면 어땠을까? 어휴, 생각만 해도 같이 달려야만 할 것 같은 기분이다.

반면 B와 C는 모두 적절한 띄어쓰기가 되어 있다. 이 말은 쉬는 구간이 있다는 말이다. 내용에 맞춰 적절하게 쉬어주는 것은 동일하지만 조금 더 들여다보면 C는 B에서 맥락을 보며 강조하고 싶은 포인트를 잡아 조금 더 여유를 주는 등 변화를 주었다.

이처럼 가득 채운다고 하여 온전하게 전달되고 효과를 높이기는 오히려 어렵다. 쫓기는 듯 여유가 없다는 것 자체가 불안요소로 보이기도

하고, 너무 방대한 양이 다 기억되기란 쉽지 않기 때문이다. 그래서 심리학의 '최근 효과'처럼, 사람은 가장 최신의 정보를 잘 기억하고 핵심이 되는 내용들만 인지하려고 하는 특성을 잘 활용하는 것도 방법이다.

실제로 IR 피칭을 잘하거나 설득력이 좋은 대표들을 보면 무엇이든 '적절하다'는 말이 떠오른다. 말의 양도, 말의 속도도, 적당한 여유를 가지고 표현하다 보니 어떤 부분이 핵심이고, 어느 구간에서 어떤 내용을 말하고자 하는지가 보인다는 것!

그런데 캐주얼 네트워킹 상황에서는 더욱 많이 느낀다고들 한다. 오히려 이 자리가 서로를 더 알아가는 찐(?) 상황인데, 여전히 공식적인 상황에서 벗어나지 못하거나 어색해하며 당황스러운 소통 방식을 이어가다 보니, 사업 이야기만 폭포수처럼 쏟아내고 매력 어필은 1도 못하는 상황이 벌어지는 것이다.

물론 사업 이야기를 하는 것이 잘못된 것은 아니다. 당연히 사업과 관련된 이야기를 해야 하지만 이왕이면 적재적소에 이야기의 물꼬를 잘 트고 난 다음 시작하라는 말이다. 영혼 없는 리액션이나 앵무새와 같은 복붙(복사하기 붙여넣기의 줄임말로, 의미 없는 단순 반복의 형태를 비유하는 말로 쓰임)한 질문은 상대에게도 정성 없는 수식 그대로 느껴질 뿐이다. 오히려 내 사업을 많은 이들에게 알리기만을 원한다면 캐주얼 네트워킹마다 쫓아다니며 확성기 들고 소리치는 게 맞지 않는가.

상대가 무엇에 관심을 두고 있고, 무엇을 필요로 하는지 집중하며, 라이트한 이야기를 적절하게 배치하여 부담 주지 않는 대화를 이어가는 것!

이 네트워킹 속에는 포:즈가 존재한다. 상대에게 집중할 때도, 다른 이의 이야기를 들을 때도, 내 이야기를 적절하게 배치할 때 모두 약간의 포:즈로 여유를 확보하여야 매력적인 대화가 이어지는 것이다.

하나의 캐주얼 네트워킹 상황에서 만나는 대표가 나뿐일까. 그리고 이러한 캐주얼 네트워킹도 대표들에게는 단 한 번뿐일까.

수많은 사람들 속에서 이렇게 쏟아내고도 매력 어필을 못했다면 그야말로 'One of them'이라는 말이다. 사람들은 우리의 명함을 받고도 기억하지 못한다. 사업도 회사도 대표자도 그 무엇도 사람들의 기억 속에 각인시키지 못한 시간을 위해 내 입만 아픈 상황이 되어버리는 것이다.

캐주얼 네트워킹에서의 대화는 발표 대본처럼 정해지지 않은 이야기가 오고 가는 것이기에 더욱 커뮤니케이션 능력이 발휘될 수밖에 없다. 내 사업과 연계될 수 있는 분야의 이야기나 대표자의 관심 분야 이야기로 라이트하게 안타를 치면서 분위기를 가져오고, 이 흐름이 잘 이어지면 직접적인 이야기로 장타 혹은 연결까지 이어지는 홈런을 쳐야 한다.

이때 중요한 것은 볼을 잘 골라내야 하는 것. 실제 4번 타자가 하는 것처럼 말이다. 볼을 치기 전 잠시 기다릴 줄도 알아야 안타도 장타도 홈런도 좋은 공을 칠 수 있게 된다.

우리 사업을 득점권에 올려줄 4번 타자가 될 준비가 되었는가?

3. 결국 답은 사람이다, 나의 명함=바로 나!

우리는 다소 편할 수 있지만 쉽지 않은, 그럼에도 준비가 잘 되어 있지 않은 캐주얼 네트워킹 상황에서의 자세를 살펴보고 있다. 이 자리가 어렵게 느껴지는 것은 상황에 따른 소통이 제대로 이루어지지 않았기 때문이다. 이미 우리가 학습한 대부분은 주로 공식적인 자리에서의 소통법이자 매너이기에, 이와는 다르게 접근할 필요가 있다.

예를 들어 데모데이 현장을 생각해 보자. 발표와 질의응답 모두 정해진 시간 내에 이루어져야 하며, 그 시간은 생각보다 길지 않다. 그 말은 곧, 한정된 시간 안에 가장 효과적으로 우리 사업을 소개해야 하며, 이를 통해 아이템의 가치를 인정받아야 하는 것이다. 내가 어떠한 사람이고, 상대는 무엇에 관심이 있는지 하나하나 차분하게 알아갈 시간이 없다.

하지만 캐주얼 네트워킹에서는 대표자를 만나든 투자자를 만나든 이 사업을 운영하는 대표자가 어떤지 면면을 살펴볼 시간이다. 그런데 이러한 자리에서 마치 엘리베이터 피칭을 하듯 '내 사업 아이템 좀 들어봐줘!'라고 외치고 있다면?

그 쏟아냄을 내가 받는 입장이라면 어떨까? 이 상황을 그려봤다면, 아마도 이미 답을 알게 되었을지도 모르겠다.

조금은 다르게 이 자리를 풀어보면 좋겠다. 이 시간 속에는 약간의 농담이나 가벼운 이야기들이 오고 갈 수도 있다. 물론 대부분의 시간이 이런 이야기들로 채워지지 않지만 라이트한 성격의 이야기들이 포함되어 부담스럽지 않게 물꼬를 틀 수 있는 요령이 필요하다.

이 모든 이야기가 성립되려면 근본적인 전제조건이 있다. 바로 사람이다. 결국 그 사람이 어떠한가에 따라 이야기를 더 들어보고 싶을 수도 있고, 그만두고 싶을 수도 있다.

초기 사업자를 넘어 이제는 예비 창업자 혹은 3년 차 이하의 대표자들에게 멘토 역할을 하는 P 대표도 이러한 사례를 현장에서 많이 목격했다고 한다. 사업 아이템이 아무리 좋아도 대표의 인성이나 그 팀이 가고자 하는 방향성이 걸린다면 마지막에 검토를 하지 않았다고 한다. 하지만 대표의 가치관이 뚜렷하고 팀의 방향성 또한 맞아떨어지며, 적절한 소통법까지 갖추고 있다면 매력적으로 다가와 한 번 더 보게 되고 가능성에 투자하는 경우들도 있다고 한다.

이때 대표의 고집스러운 면모를 많이 발견하게 되는데 결코 매력적이지 않은 태도이다. 올곧음, 뚜렷한 소신과는 확연하게 다른 '고집'의 사전적 의미를 생각해 보면 충분히 납득될 것이다. 설사 그렇더라도 변화하고자 하는 마음과 받아들일 수 있는 열린 마음의 자세가 갖춰지면 충분히 달라질 수 있다. 대부분 '고집'과 친한 분들은 이를 받아들이기가 쉽지 않을 것이라 걱정이지만 말이다.

당신이 만약 직원을 채용한다면 최종에 오른 인재들 중 누구를 선택할 것인가. 마지막에 합격의 문으로 들어서는 사람은 결국 그 사람이 어떠한 사람인지를 살펴본 후, 됨됨이가 바른 사람일 것이다.

최종까지 올라갔다는 것 자체가 실력적인 면은 어느 정도 검증되었다는 의미이다. 실력이 다소 아쉽더라도 사람이 괜찮다는 판단이 서면 가르쳐 주고 알려주면 된다는 생각을 하게 되는 것이 인사팀 담당자들의 이야기이다. 이처럼 대표자인 내가 다른 이들 앞에서 나를 보여주거나 투자자들에게 대표로 사업 아이템을 소개할 때 역시 '대표하는 내'가 어떤 사람인지가 중요한 요인이 되는 것이다.

"Do not tolerate brilliant jerks. The cost to teamwork is too high"
- Netflix CEO, Reed Hastings-
똑똑한 골칫덩어리들을 용인하지 마라. 팀워크에 대한 비용이 너무 높다.

넷플릭스의 CEO인 리드 헤이스팅스가 한 말로, 인성이 나쁜 인재에 대한 이야기이다.

실제로 이번 챕터를 위해 수많은 사례들을 수집하면서 가장 많이 들었던 이야기들 중 하나가 사람에 대한 중요성이다. 그리고 이것이 회사에 얼마나 좋지 않은지를 많은 대표들이 비싼 비용을 지불하면서 직접 경험했고, 나아가 대표들의 됨됨이가 사업에 얼마나 걸림돌이 되고 있는지 다른 대표들과 투자자들의 경험담에서 충분히 들을 수 있었다. 청나라의 4대 황제도 인재 등용에 있어서 학식과 재능보다도 덕의 중요성을 강조하지 않았는가.

흥미로운 연구결과도 있다. 투자 결정요인 중요도 평가에 관한 연구[26]

---

[26] 액셀러레이터 투자자와 창업자의 스타트업 투자 결정요인 중요도 평가에 관한 연구_벤처창업연구_2022년 17권 4호_변정욱 외 2인

인데, 액셀러레이터 투자자와 창업자를 대상으로 조사한 결과 스타트업 투자 결정요인이 다르게 나타났다. 액셀러레이터 투자자는 경영자 특성을 가장 중요하게 평가하였고, 스타트업 창업자는 시장 특성을 가장 중요하게 평가하여 인식의 차이가 있음을 알 수 있었다. 물론 하나의 연구이며 더욱 구체화된 투자 기관 유형별 비교 연구도 필요하겠지만 창업자의 입장에서만 준비하는 것이 아닌 투자자의 입장을 반영하는 것이 중요하다는 것이다.

'내'가 어떤 사람으로 어필되어 우리 사업의 대표자로 인정받을 수 있을지를 고려해 보자.

業則人, 사업은 곧 사람이다.

바꿔 말하면 결국 다 사람이 한다는 것이다. 기술이 발전하여 편리한 서비스를 이용할 수 있게 되어도 그 시작에는 결국 사람이 있다. 사업을 이뤄내기 위한 각 단계마다 사람 간의 소통이 이루어지지 않는 상황은 없고, 그 안에서 어떠한 매너를 갖추느냐에 따라 다음 단계로의 자세가 달라지게 된다.

내가 곧 명함이 되어, 나를 기억시키고 내 사업을 궁금해하며 찾게 만드는 일. 명함인 나를 적재적소에 전달하고 선명하게 기억시킬 수 있도록 대표자인 나를 충분히 되돌아 보기를 바란다. 그 안에서 나 홀로 우뚝 서 있지는 않은지, 앞만 보고 달려가고 있지는 않은지 말이다.

온 힘을 다해 IR 피칭을 끝낸 뒤 캐주얼 네트워킹에서도 빛날 수 있는 당신의 매너!

우리 사업을 흥하게 만들어주는 스타트업 대표의 매너는 당신에게서 시작된다.

설득하는 스타트업 IR 전략
투자자는 무엇에 꽂히는가

2025년 7월 28일 1판 1쇄 발행

지은이 비드리머
펴낸이 조금현
펴낸곳 도서출판 산지
전화 02-6954-1272
팩스 0504-134-1294
이메일 sanjibook@hanmail.net
등록번호 제309-251002018000148호

@ 최현정 2025
ISBN 979-11-91714-35-7 03320

이 책은 저작권법에 따라 보호받는 저작물이므로 무단전재와 무단복제를 금지합니다.
이 책의 전부 또는 일부 내용을 재사용하려면 저작권자와 도서출판 산지의 동의를 받아야 합니다. 잘못된 책은 구입한 곳에서 바꿔드립니다.